HAGENER UNIVERSITÄTSTEXTE

Wissenschaftlicher Beirat:
Prof. Dr. Michael Bitz, Prof. Dr. Günter Fandel,
Prof. Dr. Günter Gabisch, Prof. Dr. Rüdiger Pohl

Herrn Kollegen Schmidt mit der Bitte um Nachsicht, daß wir in "fremden Revieren" wildern.

Kiel, 9.12.81

Ihr Hauschildt

Finanzplanung und Finanzkontrolle

Disposition – Organisation

von

Prof. Dr. Jürgen Hauschildt
Dr. Gerd Sachs
Prof. Dr. Eberhard Witte

Verlag Franz Vahlen München

Anschriften der Verfasser:

Prof. Dr. Jürgen Hauschildt
Lehrstuhl für Organisation
Christian-Albrechts-Universität zu Kiel
Olshausenstraße 40-60, Bau N2c
2300 Kiel 1

Dr. Gerd Sachs
Bankhaus Max Flessa & Co
Filiale München
Schwanthalerstraße 16
8000 München 2

Prof. Dr. Eberhard Witte
Institut für Organisation
Universität München
Ludwigstraße 28/Rgb.
8000 München 22

CIP-Kurztitelaufnahme der Deutschen Bibliothek

Hauschildt, Jürgen:
Finanzplanung und Finanzkontrolle : Disposition, Organisation / von Jürgen Hauschildt ; Gerd Sachs ; Eberhard Witte. – München : Vahlen, 1981.
  (Hagener Universitätstexte)
  ISBN 3-8006-0853-7
NE: Sachs, Gerd; Witte, Eberhard

ISBN 3 8006 0853 7
© 1981 Verlag Franz Vahlen GmbH, München
Satz und Druck: Georg Wagner, Nördlingen

Vorwort

Die Finanzielle Führung der Unternehmung verlangt nicht nur weitreichende Entscheidungen und ihre Durchsetzung. Sie hat auch eine administrative Seite, ist also eine Planungs- und Kontrollaufgabe und damit ein Organisationsproblem. Gerade dieser Aspekt der Gestaltung und Ordnung der Informationsprozesse scheint uns in der Literatur, namentlich in Lehrbüchern, unangemessen hinter der Entscheidungsperspektive in den Hintergrund gerückt zu sein. Aus unzähligen Gesprächen mit Wirtschaftspraktikern wissen wir aber, daß es erst die systematische Ordnung der Planungs- und Kontrollprozesse ist, die der Finanziellen Führung Aufmerksamkeit und Wirksamkeit sichert.

Diese Schrift wendet sich zum einen an den Wirtschaftspraktiker, der ein finanzwirtschaftliches Planungs- und Kontrollsystem organisieren will. Er findet eine Darstellung der Ansätze, die sich nach dem Urteil der Praxis bewährt haben. Dieses ist die beste Basis auch für ein Lehrbuch, das sich an den Studenten der Wirtschaftswissenschaft richtet. Damit wird nicht nur die Brücke zur Theorie der finanziellen Führung geschlagen, sondern auch dem Studenten der Einstieg in die Praxis erleichtert.

Kiel und München, Oktober 1981

Die Autoren

Inhaltsübersicht

Vorwort	V
Verzeichnis den Abbildungen	XII
Verzeichnis der Tabellen	XIII

1. Kapitel: **Finanzorganisation**
   (Jürgen Hauschildt) 1
   1. Einführung in das Problem 3
   2. Die Aufgaben der finanziellen Führung 5
   3. Das Positions- und Kompetenzgefüge der finanziellen Führung 18
   4. Das Interaktionsgefüge der finanziellen Führung ... 29
   5. Ergebnis: Stellenbeschreibungen des Finanzmanagements 43

2. Kapitel: **Finanzplanung als Führungsinstrument**
   (Eberhard Witte) 53
   1. Informationsbedarf der finanziellen Führung 56
   2. Steuerungsbedarf der finanziellen Führung 66
   3. Instrumente der Finanzplanung 76

3. Kapitel: **Technik der Finanzplanung**
   (Gerd Sachs) 91
   1. Informationsquellen 93
   2. Informationsverarbeitung 109
   3. Informationsverwertung 120

4. Kapitel: **Finanzkontrolle**
   (Jürgen Hauschildt) 129
   1. Bedeutung der Finanzkontrolle 131
   2. Kontrolle der täglichen Finanzdisposition 138
   3. Kontrolle der laufenden Finanzplanung 144
   4. Finanzwirtschaftliche Investitionskontrolle 156
   5. Konsequenzen der Finanzkontrolle 161

Hinweise zur Lösung der Übungsaufgaben	163
Literaturverzeichnis	179
Glossar	183
Stichwortverzeichnis	189

Detailgliederung

Jürgen Hauschildt

1. Kapitel: Finanzorganisation

Lehrziele und Studienhinweise 1
Literaturhinweise 2

1. Einführung in das Problem 2

2. Die Aufgaben der finanziellen Führung 5
  2.1 Kernaufgabe: Erhaltung der Liquidität 5
  2.2 Ableitung der Teilaufgaben der finanziellen Führung 6
    2.2.1 situative Liquiditätssicherung 7
    2.2.2 Haltung und Einsatz der Liquiditätsreserve 9
    2.2.3 Finanzierung 9
    2.2.4 Strukturelle Liquiditätssicherung 9
    2.2.5 Liquiditätspolitik im Krisenfalle 13
  2.3 Aufgaben der finanziellen Führung unter dem Phasenkriterium 15
  2.4 Einige weiterführende methodische Überlegungen 16

3. Das Positions- und Kompetenzgefüge der finanziellen Führung .. 18
  3.1 Zentralisierung 18
    3.1.1 Grundsatz 18
    3.1.2 Abgrenzungsprobleme 20
  3.2 Ränge und Spezialisierung der Instanzen der finanziellen Führung 21
    3.2.1 Die Funktionen des Finanzvorstandes 21
      3.2.1.1 im außergewöhnlichen Fall 21
      3.2.1.2 im Normalfall 22
    3.2.2 Die Funktionen von Treasurer und Controller 23
    3.2.3 Arbeitsteilung zwischen Finanzvorstand, Treasurer und Controller 25
    3.2.4 Einfluß der Unternehmensgröße auf die Arbeitsteilung des Finanzmanagements 27

4. Das Kommunikations- und Interaktionsgefüge der finanziellen Führung 29
  4.1 Kommunikation über standardisierbare Informationen 30
    4.1.1 Kommunikation zur täglichen Finanzdisposition 30
    4.1.2 Kommunikation zur kurzfristigen, laufenden Finanzplanung 32

4.2 Kommunikation über nicht standardisierbare Finanzinformationen 36
    4.2.1 Abgrenzungen 36
    4.2.2 Die Stellung des Finanzmanagements im Investitions-Entscheidungsprozeß 37
        4.2.2.1 Interventionszeitpunkt des Finanzmanagements . 39
        4.2.2.2 Durchsetzung eines Negativ-Votums 40
        4.2.2.3 Einflußnahme auf die Budgetverfügung 41

5. Ergebnis: Stellenbeschreibungen des Finanzmanagements 43
    5.1 Stellenbeschreibung für den Ressort-Chef Finanzen (Finanzvorstand) 43
    5.2 Stellenbeschreibung für den Leiter der Abteilung Finanzen (Treasurer) 48
    5.3 Stellenbeschreibung für den Leiter des Planungs- und Rechnungswesens (Controller) 50

EBERHARD WITTE

2. Kapitel: Finanzplanung als Führungsinstrument

Lehrziele und Studienhinweise 53
Literaturhinweise 55

1. Informationsbedarf der finanziellen Führung 56
    1.1 Alternativen zur Finanzplanung 57
        1.1.1 Verwendung von Bilanzkennzahlen 57
        1.1.2 Haltung von Liquiditätsreserven 59
    1.2 Funktionen der Finanzplanung 60
        1.2.1 Sicherung der Liquidität 61
        1.2.2 Erhöhung der Rentabilität 63

2. Steuerungsbedarf der finanziellen Führung 66
    2.1 Selbststeuerung der Teileinheiten 66
        2.1.1 Lenkpreissysteme 66
        2.1.2 Integration durch Finanzplanung 69
    2.2 Steuerung durch Planvorgehen 71
        2.2.1 Haushaltsplan des Staates 71
        2.2.2 Budgetierung im Unternehmen 73

3. Instrumente der Finanzplanung 76
    3.1 Tägliche Finanzdispositionsrechnung 78
    3.2 Kapitalbindungsplan 81
    3.3 Finanzplan 83
    3.4 Planung der finanziellen Reserven 87

GERD SACHS

3. Kapitel: Technik der Finanzplanung

Lehrziele und Studienhinweise ... 91
Literaturhinweise ... 92

1. Informationsquellen ... 93
1.1 Daten der Vergangenheit ... 93
    1.1.1 Betriebliches Rechnungswesen ... 94
    1.1.2 Transformation von Wertbewegungen ... 97
1.2 Vorpläne ... 104
    1.2.1 Erfolgswirtschaftliche Vorpläne ... 104
    1.2.2 Finanzwirtschaftliche Vorpläne ... 106

2. Informationsverarbeitung ... 109
2.1 Informationsanalyse ... 109
    2.1.1 Ist-Daten ... 109
    2.1.2 Plan-Daten ... 111
2.2 Finanzprognose ... 113
    2.2.1 Pragmatischer Ansatz ... 114
    2.2.2 Statistische Verfahren ... 115

3. Informationsverwertung ... 120
3.1 Globaler Ausgaben- und Einnahmenplan ... 120
3.2 Liquiditätsstellenrechnung ... 123
3.3 Liquiditätsträgerrechnung ... 127

JÜRGEN HAUSCHILDT

4. Kapitel: Finanzkontrolle

Lehrziele und Studienhinweise ... 129
Literaturhinweise ... 130

1. Bedeutung der Finanzkontrolle ... 131
1.1 Finanzkontrolle im Regelkreis der finanziellen Führung ... 131
1.2 Ziele der Finanzkontrolle ... 134
    1.2.1 Erhaltung der Liquidität ... 134
    1.2.2 Kostensenkung ... 135
    1.2.3 Deliktvermeidung ... 135
1.3 Institutionalisierung der Finanzkontrolle ... 136

2. Kontrolle der täglichen Finanzdisposition ... 138
2.1 Kontrolle der Bestandspositionen ... 138
2.2 Kontrolle der Zahlungsdispositionen ... 141

3. Kontrolle der laufenden Finanzplanung ... 144
3.1 Der Kontrollgegenstand ... 144
    3.1.1 Die Kontrollpositionen ... 144
    3.1.2 Abgrenzung zur kurzfristigen Erfolgskontrolle ... 144
3.2 Die Kontrollvoraussetzungen ... 146
    3.2.1 Daten-Kompatibilität ... 146
    3.2.2 Daten-Aktualität ... 148
3.3 Die Meßwerte der Kontrolle ... 148
3.4 Die Kontrollfragen ... 150
    3.4.1 Der systematische Ansatz ... 150
    3.4.2 Spezielle Kontrollfragen ... 152
    3.4.3 Generelle Kontrollfragen ... 154

4. Finanzwirtschaftliche Investitionskontrolle ... 156
4.1 Die Kontrollbereiche ... 156
4.2 Kapitalbindungskontrolle ... 156
4.3 Budgetkontrolle ... 158
    4.3.1 Laufende finanzwirtschaftliche Budgetkontrolle ... 158
    4.3.2 Besondere erfolgswirtschaftliche Budgetkontrolle ... 159

5. Konsequenzen der Finanzkontrolle ... 161

Verzeichnis der Abbildungen

1. Situative Liquiditätssicherung im Planungsmodell der finanziellen Führung 8
2. Haltung der Liquiditätsreserve im Planungsmodell der finanziellen Führung 10
3. Finanzierung im Planungsmodell der finanziellen Führung 11
4. Strukturelle Liquiditätssicherung im Planungsmodell der finanziellen Führung 12
5. Liquiditätspolitik im Krisenfalle im Planungsmodell der finanziellen Führung 14
6. Aufgabenkomplexe der finanziellen Führung 15
7. Hierarchie der Instanzen der finanziellen Führung 21
8. Ableitung der Einnahmen aus Umsätzen 23
9. Arbeitsteilung zwischen Finanzvorstand, Treasurer und Controller 26
10. Informationsbeziehungen zur täglichen Finanzdisposition 31
11. Deutsche Version der Informationswege zur Finanzplanung 33
12. Amerikanische Version der Informationswege zur Finanzplanung 34
13. Formular zur Finanzdisposition 80
14. Zusammenhang von Dispositionsblättern und täglicher Kontenübersicht 80
15. Formular zur täglichen Kontenübersicht 81
16. Formular des Kapitalbindungsplanes 84
17. Formular des kurzfristigen Finanzplanes (Sachstruktur) 86
18. Zeitstruktur des kurzfristigen Finanzplanes 87
19. Grundstruktur des Reserveplanes 89
20. Güter- und Geldströme 94
21. Analyse der Umsatzeinnahmen 112
22. Struktur der pragmatischen Finanzplanung 115
23. Ereignisfolgen in Güterprozessen 118
24. Arbeitsschritte im Planungsprozeß 119
25. Regelkreis der finanziellen Führung 132
26. Dispositionen 1 des Reglers 133
27. Dispositionen 1 und 2 des Reglers 133
28. Kontrolle des kurzfristigen Finanzplanes 148
29. Vorrücken der rollenden Planung 149
30. Treffsicherheit der Prognose in Abhängigkeit vom Prognosetermin 149
31. Kontrollpositionen und Adressaten von Kontrollfragen 151
32. Antrag auf Budgetverfügung 158

Verzeichnis der Tabellen

1. Finanzplanung in der Realität 56
2. Rechtliche Grundlagen von Konkurs und Vergleich 61
3. Kosten und Erträge der Finanzplanung 64
4. Grundstruktur der Bewegungsbilanz 82
5. Modifizierte Grundstruktur der Bewegungsbilanz 82
6. Zeitlicher Zusammenhang von Güter- und Zahlungsbewegungen . 95
7. Erfassung von Forderungen aus Lieferungen und Leistungen ... 99
8. Ermittlung von Zahlungsbewegungen aus den aktiven Bestandskonten der Kontenklasse 0 99
9. Ableitung von Umsatzeinnahmen aus Umsatzerlösen der Kontengruppe 50 102
10. Beispiel für die Analyse von Ist-Daten der Buchhaltung 111
11. Gliederung des globalen Ausgaben- und Einnahmeplanes 120
12. Beispiel für einen Betriebsabrechnungsbogen 124
13. Zeitliche Zuordnung von Zahlungsströmen in der Liquiditätsträgerrechnung 127

1. Kapitel

Jürgen Hauschildt

Finanzorganisation

Lehrziele und Studienhinweise

Das erste Kapitel verfolgt insbesondere folgende Ziele:

a) Es möchte Sie mit den *Aufgaben der finanziellen Führung* bekanntmachen, die aus der Kernaufgabe „Erhaltung der Liquidität der Unternehmung" abgeleitet und abgegrenzt werden.
Zur Selbstkontrolle sind unter anderem die folgenden Übungsaufgaben vorgesehen: 1.1 und 1.2.

b) Sie sollen lernen, diese Aufgaben *überschneidungsfrei ordnen* zu können. Zur Kontrolle dient unter anderem die Übungsaufgabe 1.3.

c) Sie sollen zeigen können, *welchen Instanzen* diese Einzelaufgaben sinnvoll *zugeordnet* werden sollten. Zur Kontrolle dienen insbesondere die Übungsaufgaben 1.4 und 1.5.

d) Sie sollen begründen können, *welche dieser Aufgaben delegierbar* sind und welche nicht. Die Kontrolle erfolgt unter anderem anhand der Übungsaufgaben 1.7 und 1.8.

e) Sie sollen darlegen können, *welche Spezialisierung* der Mitarbeiter des Finanzbereichs sinnvoll und möglich ist.

f) Nach Durcharbeiten dieses Kapitels sollen Sie die *betrieblichen Informationsquellen des Finanz-Managements* kennen. Zur Selbstkontrolle sind insbesondere die Übungsaufgaben 1.6 und 1.9 empfohlen.

g) Sie sollen darstellen können, wie die *betrieblichen Informationen* für die Zwecke des Finanz-Managements *ausgewertet* werden. Der Selbstkontrolle dienen unter anderem die Übungsaufgaben 1.10 und 1.11.

h) Sie sollen schließlich zeigen können, an welche betrieblichen Instanzen die *finanzwirtschaftlichen Informationen weiterzuleiten* sind.

Die organisationstheoretischen und finanzwirtschaftlichen Kenntnisse sollen Sie schließlich in die Lage versetzen, **Stellenbeschreibungen für das Finanz-Management verstehen, kritisieren und konzipieren zu können.**

Literaturhinweise

Als Begleittext zu Kapitel 1 wird empfohlen:

ARBEITSKREIS KRÄHE DER SCHMALENBACH-GESELLSCHAFT: Finanzorganisation – Finanzielle Unternehmensführung, Köln und Opladen 1964.

GROCHLA, ERWIN: Finanzorganisation, in: Handwörterbuch der Finanzwirtschaft, Hrsg. H. E. BÜSCHGEN, Stuttgart 1976, Sp. 526–539.

HÖHN, REINHARD unter Mitarbeit von BÖHME, GISELA: Stellenbeschreibung und Führungsanweisung – Die organisatorische Aufgabe moderner Unternehmensführung, Bad Harzburg 1967.

HAUSCHILDT, JÜRGEN: Organisation der finanziellen Unternehmensführung – eine empirische Untersuchung, Stuttgart 1970.

WITTE, EBERHARD unter Mitwirkung von KLEIN, HERBERT: Finanzplanung der Unternehmung – Prognose und Disposition, Reinbek 1974.

Beschränken Sie Ihre begleitende Arbeit zu den folgenden Kapiteln über Finanzorganisation, Finanzplanung und Finanzkontrolle bitte nicht auf das Studium der Literatur. Als zusätzliche Informationsquellen kommen überdies in Frage:

– Gespräche mit Praktikern, insbesondere der Finanzabteilung,
– Organisationsschaubilder, insbesondere Organisation des Rechnungswesens, Organisation der Finanzabteilung,
– Stellenbeschreibung des Finanzleiters, des Finanzplaners,
– Dispositionslisten (zur täglichen Disposition),
– Formblätter für den Finanzplan.

1. Einführung in das Problem

Wer finanzwirtschaftliche Entscheidungen studiert, wird sich gelegentlich gefragt haben: Wer ist das eigentlich, der im akademischen Unterricht so durchgängig als **„Entscheidungsträger"** bezeichnet wird?

Fasziniert schon der Umgang mit Geld und Kapital die Phantasie des Menschen – die Faszination überträgt sich auf den, der die „eigentlichen" Finanzentscheidungen trifft. Der Financier, der Mann der Finanzen erscheint als eine geheimnisvolle, eine machtvolle und doch eine im Hintergrund wirkende Person, ein Mensch, der imstande ist, durch die Verfügung über Kapital hochfliegende Pläne zu unterstützen oder zu verhindern, eine Figur, die wenig spektakulär, aber ungeheuer einflußreich das Geschehen bestimmt: nicht immer akzeptiert, selten recht verstanden, gelegentlich verachtet.

Bild und Zerrbild des „Finanzmannes"

Welche Rolle spielt der Finanzmann heute? Stimmt es, wenn behauptet wird, im Top-Management der Unternehmen zeige sich eine Entwicklung, die dadurch gekennzeichnet sei, daß der erfolgreiche Verkäufer und der ideenreiche Ingenieur nach der Phase der Entwicklung und in der Stufe der Konsolidierung vom Mann der Finanzen gleichsam notwendigerweise verdrängt werden müsse? Wie sieht diese Figur aus, welche Aufgaben hat sie zu bewältigen, welche Kompetenzen hat sie, welche Informationen gehen ihr zu?

Wandel der Bedeutung?

Ist der Finanzmann die „graue Eminenz"? Ist er die Spinne im Netz einer total zentralisierten Organisation? Sind die Finanzen die einzige integrative Klammer, die weltweite, vielfach verzweigte Konzerne zusammenhält?

Oder ist der Mann der Finanzen einsam und isoliert vom tatsächlichen betrieblichen Geschehen? Ist er ausgeschlossen von den lebenden Informationsströmen? Ist er Leiter eines Dienstleistungsbüros, das wie eine Einkaufsabteilung Geld zu beschaffen hat oder das wie ein Lager die benötigten finanziellen Mittel bereitstellen soll? Ist er integriert in das Management oder ist er ein Untergeordneter, ein Außenstehender, der in Geld abstrahiert, was seine Kollegen konkret und lebensnah vortragen?

Der „einsame" Finanzleiter

Lassen sich die bewährten Methoden des „modernen" Managements auf den Finanzbereich übertragen? Oder gilt hier das altmodische (oder unveränderliche) Prinzip der extremen Sicherheit einer Bürokratie? Gilt hier die argwöhnische, stets am außergewöhnlichen Fall der Illiquidität orientierte „kaufmännische Vorsicht", die ein „organizational change" als unzulässigen Versuch brandmarkt, das Bewährte ohne tiefere Einsicht abzuschaffen? Wie konservativ ist der Finanzbereich?

Zwang zum Konservatismus?

Hängen dem Finanzbereich aber vielleicht noch die Schwimmhäute einer frühen Entwicklungsstufe an? Hat er sich nicht mit den anderen Bereichen weiterentwickelt? Verharrt er in altertümlichen Orientierungen? Wie weit hat

Finanzbereich: Weiterentwickelte Buchhaltung?

er sich von dem ursprünglichen Bezugsbereich „Buchhaltung" entfernt, in welchen Aspekten ist er ihr noch verhaftet – einem vielfach statischen und immer vergangenheitsbezogenen Denkbereich? Wie weit ist Finanzdenken Planungsdenken, zukunftsbezogenes und dynamisches Vorausschauen und Entscheiden?

Wer die moderne betriebswirtschaftliche Literatur studiert, ist überzeugt von der zentralen Rolle, die dem Fachressort „Finanzen" zukommt. Wer die Geschäftsberichte der führenden Aktiengesellschaften studiert, kommt immerhin zu dem Schluß, daß der Finanzbereich einen wichtigen Beitrag zum Unternehmensgeschehen leistet. Wer mit den Leitern der Finanzabteilung diskutiert, ist aber nicht mehr bereit, ein so eindeutiges Urteil über die Bedeutung und die Einflußmöglichkeiten des Finanzleiters zu fällen.

Historisch gewachsen oder systematisch gestaltet?

Ist der Zuschnitt des Finanz-Ressorts vielleicht oftmals nicht das Ergebnis einer systematischen Organisation? Ist dieses Ressort vielleicht „organisch gewachsen", entstanden aus „gegebenem Anlaß"? Ist es anderen Bereichen angegliedert, weil diese kapazitätsmäßig nicht recht ausgelastet waren? Ist es Persönlichkeiten unterstellt, die Abteilungen zur Stärkung ihrer Hausmacht gleichsam sammeln? Ist die Finanzabteilung nur entstanden, weil eine Persönlichkeit für die Unternehmung gewonnen werden sollte, die zuvor „mit Finanzen zu tun" hatte? Oder: Ist die Finanzabteilung systematisch und zielbewußt organisiert?

Das Interesse an der Organisation dieses fachlichen Bereiches der Unternehmensführung möge mit diesen Fragen geweckt sein. Denn offenbar – und das ist die **Kernthese** dieses Kapitels – ist es nicht gleichgültig, ob und in welcher Form dieser Bereich organisiert ist. Das Kapitel 1 soll sich diesen Fragen widmen und zeigen, welche organisatorischen Probleme sich im Finanzbereich stellen und welche Lösungen dieser Probleme sich bewährt haben.

2. Die Aufgaben der finanziellen Führung

Jede organisatorische Gestaltung beginnt mit einer **Aufgaben-Analyse,** d. h. der zu organisierende Aufgaben-Komplex wird nach unterschiedlichen Kriterien systematisch zerlegt. Diese Zerlegung erfolgt in der Absicht,
- den Aufgabenkomplex präzise zu isolieren und damit von anderen Aufgabenkomplexen abgrenzbar zu machen *(Abgrenzung),*
- ihn in sich systematisch, d. h. überschneidungsfrei und lückenlos, zu unterteilen *(Strukturierung).*

Ziele der Aufgaben-Analyse

Die Aufgabenanalyse steht damit bereits im Dienste der später erfolgenden *Stellenbildung:* Die Abgrenzung erfolgt mit Blick auf die Regelung der Außenbeziehungen des zu organisierenden Unternehmensbereichs. **Die Strukturierung bereitet die Gestaltung der Innenbeziehungen vor.**

Diesem Grundansatz soll jetzt am Beispiel der Finanzorganisation gefolgt werden. Wir haben zu fragen:
1. Welches *Kriterium* ist geeignet, den Finanzbereich von anderen unternehmenspolitischen Entscheidungsbereichen eindeutig abzugrenzen?
2. Welche *Teilaufgaben* stellen sich innerhalb des Finanzbereichs? Welche Kriterien sind geeignet, diese Teilaufgaben überschneidungsfrei und lückenlos voneinander abzugrenzen?

2.1 Kernaufgabe: Erhaltung der Liquidität

Aufgabe der finanziellen Unternehmensführung ist die Erhaltung der Liquidität, verstanden als die Fähigkeit der Unternehmung, jederzeit die zwingend fälligen Verbindlichkeiten uneingeschränkt erfüllen zu können[1]. Für jede in einer Geldwirtschaft operierende, selbständige Unternehmung ist diese Erhaltung des „finanziellen Gleichgewichts"[2] eine strenge Nebenbedingung ihres Strebens nach Gewinn. Solange eine Unternehmung dazu bestimmt ist, fortgeführt zu werden, stellt sich diese Aufgabe täglich neu. Damit erfüllt sie die Grundvoraussetzung einer organisatorischen Gestaltung: Sie ist eine *Daueraufgabe.*

Erhaltung der Liquidität . . .

. . . ist eine Daueraufgabe,

Illiquidität bedeutet das Ende der Unternehmens-Existenz. Die Erhaltung der Liquidität ist somit eine *Aufgabe von höchster ökonomischer Bedeutung.* Die Organisation hat dieser Tatsache Rechnung zu tragen. Es kann nicht die

---
[1] WITTE, E.: Die Liquiditätspolitik der Unternehmung, Tübingen 1963, S. 12.
[2] GUTENBERG, E.: Grundlagen der Betriebswirtschaftslehre, Band 1: Die Produktion, 23. Aufl. Berlin, Heidelberg, New York 1979, S. 458 ff.

Aufgabe „irgendeiner" Stelle sein, für die Erhaltung der Liquidität zu sorgen. Es muß dies vielmehr eine Instanz sein, die so viel Einflußkraft und Macht hat, daß sie diese Aufgabe im Zweifel auch gegen andere, mächtige Instanzen durchsetzen kann. Dieser sachlich begründete Machtanspruch hebt die Erhaltung der Liquidität in den Rang einer *Aufgabe der obersten Unternehmensführung*.

<small>... ist eine Top-Management-Aufgabe</small>

Das Liquiditätspostulat erlaubt eine eindeutige Abgrenzung der Arbeit des Finanzbereichs von der aller anderen Unternehmensbereiche:

– *„Dimensions-Aspekt":* Der Finanzbereich denkt primär in den Dimensionen der Liquidität, in Einnahmen und Ausgaben, in Einzahlungen und Auszahlungen, in finanziellen Beständen, in der Kapitaldimension „Geld auf Zeit", in Zahlungsterminen, in Zahlungsfristen.
– *„Zielaspekt":* Der Finanzbereich richtet sein Streben in erster Linie auf die Einhaltung der Liquiditätsbedingung im Zielsystem der Unternehmung. Verletzung dieser strengen Bedingung ist verboten, Übererfüllung belanglos. Nur dann, wenn es mehr als eine Alternative zur Durchsetzung der Liquiditätsbedingung gibt, entscheidet der Finanzbereich unter dem erfolgswirtschaftlichen Kriterium eines höheren Gewinns.

Anders formuliert: Der Finanzbereich denkt *nicht* – oder nicht primär – in
– Kosten und Erlösen oder ihrer Differenzgröße „kalkulatorischer Gewinn",
– Aufwendungen und Erträgen oder ihrer Differenzgröße „pagatorischer Gewinn",
– in Mengendimensionen des Einsatzes von Produktionsfaktoren oder der Ausbringung von Leistungen,
– in Mengendimensionen des Absatzes von Leistungen.

Der Bezug auf arteigene Dimensionen und auf den speziellen Zielgehalt der Liquiditätsbedingung grenzt den Finanzbereich eindeutig von den anderen Unternehmensbereichen ab.

Übungsaufgabe 1.1
Stellen Sie die Dimensionen und Zielaspekte
– eines Marketing-Managers,
– eines Lagerverwalters
dar und zeigen Sie die Unterschiede gegenüber den Denkdimensionen und dem Zielaspekt des Finanzbereichs.

2.2 Ableitung der Teilaufgaben der finanziellen Führung

<small>Das Ableitungsproblem</small>

Die Aufgabenstellung „Erhaltung der Liquidität" ist noch *nicht operational genug* für den Aufgabenvollzug bestimmt, der arbeitsteilig auf mehreren hierarchischen Ebenen zu bewältigen und mit den übrigen Unternehmensfunktionen zu verflechten ist. Es gilt somit, aus dem Liquiditätspostulat einen vollständigen und überschneidungsfreien Katalog von **Teilaufgaben** abzuleiten, der die Möglichkeit bietet, die Erhaltung der Liquidität arbeitsteilig und delegierbar zu organisieren.

Zur Ableitung der Teilaufgaben der finanziellen Führung bedienen wir uns eines *Planungsmodells,* in dem alle Teilplanungen letztlich auf die liquiditätspolitische Kernfrage zurückgeführt werden:

Ableitung mit Hilfe eines Planungsmodells

Reicht der Bestand an verfügbaren Mitteln jetzt (mit Sicherheit) und in Zukunft (mit an Sicherheit grenzender Wahrscheinlichkeit) aus, um die zwingend fälligen Verbindlichkeiten zu tilgen?

Das Planungsmodell ist als *Flußdiagramm* aufgebaut und zeigt damit sowohl die einzelnen Teilaufgaben als auch ihren Zusammenhang über die erwähnte liquiditätspolitische Kernfrage.

Wir werden das folgende Schaubild immer wieder vorlegen und dabei stets einen anderen Ausschnitt durch Schattierung hervorheben. Der Leser macht sich den Zusammenhang der einzelnen Teilaufgaben der finanziellen Führung am besten dadurch klar, daß er immer wieder die bereits behandelten Teile verfolgt und damit zum Abschluß das ganze Flußdiagramm über alle Wege mehrfach durchlaufen hat.

Technik der Darstellung

2.2.1 Situative Liquiditätssicherung

Betrachten Sie nun bitte den schattierten Teil des Flußdiagramms (vgl. *Abb. 1* auf S. 8).

Die finanzielle Führung hat *täglich* zu überprüfen, ob Zahlungsfähigkeit gegeben ist. Basis sind die geplanten laufenden Ausgaben und Einnahmen, gerechnet in der Dimension Geld (DM). Als „laufende" Zahlungen gelten alle im Laufe des Produktions- und Absatzprozesses regelmäßig anfallenden Zahlungen. „Planung der Zahlungswirksamkeit" bedeutet: Alle diese Zahlungen werden auf bestimmte Zeitpunkte, im Extremfall auf bestimmte Tage projiziert. Danach läßt sich für jeden künftigen Zeitpunkt die Frage formulieren, ob die so projizierten Zahlungsströme einen *Überschuß oder einen Fehlbetrag* ergeben.

Tätigkeiten und Teilentscheidungen

Hinzuzunehmen sind schließlich die Aktivitäten und die Frage nach der *Abstimmung des Finanzbedarfs und der Finanzierung.* Denn diese Frage ist es, in der sich das Liquiditätspostulat konkretisiert. Wird diese Frage negativ beantwortet, so ist das gleichbedeutend mit der Feststellung eines finanziellen Fehlbetrages, entsprechend erfolgt auch die Rückverweisung in den oberen Teil des Flußdiagramms.

Alle diese Aktivitäten, die sich auf die tägliche Abstimmung der Zahlungsströme richten, fassen wir in der Teilaufgabe **„situative Liquiditätssicherung"** zusammen.

Definition

8 1. Kapitel: Finanzorganisation

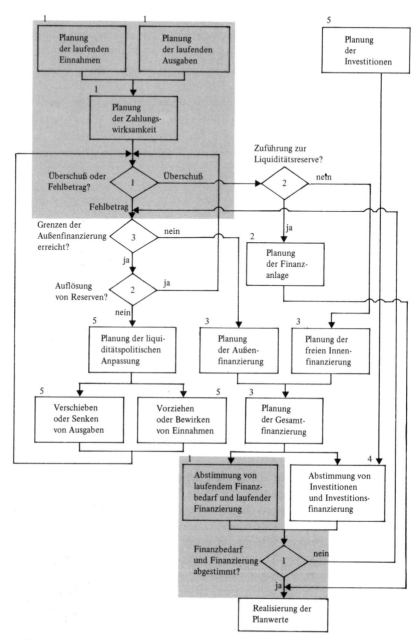

Abb. 1: *Situative Liquiditätssicherung im Planungsmodell der finanziellen Führung*

2.2.2 Haltung und Einsatz der Liquiditätsreserve

Zeigt sich bei der situativen Liquiditätsicherung ein finanzieller Überschuß, so stellt sich die Frage, ob dieser Betrag teilweise oder vollständig *für einen bestimmten Zweck oder zur Abwehr eines nicht näher bestimmten Risikos reserviert*, d. h. im Finanz-Umlaufvermögen gebunden, werden soll. Umgekehrt ist an Reserven-Auflösung angesichts eines nicht finanzierbaren Fehlbetrages zu denken (vgl. *Abb. 2 auf S. 10*).

Tätigkeiten und Teilentscheidungen

Alle diese Aktivitäten zur Bestimmung, Bildung und Auflösung der Liquiditätsreserve fassen wir in der zweiten Teilaufgabe **„Haltung und Einsatz der Liquiditätsreserve"** zusammen.

Definition

2.2.3 Finanzierung

Kehren wir wieder zu der eingangs gestellten Frage nach Überschuß oder Fehlbetrag zurück: Zeigt sich ein Fehlbetrag, so wird jeder Finanzleiter zunächst versuchen, diese Deckungslücke durch **Finanzierungsmaßnahmen** zu überbrücken (vgl. *Abb. 3 auf S. 11*).

Tätigkeiten und Teilentscheidungen

Die liquiditätspolitisch strengste Frage richtet sich auf die *Grenzen der Finanzierung*. Sind sie noch nicht erreicht, so wird zunächst die Außenfinanzierung überprüft. Hinzuzunehmen ist sodann der Teil des Einnahmeüberschusses, der nicht reserviert werden soll („Planung der freien Innenfinanzierung").

Definition

Alle Aktivitäten, die sich auf die Mobilisierung von Kapital richten, werden in der Teilaufgabe **„Finanzierung"** zusammengefaßt. Finanzierung liegt somit vor, wenn der Unternehmung nicht-erfolgswirksame Zahlungsströme von Kredit- oder Eigenkapitalgebern zufließen (Außenfinanzierung) oder wenn erfolgswirksam realisierte Zahlungsmittelzuflüsse bestimmt werden, zeitweilig oder endgültig in der Unternehmung zu verbleiben (Innenfinanzierung).

2.2.4 Strukturelle Liquiditätssicherung

Es gibt nur eine unteilbare Liquidität der Unternehmung. Die finanzielle Führung kann sich nicht darauf beschränken, lediglich die laufenden Zahlungsströme aufeinander abzustimmen. Hinzuzufügen sind alle Zahlungen, die unregelmäßig anfallen, im wesentlichen die **Zahlungen für Investitionen** (vgl. *Abb. 4 auf S. 12*).

Tätigkeiten und Teilentscheidungen

Die Abstimmungsfrage unter dem Liquiditätsaspekt richtet sich *nicht* auf den Kapitalwert oder auf den internen Zinsfuß. Der Finanzbereich hat Sorge zu tragen, daß nicht aus *heute* veranlaßten Investitionen *morgen* Liquiditätsschwierigkeiten erwachen. Er fragt daher, ob die *Fristenstruktur von Investition und Finanzierung ausgewogen* ist, ob nicht langfristige Mittelbindung kurzfri-

10 1. Kapitel: Finanzorganisation

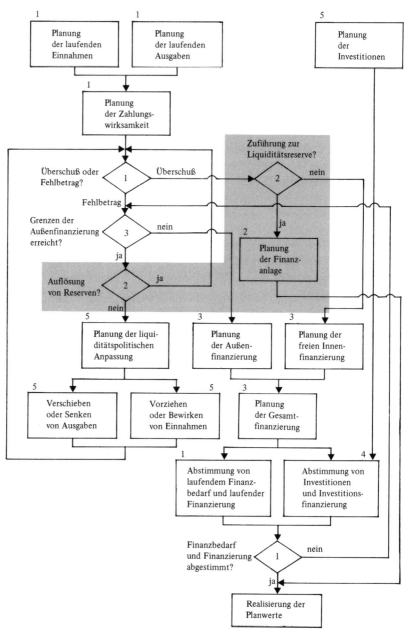

Abb. 2: Haltung der Liquiditätsreserve im Planungsmodell der finanziellen Führung

2. Die Aufgaben der finanziellen Führung

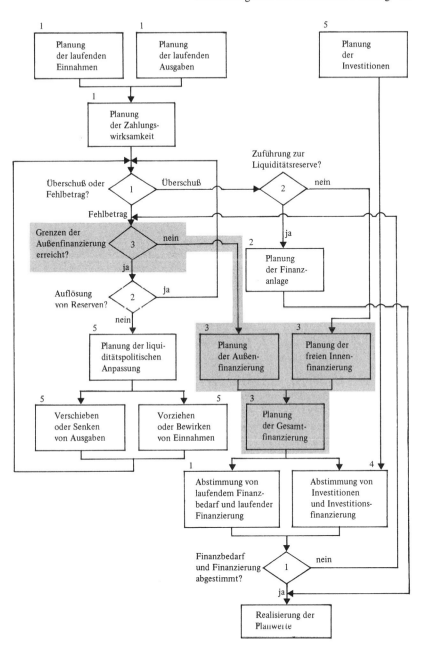

Abb. 3: Finanzierung im Planungsmodell der finanziellen Führung

12 1. Kapitel: Finanzorganisation

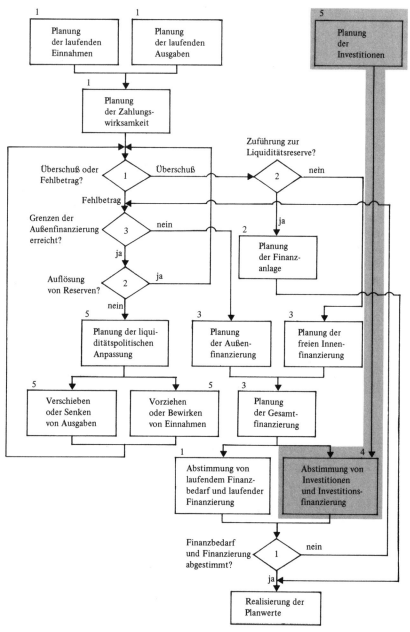

Abb. 4: Strukturelle Liquiditätssicherung im Planungsmodell der finanziellen Führung

stig finanziert wurde. Besteht hingegen Fristenkongruenz, so gilt die Unternehmung als „solide" finanziert.

Naturgemäß stellt sich diese Aufgabe nicht täglich, ja sie wird üblicherweise auch nicht für jedes einzelne Investitionsprojekt überprüft. Aber sie stellt sich wenigstens einmal pro Jahr, nämlich dann, wenn das *Investitionsprogramm für das kommende Jahr* verabschiedet wird.

Der Abstimmungsprozeß selbst ist höchst komplex. Er umfaßt alle Aktivitäten, die darauf gerichtet sind, unfinanzierbare Investitionen auszusondern, aufzusplitten, zu verschieben und Prioritäten für die finanzierbaren Investitionen zu setzen. Alle diese Aktivitäten, die auf Abstimmung der Investitionsmöglichkeiten mit den begrenzten, langfristigen Finanzierungsmöglichkeiten gerichtet sind, fassen wir hier in der Teilaufgabe **„strukturelle Liquiditätssicherung"** zusammen.

Definition

2.2.5 Liquiditätspolitik im Krisenfalle

Alle bisher genannten Teilaufgaben sind dadurch charakterisiert, daß sie ständig, wenn auch nicht regelmäßig oder in kurzen Abständen zu erfüllen sind. Es handelt sich um die Aufgaben der finanziellen Führung *„im Normalfalle"*. Der Blick auf das Flußdiagramm zeigt indessen, daß damit nicht alle Aufgaben der finanziellen Führung beschrieben sind (vgl. *Abb. 5* auf S. 14).

Tätigkeiten

Zeigt sich nämlich, daß ein Fehlbetrag weder durch Finanzierungsmaßnahmen noch durch Rückgriff auf Liquiditätsreserven abgedeckt werden kann, so müssen *zur Erhaltung der Liquidität alle bisherigen Planansätze radikal in Frage gestellt werden*.[3] Die liquiditätspolitische Anpassung läuft auf zwei Strategien hinaus:
- *Verschieben oder Senken von Ausgaben:* Investitionsstop, geringere Lagerergänzung bei Rohstoffen, Personaleinsparung,
- *Vorziehen oder Bewirken von Einnahmen:* Schnelleres Inkasso, Notliquidation von Vermögenspositionen, sale-and-lease-back, Räumungsverkäufe.

Diese Abweichung von den Plänen, die auf ein erfolgswirtschaftliches Optimum hin konzipiert waren, nennen wir **„Krisenmanagement"**. Es ist auf den **„außergewöhnlichen Fall"** beschränkt, daß der finanzielle Fehlbetrag nicht anders gedeckt werden kann. Es leuchtet ein, daß eine derartige Notsituation ganz andere organisatorische Regelungen erfordert als der Normalfall. Aus diesem Grunde ist diese Teilaufgabe „Liquiditätspolitik im Krisenfalle" auch gesondert zu behandeln.

Damit sind die fünf Teilaufgaben der finanziellen Führung aus der Oberaufgabe abgeleitet. Jede dieser Aufgaben ist für die weitere organisatorische Behandlung in sich wieder zu unterteilen. Das wird im Rahmen dieses Kapitels spätestens bei der Entwicklung der Stellenbeschreibungen geschehen. Wir brechen die Untergliederung der Verrichtungen hier zunächst einmal ab, weil

---
[3] Vgl. insbes. WITTE, E.: Liquiditätspolitik, a.a.O., S. 17 ff.

14   1. Kapitel: Finanzorganisation

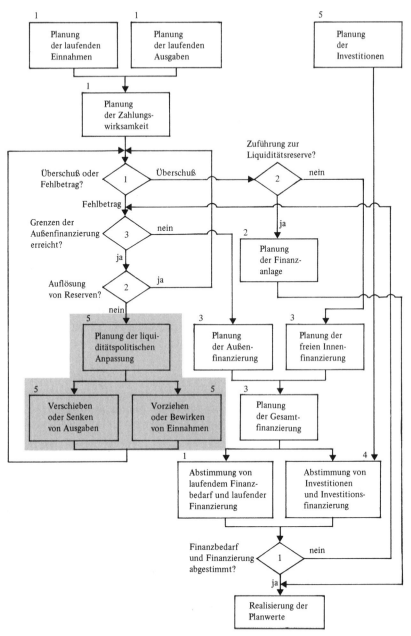

Abb. 5: Liquiditätspolitik im Krisenfalle im Planungsmodell der finanziellen Führung

die grobe Klassifikation für die weitere Diskussion hinreichend tief ist und zunächst durch eine Klassifikation nach einem ganz anderen Kriterium ergänzt werden muß, um die Klassifikation nach dem sog. Phasen-Kriterium[4].

> **Übungsaufgabe 1.2**
> Fassen Sie die fünf Teilaufgaben der finanziellen Führung durch kurze Definitionen nochmals zusammen.

2.3 Aufgaben der finanziellen Führung unter dem Phasenkriterium

Jeglicher Handlungsablauf läßt sich unter dem **Phasen-Kriterium** in die Teilphasen *„Planung", „Realisation"* und *„Kontrolle"* zerlegen. Mit Blick auf den Finanzbereich bedeutet

– *Planung:* Sammlung von zukunftsgerichteten Informationen, Verdichtung dieser Informationen zu erwarteten (prognostizierten) Zahlungsströmen, Entscheidung über Anpassung an diese prognostizierten Werte oder über ihre Umgestaltung, Festlegung eines optimalen Handlungsprogrammes, evtl. verbindliche Vorgabe des optimalen Programms. Definition der Planung

– *Realisation:* Umsetzung des Angestrebten in Realität, Verhandlungen, Vertragsgestaltung und Vertragsvollzug (gegenüber externen Partnern), Anweisung und Durchsetzung (gegenüber internen Partnern), Vollzug bindender Aktionen. ... der Realisation

– *Kontrolle:* Kritischer Nachvollzug mit der Absicht, unrealistische Planvorgaben oder mangelhafte Realisation zu erkennen und für zukünftige Perioden oder Handlungszyklen zu verhindern. ... der Kontrolle

Jede der vorn abgeleiteten fünf Teilaufgaben der finanziellen Führung läßt sich so unter dem Phasenkriterium jeweils in eine Planungs-, in eine Realisations- und in eine Kontrollphase zerlegen. Auf diese Weise können die in der folgenden *Abb. 6* formal bezeichneten **15 Aufgabenkomplexe der finanziellen Führung** gewonnen werden:

	Finanz-Planung	Realisation	Finanz-Kontrolle
Situative Liquiditäts-Sicherung			
Haltung Liquiditäts-Reserve			
Finanzierung			
Strukturelle Liquiditäts-Sicherung			
Liquiditäts-Politik im Krisenfalle			

Abb. 6: Aufgabenkomplexe der finanziellen Führung

---

[4] KOSIOL, E.: Organisation der Unternehmung, Wiesbaden 1962, S. 56 ff.

16 1. Kapitel: Finanzorganisation

Damit kann die Aufgabenanalyse vorläufig abgeschlossen werden. Sofern tiefere Untergliederungen der einzelnen Teilaufgaben notwendig werden, sollen diese erst bei der konkreten Formulierung der Stellenbeschreibungen des Finanzmanagements vorgenommen werden. Es gilt jetzt zunächst, die so bestimmten Aufgaben derart zusammenzufassen, daß sie bestimmten Stellen und Instanzen zugeordnet werden und arbeitsteilig erfüllt werden können.

> **Übungsaufgabe 1.3**
> In der Ist-Aufnahme eines Arbeitstages werden für den Finanzprokuristen eines mittleren Unternehmens folgende Arbeiten festgehalten:
>   1. Gespräch mit Sachbearbeiter M über die künftige Bevorzugung der Bank K bei der Überweisung von Rechnungen,
>   2. Telefonate mit drei Banken über die Verbesserung der Konditionen des Kontokorrentkredites,
>   3. Vorbereitung einer Sitzungsunterlage für die Geschäftsführung, betreffend alternative langfristige Finanzierungsstrategien bei Vornahme einer geplanten Werkserweiterung,
>   4. Diskussion mit dem zuständigen Mitglied der Geschäftsleitung über eine mögliche Umschichtung des Bestandes an Schuldverschreibungen,
>   5. Telefonat mit dem Produktmanager T über die Wirkung einer erwarteten Aufwertung der DM auf den Zahlungseingang im nächsten Quartal aus Verkäufen nach Argentinien,
>   6. Gespräch mit Einkäufer C über die Ursachen der Planabweichung bei der Position Materialausgaben im vergangenen Monat,
>   7. Entscheidung, welche Wechsel nicht zum Diskont eingereicht werden sollen,
>   8. die täglichen Schecks und Überweisungen unterschreiben,
>   9. Überprüfung der Abrechnung einer Bank unter besonderer Berücksichtigung der Valutierungstermine für Zahlungseingänge,
> 10. Zusammenstellung aller Subventionsprogramme für die Förderung von Industrie-Ansiedlungen im Raume S.
>
> Ordnen Sie diese Tätigkeiten bitte den einzelnen Zellen der oben entwickelten Aufgaben-Matrix der finanziellen Führung zu. Mehrfachzuordnung ist zulässig, wenn Sie sie begründen.

2.4 Einige weiterführende methodische Überlegungen

Was ist Organisation?

Für die folgende Behandlung der Finanzorganisation ist zunächst zu klären, was wir unter **„Organisation"** verstehen wollen. *Organisation ist bewußte Gestaltung von Arbeitsprozessen durch ein System von formalen Regelungen auf bestimmte Ziele hin.* Wir haben im vorangehenden Abschnitt die Aufgaben der finanziellen Führung erarbeitet. Wir wissen somit, welche Tätigkeiten formal zu regeln sind. Wir wollen im nächsten Abschnitt erarbeiten, wer, d. h. welche

Positions- und Kompetenzgefüge

Stellen und Instanzen berechtigt und damit verpflichtet sind, diese Tätigkeiten zu vollziehen. Wir werden dieses Problem unter dem Stichwort: *„Das Posi-*

2. Die Aufgaben der finanziellen Führung

tions- und Kompetenzgefüge der finanziellen Führung" behandeln. Wir verwenden bewußt den Begriff des Gefüges, um zum Ausdruck zu bringen, daß es gilt, mehr als eine Stelle mit diesen Aufgaben zu betrauen, also auch die Frage nach der zweckmäßigen Arbeitsteilung zu lösen.

In der Behandlung von reinen Zuständigkeiten kann sich die Darstellung der Finanzorganisation indessen nicht erschöpfen. Denn mit der Festlegung von Rechten und Pflichten ist nicht geregelt, wie die betroffenen Stelleninhaber miteinander arbeiten. Diese Zusammenarbeit ist in erster Linie ein Informations-Austausch, ist Kommunikation.

Kommunikations-...

Die Regelung der Zusammenarbeit erfordert aber noch mehr: Festlegung von Tätigkeitsabläufen, von Informationswegen, von Reihenfolgen, von Gremien- bzw. von Individualarbeit. Dieses Geflecht von Regelungen der Zusammenarbeit nennen wir das Interaktionsgefüge. Das *„Kommunikations- und Interaktionsgefüge"* ergänzt das Positions- und Kompetenzgefüge. **Beide werden in den Stellenbeschreibungen der finanziellen Führungspositionen zusammengefaßt.**

... und Interaktionsgefüge

3. Das Positions- und Kompetenzgefüge der finanziellen Führung

3.1 Zentralisierung

3.1.1 Grundsatz

Die Liquiditätsbedingung stellt einen **Ganzheitsanspruch: Es gibt nur eine Liquidität der gesamten Unternehmung.** Die organisatorische Konsequenz dieser Tatsache ist die Forderung der Literatur nach **Zentralisierung** der finanziellen Unternehmensführung: nur eine einzige Instanz ist in der Lage, die Liquidität aufgrund eines einheitlichen Informationsstandes zutreffend zu konstatieren und durch zentral gesteuerte Maßnahmen zu erhalten.

<small>Zentralisierungspostulat</small>

Wenn mehr als eine gleichrangige Instanz für die Aufgaben der finanziellen Führung zuständig ist, wird gegen das Zentralisierungspostulat verstoßen. Dann drohen u. a. die folgenden Gefahren:

<small>Gefahren bei Verstoß gegen das Zentralisierungspostulat</small>

- *„Gap":* Bei Arbeitsteilung werden bestimmte Arbeitsgebiete nicht definiert mit der Folge, daß keiner zuständig ist und die Arbeit nicht getan wird,
- *„Overlap":* Bei Arbeitsteilung werden bestimmte Arbeitsgebiete doppelt vergeben mit der Folge, daß sich entweder keiner dieser Gebiete annimmt, weil er damit rechnet, der andere werde es schon tun, oder daß sich beide dieser Gebiete annehmen, Folge: Doppelarbeit und Konflikte.

Insbesondere folgende Konflikte und Folgen sind dabei hervorzuheben
- *Motivkonflikte:* Keiner fühlt sich wirklich für die Erhaltung der Liquidität zuständig, sondern präferiert Ziele, die für seine übrigen, evt. nicht finanzwirtschaftlichen Aufgaben maßgeblich sind.
- *Verteilungskonflikte:* Es ist strittig, wer über den Personal- und Sach-Apparat der finanziellen Führung verfügt.
- *Repräsentationskonflikt:* Die externen Partner der Unternehmung verhandeln mit unterschiedlichen Instanzen, können sie gegeneinander ausspielen und unterschiedliche Informationen erlangen und ausstreuen.
- *Wahrnehmungs- und Wissenskonflikt:* Die internen Interaktionspartner wissen möglicherweise nicht, an wen sie sich wenden sollen. Informationen werden unterschiedlich strukturiert, sind nicht vergleichbar, erscheinen lückenhaft.

Das Zentralisierungspostulat ist somit zwingend, es ist aber zu ergänzen:

(1) Wer die Forderung aufstellt, eine einzige Instanz möge die ausschließliche Kompetenz für die Erfüllung einer Aufgabe haben, sagt noch nichts darüber, welchen *hierarchischen Rang* diese Instanz haben soll. Zentralisierung ist als solche noch nicht gleichbedeutend mit „Zentralisierung an der Unternehmensspitze". Benötigt wird zusätzlich eine Rang-Angabe für die Klassifikation der Zentralinstanz.

Wir hatten bereits vorn abgeleitet, daß die Erhaltung der Liquidität eine Existenzbedingung für die Unternehmung ist. Bei „Gefahr im Verzuge" müssen alle unternehmenspolitischen Entscheidungen auf einen Liquiditäts-Engpaß hin korrigiert werden. Im Zweifel hat jegliche Rentabilitäts-Erwägung hinter der Frage zurückzutreten, ob durch die Verwirklichung der betreffenden Entscheidung womöglich die Liquidität gefährdet wird. Damit sind Machtfragen aufgeworfen. Der Vertreter des Liquiditätsgesichtspunktes muß mächtig genug sein, im Zweifel eine Realisierung von liquiditätsgefährdenden Entscheidungen zu verhindern – mögen sie auch erfolgswirtschaftlich noch so attraktiv sein.

Diese prinzipielle Bedeutung der Liquiditätserhaltung macht daher erforderlich, daß die **finanzielle Führung an der Unternehmensspitze zentralisiert** wird. Oder anders: Innerhalb eines Vorstands- (oder Geschäftsführungs-) Kollegiums soll ein Mitglied für die genannten Aufgaben der finanziellen Führung zuständig sein, aber auch nur ein einziges Mitglied: Eine Teilung der Aufgaben auf mehrere Mitglieder werde ausgeschlossen.

Zentralisierung an der Unternehmensspitze und...

Empirische Untersuchungen bestätigen – zumindest für Großunternehmen in der Rechtsform der Aktiengesellschaft – daß dieses Postulat der Theorie auch in der Realität weitgehend befolgt wird. **Zuständig für Finanzen ist der – und nur der – Finanzvorstand.**[5]

(2) In ihrer strengsten Version ist Zentralisierung Konzentration der Kompetenz für eine Aufgabe in einer einzigen Stelle. Eine derartige, strenge Interpretation ist aber für die finanzielle Führung nicht realitätsnahe, da diese Stelle durch die Menge an Arbeit schlicht überfordert wäre. Es kann nicht vernünftig sein, die Liquidität durch Zentralisierung aller Aufgaben erhalten zu wollen, wenn eine solche Zentralinstanz zu einer wirksamen Liquiditätserhaltung kapazitätsmäßig nicht in der Lage wäre. Wie ist das Dilemma zu lösen?

Die Lösung liegt in einer *Arbeitsteilung innerhalb des Instanzenzuges des Finanzvorstandes,* d. h. die Aufgaben der finanziellen Führung werden in Arbeitsteilung zwischen ihm und seinen Untergebenen erfüllt. Er hat so die Möglichkeit, gegenüber jedem seiner Untergebenen uneingeschränkt seine Absichten durchzusetzen. Damit richtet sich die weitere Problembehandlung auf die Frage nach der Arbeitsteilung innerhalb des Vorstandsressorts Finanzen: Welche Aufgaben nimmt der Finanzvorstand wahr, welche delegiert er an seine Untergebenen?

... Arbeitsteilung innerhalb des Instanzenzuges

---

[5] HAUSCHILDT, J.: Organisation der finanziellen Unternehmensführung, Stuttgart 1970, S. 41 f.

> **Übungsaufgabe 1.4**
> Man findet gelegentlich in der Praxis folgenden Verstoß gegen das Zentralisierungspostulat:
> – Ein Vorstandsmitglied ist zuständig für alle **langfristigen** Finanzentscheidungen.
> – Ein anderes Vorstandsmitglied ist zuständig für das „day-to-day-management", also für alle **kurzfristigen** Dispositionen.
> Welche Konflikte können bei dieser Arbeitsteilung entstehen, die bei Zentralisierung der finanziellen Führung entfallen würden?

3.1.2 Abgrenzungsprobleme

Umstrittene Zuständigkeit für „Inkasso- und Mahnwesen"...

Bevor wir auf die Arbeitsteilung innerhalb des Finanzbereichs eingehen, sei ein Abgrenzungsproblem behandelt, das die Zentralisierung der finanziellen Führung berührt: Zwischen dem *Absatzbereich und dem Finanzbereich* erhebt sich regelmäßig die Streitfrage, wer für die Abteilung **„Inkasso- und Mahnwesen"** (auch: „credit and collection") zuständig sein soll. Es handelt sich um Aufgaben, die mit der aktiven Kreditgewährung der Unternehmung gegenüber Kunden verbunden sind. Unstrittig ist, daß die Gewährung von Kredit tief in den Aktionsbereich der finanziellen Führung eingreift. Ebenso unstrittig ist, daß die Gewährung (oder die Verweigerung) von Kundenkredit ein hochkarätiges absatzpolitisches Instrument ist. Je nachdem, wem dieser Aufgabenbereich unterstellt ist, der andere Bereich befürchtet jeweils, daß die Erfüllung der Aufgaben zu seinen Lasten erfolgt: Steht die Abteilung Inkasso- und Mahnwesen in der Kompetenz

– des Absatzbereichs, so vermutet die finanzielle Führung, werde dieser in Hoffnung auf steigende Umsätze längere Zahlungsziele – offen oder stillschweigend – gewähren und damit praktisch „Investitionen in Forderungen" bewirken,

– des Finanzbereichs, so wähnt das Marketing-Management, dieser werde durch forciertes Beitreiben der Forderungen die Kunden verärgern.

...in der Kompetenz des Finanzbereichs, aber...

Dennoch ist die *Unterstellung des Inkasso- und Mahnwesens unter die Kompetenz des Finanzbereichs* in Literatur und Praxis letztlich unstrittig. Maßgeblich ist zum einen die Dominanz der Liquidität gegenüber den Absatzzielen. Zum anderen entlastet diese organisatorische Regelung auch das Verkaufsgespräch um eine von dem Verkäufer gefürchtete Konfliktkomponente: Er kann die Verantwortung für Mahnung und Inkasso von sich weisen und auf die Finanzabteilung abschieben. Um zu verhindern, daß wirklich bedeutsame Kunden durch rüde Inkasso-Methoden verschreckt werden, sollte allerdings

...mit Abstimmungszwang

der Zwang zur gegenseitigen Abstimmung zwischen Finanz- und Absatzbereich organisatorisch verankert werden. Das könnte etwa dadurch geschehen, daß eine Liste der Mahnfälle vor ihrem Vollzug von einer zuständigen Instanz des Absatzbereichs gegengezeichnet wird.

3.2 Ränge und Spezialisierung der Instanzen der finanziellen Führung

Wie empirische Untersuchungen[6] gezeigt haben, sind die vorn bestimmten Aufgabenkomplexe der finanziellen Führung auf wenigstens zwei, üblicherweise auf drei Instanzen verteilt, denen wiederum eine nicht weiter untersuchte Zahl von Untergebenen nachgeordnet sind:

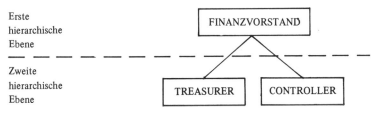

Abb. 7: *Hierarchie der Instanzen der finanziellen Führung*

Die Arbeitsteilung dieser drei Instanzen in bezug auf die Aufgaben der finanziellen Führung soll im folgenden modellhaft gezeigt werden.

3.2.1 Die Funktionen des Finanzvorstandes

3.2.1.1 Im außergewöhnlichen Fall

Funktionen im Falle des Liquiditäts-Engpasses

Die tödliche Gefahr der Illiquidität verlangt eine grundsätzlich unterschiedliche Arbeitsteilung zwischen den Instanzen der finanziellen Unternehmensführung, je nachdem ob die Unternehmung *in einem Liquiditätsengpaß* steht oder nicht: Wenn die Planung erkennen läßt, daß die zukünftigen Einnahmen die zwingend fälligen Ausgaben unterschreiten werden, dann muß die gesamte Unternehmenspolitik auf diesen Engpaßsektor eingestellt werden.

In dieser exzeptionellen Situation ist die Führungs- und auch die Handlungsverantwortung für den Finanzbereich an der Unternehmensspitze, beim Vorstandsressort Finanzen, konzentriert. Dem Finanzvorstand sind drastisch wirkende *Sondervollmachten* gegenüber allen seinen Vorstandskollegen einzuräumen:

Sondervollmachten

- *Vetorechte* gegen Zahlungsverfügungen,
- *Initiativrechte* zur Veranlassung von unternehmenspolitischen Maßnahmen, die von den ursprünglichen Plansätzen abweichen,

---

[6] WESTON, J. F.: The Finance Function, in: The Journal of Finance, Vol. IX, No. 3, 1954, S. 265–282.
CURTIS E. T.: Company Organization of the Finance Function. in: The Financial Manager's Job, ed. E. MARTOMG / R. E. FINLEY, New York 1964, S. 9–36.
HAUSCHILDT, J.: Organisation der finanziellen Unternehmensführung, a.a.O., S. 41 ff.

- unmittelbare *Informationsrechte* unter Übergehung der direkten Vorgesetzten,
- *Verpflichtung der übrigen Instanzen,* dem Finanzvorstand unaufgefordert über alle bedeutsamen Planabweichungen zu berichten.

Im Innenverhältnis gilt in dieser Situation, daß die dem Finanzvorstand unterstellten Instanzen keine eigenen Entscheidungsbefugnisse mehr haben, sondern prinzipiell gehalten sind, ihm die Entscheidung anzutragen. In organisatorischer Terminologie: Die *„Linien-Funktionen"*, die sie im Normalfalle innehaben, *wandeln sich* im außergewöhnlichen Falle des Liquiditätsengpasses in *„Stabs-Funktionen"* um. An die Stelle einer eigenständigen Entscheidungs- und Durchsetzungskompetenz tritt das Recht und die Pflicht auf Beratung des Finanzvorstandes.

Das Krisenmanagement räumt dem Finanzvorstand gegenüber seinen Kollegen und seinen Untergebenen zeitweise eine **besondere Machtstellung** ein. Diese Sonderstellung ist zeitlich beschränkt, sie muß kontrolliert werden. Daher werden regelmäßige Berichte des Finanzvorstandes gefordert, besser noch: Der Ausnahmezustand wird automatisch beendet, wenn er nicht durch Vorlage des Finanzplans nachweist, daß der Liquiditätsengpaß noch besteht.

> **Übungsaufgabe 1.5**
> Stellen Sie nochmals die Gründe dafür zusammen, daß dem Finanzvorstand in der Situation des Liquiditäts-Engpasses so weitreichende Sondervollmachten eingeräumt werden müssen.

3.2.1.2 Im Normalfall

Funktionen im Normalfalle

Im **Normalfall** sieht das Modell der *Arbeitsteilung* eine weitgehende Delegation der Kompetenzen und der Handlungsverantwortung auf die Instanzen unterhalb der Vorstands-Ebene vor. Wie empirische Untersuchungen gezeigt haben, bleiben dabei trotz einer weithin praktizierten Delegation folgende Funktionen in der *Kompetenz des Finanzvorstandes:*

Nicht delegierbare Vorstands-Funktionen

- *Repräsentations-Funktionen:* Bei Verhandlungen über bestimmte Finanzierungsarten, -volumina, -fristen und -konditionen ist aktive Teilnahme des Finanzvorstandes geboten.
- *Konfliktregulierungs-Funktionen:* Zur strukturellen Liquiditätssicherung anläßlich von Investitionsentscheidungen sind oftmals Konflikte mit anderen Vorstandsbereichen auszutragen. Die Durchsetzungsproblematik verhindert in diesen Fällen die Delegation auf Instanzen der zweiten hierarchischen Ebene.
- *Spezielle Überwachungs-Funktionen:* Im Aufgabenbereich „Haltung der Liquiditätsreserve" ist dann stärkere Einschaltung des Finanzvorstandes sinnvoll, wenn verhindert werden soll, daß sich der Finanzleiter auf der zweiten Ebene der Hierarchie Liquiditätsreserven zur Kompensation des Fehlens an Macht hält.

Im übrigen verbleibt dem Finanzvorstand die *generelle Führungsverantwortung* für die delegierten Teile der finanziellen Aufgaben, d. h. ihm obliegt die Formulierung der Handlungsziele für die ihm unterstehenden Instanzen, die Auswahl und die Einweisung des Personals, er ist zuständig für die Kontrolle der finanziellen Führung.

Nicht delegierbare Führungsverantwortung

3.2.2 Die Funktionen von Treasurer und Controller

Die Arbeitsteilung zwischen Treasurer und Controller befindet sich unter dem Einfluß der automatisierten Datenverarbeitung im Umbruch. Nach dem herkömmlichen Ansatz waren die Arbeitsgebiete unter dem Kriterium des *Rechnungszieles* geteilt: Der **Treasurer** („Finanzleiter") war für *finanzwirtschaftliche* Aktivitäten und Rechnungen zuständig, er handelte mit Blick auf Einzahlungen und Auszahlungen bzw. Einnahmen und Ausgaben. Der **Controller** („Leiter des Rechnungswesens") operierte auf der Ebene von Aufwand/Ertrag bzw. Kosten/Leistung, der dachte in *erfolgswirtschaftlichen Kategorien*.[7]

Herkömmliche Arbeitsteilung: erfolgswirtschaftliche versus finanzwirtschaftliche Informationen

Wir wollen uns diese traditionelle Denkweise noch ein wenig näher ansehen: Wie wir vorn erkannt haben, läßt sich die Planung der finanziellen Führung als ein Prozeß der Informationsverarbeitung begreifen. Dieser Prozeß soll an folgendem Beispiel verdeutlicht werden:

Gesucht: Einnahmen aus Umsätzen der Produkte A und B

Diese Information wird durch Rückgriffe auf folgende Ausgangsinformationen gebildet:

Absatzmengen der Produkte A und B
×
Absatzpreise der Produkte A und B
} = Brutto-Umsätze in A und B

./. Erlösschmälerungen
./. Skonto

Netto-Umsätze in A und B
+ Mehrwertsteuer

Zahlungseingang aus Umsätzen

Abb. 8: Ableitung der Einnahmen aus Umsätzen

Für den Leiter des Rechnungswesens, dessen Aufgabe die Erstellung einer kurzfristigen Erfolgsrechnung ist, sind lediglich die *Netto-Umsätze* von Interes-

Unterschiedliche Volumina

---

[7] Vgl. zum aktuellen Stand HAHN, D.: Hat sich das Konzept des Controllers in Unternehmungen der deutschen Industrie bewährt? in: BFuP, 30 (1978), S. 101–128. Siehe auch HORVATH, P.: Controlling, München 1979, S. 37 ff.

se. Diese gehen in die Gewinn- und Verlust-Rechnung ein, sie sind maßgeblich für den entsprechenden Ausweis der Aufwendungen.

Unterschiedliche zeitliche Zuordnung

Für den klassischen Finanzleiter sind hingegen die *Zahlungseingänge aus Umsätzen* die interessante Rechnungsgröße. Er muß überdies wissen, wann diese Beträge eingehen werden, die Periode des Vertragsabschlusses oder der Lieferung interessiert ihn nicht oder nur insoweit, als er daraus unter Ansatz eines mittleren Zahlungsziels den Geldeingang ableiten kann. Die unterschiedlichen Denkweisen,
– die erfolgswirtschaftliche des Leiters des Rechnungswesens sowie
– die finanzwirtschaftliche des Finanzleiters

führten faktisch zur *Trennung der Informationsverarbeitung*. Im Klartext: Jeder plante für sich, jeder fragte die übrigen Instanzen nach „seinen" Zahlen. Hier im Beispiel: Der Leiter des Rechnungswesens fragte den Absatzbereich nach Umsätzen, der Finanzleiter fragte nach Zahlungseingängen. *Doppelarbeit und Verwaltungsbelästigung waren die Folge.*

Konsequenz: Unnötiger Informationsaufwand

Hier setzt die Rationalisierung der Verwaltungsorganisation an. Was liegt näher, die Kapazität der *Datenverarbeitungsanlagen* zu nutzen, um die Informationsverarbeitung zu integrieren. Dem folgt die Aufbauorganisation, der Leiter des Rechnungswesens wandelt sich zum *Controller, zu der Instanz, die für die gesamte Informationsverarbeitung zuständig ist*. Dem Finanzleiter wird seine spezielle Informationsverarbeitungspflicht, die Ermittlung der finanzwirtschaftlichen Daten, abgenommen.[8]

Die Trennung der Rechnungsbereiche ist unter dem Einfluß des Einsatzes von ADV-Anlagen entbehrlich geworden, die die Transformation finanzwirtschaftlicher in erfolgswirtschaftliche Größen (und umgekehrt) systematisch, schnell und präzise ermöglichen.[9]

Damit wird ein anderes Kriterium für die Arbeitsteilung des Treasurers und des Controllers maßgeblich: *Dem Treasurer wird Realisationsverantwortung, dem Controller Rechnungsverantwortung im Bereich der finanziellen Unternehmensführung* übertragen:

Realisationsverantwortung für den Finanzbereich

Die **Realisationsverantwortung des Treasurers** umfaßt
1. die zwischenzeitige Anlage freigesetzter Mittel, die Wechseldisposition, die Haltung von zweckbestimmten Liquiditätsreserven,
2. die Lenkung der Zahlungsströme im Rahmen der täglichen Finanzdisposition,
3. die Führung aller Finanzierungsverhandlungen, soweit sie nicht ein Vorbehaltsrecht des Finanzvorstandes sind,
4. das Inkasso- und Mahnwesen.

In bezug auf die Linienfunktionen des ihm vorgesetzten Mitgliedes der Geschäftsleitung hat der Treasurer die Stabsfunktionen der Beratung, Informationssammlung, Entscheidungsvorbereitung.

---

[8] HORVATH, P.: Controlling, a.a.O., S. 615 ff.
[9] Zum theoretischen Ansatz siehe CHMIELEWICZ, K.: Integrierte Finanz- und Erfolgsplanung. Versuch einer dynamischen Mehrperiodenplanung, Stuttgart 1972.

Die **Rechnungsverantwortung des Controllers** für den Finanzbereich umfaßt:

Rechnungsverantwortung für den Finanzbereich

1. die fristgerechte Lieferung vollständiger, überschneidungsfreier Informationen über die Liquidität an jedem Tage (täglicher Liquiditätsstatus), über ihre Entwicklung in den kommenden Monaten (kurzfristige Finanzplanung) sowie über ihre Grundstruktur in den kommenden Jahren (langfristiger Kapitalbindungsplan),
2. die Veranlassung und die Koordination der für die Finanzplanung notwendigen Ur-Informationen aus den operativen Teilplänen in Absatz, Produktion und Beschaffung,
3. die Feststellung der Kontrollergebnisse und die Auswertung der Planabweichungen.

Man beachte, daß hier nur von der Rechnungsverantwortung des Controllers „für den Finanzbereich" die Rede ist. Seine Rechnungsverantwortung für die andere Unternehmensbereiche wird hier ausgeklammert.

Übungsaufgabe 1.6
Bei welchen Positionen des laufenden Finanzplans konnte der Finanzleiter auch traditionell auf Informationen des Leiters des Rechnungswesens zurückgreifen, ohne betragsmäßige oder zeitliche Umrechnung vornehmen zu müssen?
Bei welchen Informationen stellte sich diese Umrechnungsproblematik hingegen in besonders scharfer Form?

3.2.3 Arbeitsteilung zwischen Finanzvorstand, Treasurer und Controller

Nach dieser Kennzeichnung der Funktionen der Instanzen der finanziellen Führung sind wir jetzt in der Lage, die *Arbeitsteilung systematisch zu vervollständigen* (vgl. *Abb. 9* auf S. 26). Im Aktionsbereich der ersten hierarchischen Ebene ist der Finanzvorstand allein verantwortlich. Der Aktionsbereich der „skalaren Kollegialität" zeigt Aufgaben, in denen die Verantwortung je nach Problemgehalt der Einzelaktionen entweder dem Finanzvorstand vorbehalten bleibt oder delegierbar ist. Im Aktionsbereich der zweiten hierarchischen Ebene ist die Verantwortung voll an den Treasurer oder an den Controller delegiert. Die Hinweise (T) oder (C) zeigen die Zuordnung zum Treasurer oder zum Controller.

Übungsaufgabe 1.7
Prüfen Sie die folgenden Formulierungen von Tätigkeiten eines Finanzprokuristen daraufhin, ob sie *Linienfunktionen* oder *Stabsfunktionen* beschreiben:
  1. Er entscheidet über die Anlage von kurzfristig freigesetzten Mitteln im Rahmen der vom Ressort-Chef Finanzen gesetzten Ziele und nach Abstimmung mit dem Controller über die Zeitdauer der Freisetzung.

	Planungsphase	Realisationsphase	Kontrollphase
Aktionsbereich des Finanzvorstandes	– Finanzielle Rahmenplanung für Investitionen – Planung der Anpassung im Liquiditätenengpaß – Planung exzeptioneller Finanzierung	– Abstimmung von Investition und Finanzierung – Durchsetzung liquiditätspolitischer Anpassungsmaßnahmen – Führung von Finanzierungsverhandlungen in Repräsentationsfunktion	– Kontrolle der Reserve-Haltung – Kritik der Planabweichungen
Aktionsbereich der skalaren Kollegialität (T) = Treasurer (C) = Controller	– Planung der strukturellen Liquiditätssicherung (T) – Planung der ordentlichen Finanzierung (T) – Planung der Reserven bzw. der Kassenüberschüsse (T) – Koordination der Teilpläne (C)	– Einsatz der Liquiditätsreserven (T) – Führung der Finanzierungsverhandlungen ohne Zwang zur Repräsentation (T)	– Feststellung der realisierten Werte (C) – Auswertung der Kontrollergebnisse, Abweichungsanalyse (C)
Aktionsbereich der zweiten hierarchischen Ebene (T) = Treasurer (C) = Controller	– Planung der laufenden operativen Einnahmen und Ausgaben (C) – Laufende Planabstimmung mit operativen Instanzen, Planrevolving (Einkauf, Produktion, Absatz etc.) (C) – Planung der Kreditannuitäten (C)	– Verfügung über Investitionsbeträge (Anweisung) (T) – Regulierung der laufenden Ausgaben (T) – Anlage von flüssigen Mitteln (T) – Inkasso und Mahnwesen (T) – Tägliche Finanzdisposition (T)	– Kontrolle des Investitionsbudgets (C) – Kontrolle der laufenden Finanzplanung (C)

Abb. 9: Arbeitsteilung zwischen Finanzvorstand, Treasurer und Controller

2. Er bestimmt in Verhandlung mit dem Ressort-Leiter Absatz die Richtlinien der Kreditgewährung in Volumina, Fristen und duldbaren Abweichungen.
3. Er bestimmt nach Anhörung der zuständigen Absatzstelle Mittel und Formen der Mahnung und des Inkasso im Konfliktfalle.
4. Er beobachtet laufend Institutionen und Konditionen des Geld- und Kapitalmarktes.
5. Er wickelt Kreditvereinbarungen vertraglich ab.
6. Er verhandelt im Team mit dem Ressort-Chef Finanzen über die Formen der Außenfinanzierung, die seine Kompetenz in Betrag und/oder Fristen überschreiten.
7. Er schlägt Aufnahme und Abbruch von Kreditbeziehungen vor.
8. Er berät den Vorstand bei Entscheidungen über die Personalauswahl für die Position des Kassieres.
9. Er informiert wenigstens einmal wöchentlich den Vorstand über die Kapitalmarkt- und Börsensituation.
10. Er entscheidet über Aufnahme von Versicherungen im Zusammenhang mit Fianzierungsformen.
11. Er legt die Richtlinien für die Lenkung der Zahlungsströme in Volumen und Fristen nach Instituten und Wegen fest.

3.2.4 Einfluß der Unternehmensgröße auf die Arbeitsteilung des Finanzmanagements

Die soeben dargestellte Arbeitsteilung zwischen Finanzvorstand, Treasurer und Controller ist in dieser Funktionen-Trennung *nur in Unternehmen einer Größenordnung von ca. 1 bis 2 Milliarden DM Umsatzvolumen wirtschaftlich sinnvoll*.[10] Diese Arbeitsteilung ist nicht unabhängig von der Unternehmensgröße:

— In *noch größeren* Unternehmen finden sich zunehmend mehr und stärker spezialisierte Instanzen, die in bis zu vier hierarchischen Rängen einander zugeordnet sind. Diese Fälle sind indessen so selten, daß sie eine Vertiefung an dieser Stelle nicht rechtfertigen.
— In *kleineren* Unternehmen ist hingegen die Arbeitsteilung auf viele, spezialisierte Instanzen wesentlich weniger wahrscheinlich.

Unternehmensgröße bestimmt Arbeitsteilung und Spezialisierung

Läßt sich unser Modell der Arbeitsteilung im Finanzbereich in solchen kleineren Unternehmen überhaupt noch verwenden?

Die einzelnen Aufgaben des Finanzmanagements sind angesichts dieses Zwanges, dle Arbeitsteilung an unterschiedliche Unternehmensgrößen flexibel anzupassen, als *Baukasten-Elemente* zu verstehen, die je nach Zahl und Komplexität der zu bearbeitenden Einzelprobleme und je nach Arbeitskapazi-

Ziel: flexible Anpassung durch . . .

---

[10] HAUSCHILDT, J.: Organisation der finanziellen Unternehmensführung, a.a.O., S. 126. In die gleiche Richtung weisen die Befunde von CURTIS, E. T., a.a.O., S. 12 ff. Die Befunde besagen überdies, daß die Finanzorganisation von Rechtsform und Branche der Unternehmen kaum geprägt ist.

tät des Stelleninhabers auf eine unterschiedliche Zahl von Personen bezogen sein können. Dabei sind folgende Formen der Anpassung zu beobachten:

... Funktionen-Erweiterung oder ...

Die *erste Möglichkeit der Anpassung* des Modells liegt darin, den Instanzen zusätzlich „angrenzende", nicht-finanzwirtschaftliche Aufgaben zu übertragen **(Funktionen-Erweiterung).** Dem Finanzvorstand werden Aufgaben der Verwaltung (Personal, Steuern, Organisation, Revision, allgemeine Verwaltung etc.) und operative Ressorts (Einkauf, Lagerhaltung, Transport) zusätzlich zu den Aufgaben der finanziellen Führung überantwortet. Ähnlich kann der Arbeitsbereich des Treasurers durch Einbeziehung von Verwaltungsfunktionen (Versicherungen, Beteiligungen, Unterstützungskassen, Haus- und Grundstücksverwaltung etc.) vergrößert werden. Dem Controller können zusätzlich alle Aufgaben der Rechnungslegung, der Planung und Kontrolle aller nicht-finanzwirtschaftlichen Daten übertragen werden.

... Funktionen-Konzentration

Die *zweite Möglichkeit der Anpassung* des Modells liegt in einer **Funktionen-Konzentration,** d. h. die im Modell den drei Instanzen zugeordneten Aufgabenkomplexe werden nur auf zwei Instanzen verteilt, die zueinander im Verhältnis von Vorgesetztem zu Untergebenem stehen. Die Befunde von CURTIS lassen vermuten, daß die Funktionen des Treasurers in mittleren und kleinen Unternehmen auf einen „Finanzvorstand = Treasurer" übergehen, daß hingegen die Rechnungsverantwortung des Controllers in der geschilderten Form bestehen bleibt.

Es bietet sich überdies an, auch dem Controller einzelne *Verwaltungstätigkeiten* zu übertragen, die seinem Arbeitsgebiet nahe stehen: Verwaltung des Rechenzentrums sowie die interne Revision. Auf jeden Fall bleibt bei beiden Formen der Anpassung, der Funktionen-Erweiterung und der Funktionen-Konzentration, die Grundidee der Arbeitsteilung erhalten, nämlich die Trennung von Rechnungs- und Realisationsverantwortung im Bereich der finanziellen Unternehmensführung.

Übungsaufgabe 1.8
Vergleichen Sie diese Anpassungsformen unter der Frage, welche Version wohl besser geeignet ist, die Situation eines Liquiditätsengpasses zu bewältigen.

4. Das Kommunikations- und Interaktionsgefüge der finanziellen Führung

Die Darstellung des Kommunikations- und Interaktionsgefüges muß an der **Struktur der Informationen** ansetzen, die zwischen den beteiligten Stellen ausgetauscht werden. Unter diesem Aspekt wollen wir zwei Arten von Informationen unterscheiden:

1. *Standardisierbare Informationen,* das sind solche, die häufig und rhythmisch ausgetauscht werden, deren Struktur und Dimension gleichbleiben und deren Absender und Adressaten feststehen.
2. Demgegenüber werden *nicht standardisierbare Informationen* selten und unregelmäßig ausgetauscht, sind in Struktur und Dimensionen uneinheitlich und lassen sich in Herkunft und Richtung nicht immer sicher orten.

Finanzinformationen unter dem Kriterium ...

... der Standardisierbarkeit

Das Kommunikationsgefüge ist für die erstgenannte Gruppe von Informationen auf Dauer strukturierbar, ihnen gegenüber ist die Organisationsmöglichkeit groß. Die zweitgenannte Gruppe von Informationen ist vielfach hoch bedeutsam. Verlust, Verzögerung oder Verzerrung dieser Informationen können gravierende Wirkungen haben. Ihre Organisationsbedürftigkeit ist somit groß, ihre Organisationsmöglichkeit hingegen gering. Die folgende Betrachtung hat daher die organisatorischen Mechanismen zur Beherrschung dieser unterschiedlichen Informationsarten deutlich zu trennen.

Liefert die Standardisierbarkeit der Informationen das Kriterium für die weitere Problembehandlung, so liefert die *„Nähe des finanzwirtschaftlichen Bezuges"* das Kriterium für die inhaltliche Kennzeichnung der Information unter organisatorischem Aspekt. Je größer die Nähe des finanzwirtschaftlichen Bezuges, desto geringer ist der Zwang, diese Informationen für die speziellen Zwecke der Finanzabteilung gesondert aufzubereiten[11]. Unter diesem Kriterium wollen wir wenigstens die folgenden Arten von Informationen unterscheiden:

... der Nähe des finanzwirtschaftlichen Bezuges

- *Finanzwirtschaftlich vollständig bestimmte* Informationen: das sind solche, in denen eine Zahlung nach Betrag und Termin definiert ist,
- *finanzwirtschaftlich nur teilweise bestimmte* Informationen: das sind solche, in denen wohl der Betrag, nicht aber ein Zahlungstermin bestimmt sind. Größtenteils handelt es sich um Positionen der Erfolgsrechnung, die „irgendwann" Zahlungen verursachen werden oder verursacht haben.
- *Finanzwirtschaftlich überhaupt noch nicht bestimmte* Informationen: das sind solche, die als Mengenangaben gemacht werden, die noch einer Transformation in eine Wertgröße bedürfen. Für sie wird ein Zahlungszeitpunkt bestenfalls indirekt ableitbar sein.

---

[11] Vgl. auch Kap. 3, Abschnitt 1.2, S. 104 ff.

Je nach ihrer Nähe des finanzwirtschaftlichen Bezuges erfordern diese Informationen also eine mehr oder minder große Zahl von *Transformationsaktivitäten*. Zur Kennzeichnung des Kommunikationsgefüges gehört eine Angabe darüber, wer die Kompetenz für derartige Transformationsrechnungen hat.

4.1 Kommunikation über standardisierbare Finanzinformationen

Gemäß der in Kapitel 2 zur Finanzplanung getroffenen Unterscheidungen wollen wir die Kommunikationsbeziehungen
1. zur täglichen Finanzdisposition,
2. zur kurzfristigen Finanzplanung
getrennt untersuchen, da ihre Häufigkeit, ihr Rhythmus sowie die Struktur ihrer Daten unterschiedliche Regelungen erforderlich machen.

4.1.1 Kommunikation zur täglichen Finanzdisposition

Für die tägliche Finanzdisposition werden folgende Informationen benötigt:

Bestandsgrößen:
– die Salden der Bankkonten und Kassen,
– die uneingeschränkt verfügbaren Kredite.

Strömungsgrößen:
– die zwingend fälligen Verbindlichkeiten, die am Dispositionsdatum zu Ausgaben führen,
– die mit Sicherheit erwarteten Zahlungseingänge.

Die folgende *Abb. 10* zeigt die Informationsbeziehungen zur täglichen Finanzdisposition.

Erfassung...
...der Zahlungskraft

Zu organisieren ist danach:
1. Die *vollständige, überschneidungsfreie, zeitlich gleichartige, wertmäßig homogenisierte* **Erfassung der Zahlungsmittelbestände und Kreditvolumina,** soweit sie durch externe Partner, i. w. durch Kreditinstitute, gemeldet werden. Das Hauptproblem ist dabei die terminliche Konsistenz der Daten, die durch unterschiedliche Meldegeschwindigkeit (Postlauf) und durch unterschiedliche Valutierungsgepflogenheiten verzerrt wird. Ein Sonderproblem stellt sich bei Bewertung von Beständen in fremden Währungen.

...der zwingend fälligen Ausgaben

2. Die *vollständige* **Erfassung der sachlich gerechtfertigten und zwingend fälligen Verbindlichkeiten.** Das Hauptproblem ist dabei die Überprüfung von Verpflichtungsgrund, Verpflichtungsbetrag und Verpflichtungstermin (Rechnungsprüfung) sowie die Ordnung der Verbindlichkeiten nach ihrer Dringlichkeit – eine Frage der Macht der Marktpartner und der Zahlungskonditionen.

4. Das Interaktionsgefüge der finanziellen Führung

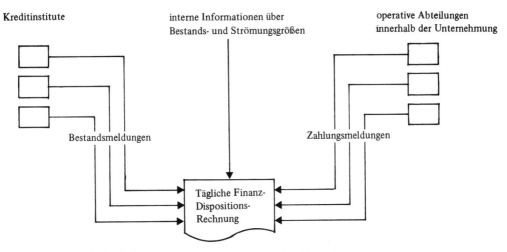

Abb. 10: Informationsbeziehungen zur täglichen Finanzdisposition

3. Die *vollständige Hinzufügung* von **Bestands- und Strömungsinformationen, die nur intern in der Finanzabteilung präsent** sind: Kassenbestände, Scheck- und Wechselbestände sowie Kreditannuitäten.

   ... der Positionen des reinen Finanzbereichs

4. Eine *hinreichend genaue Erfassung* von **Zahlungseingängen** pro Konto. Diese Information ist vergleichsweise wenig verläßlich und kann nur dann zur Grundlage von Dispositionen gemacht werden, wenn die Unternehmung selbst durch Lastschrift die Einzahlung veranlassen kann. Selbst bestätigte Zahlungsavise, Dauerzahlungsverhältnisse und branchenübliche Zahlungsweisen begründen die für die Disposition notwendige Sicherheit der Erwartungen nicht.

   ... des sicheren Zahlungseingangs

Liegen diese Informationen vor, so erfolgt die Informationsverarbeitung nach den bekannten Regeln der täglichen Finanzdisposition.[12] Sie richtet sich auf die Wahl der Zahlungswege, auf die Abstimmung der Salden und auf die Tilgung und Überwachung der Kredite. Es handelt sich um spezialisierte Daueraufgaben, die einer weiteren Kommunikation mit anderen Instanzen, insbesondere aus den operativen Instanzenzügen, nicht bedürfen. Die Informationen über die täglichen Zahlungsdispositionen fließen ausschließlich innerhalb des finanzwirtschaftlichen Instanzenzuges. Die Disposition selbst kann nach Vorgabe auf relativ niedriger hierarchischer Ebene durchgeführt werden, d. h. sie fällt in die Zuständigkeit eines Gruppenleiters oder eines Sachbearbeiters. Dieser Sachbearbeiter ist trotz seines Ranges oft zumindest Handlungsbevollmächtigter. Diese relativ hochqualifizierten Vertretungsrechte sind durch die Notwendigkeit zu selbständiger Repräsentation begründet, er muß bindend Unterschriften leisten können.

Informationsverarbeitung ausschließlich in der Finanzabteilung

---

[12] Vgl. dazu im Kapitel 2 den Abschnitt 3.1 „Tägliche Dispositionsrechnung". S. 78 ff.

4.1.2 Kommunikation zur kurzfristigen, laufenden Finanzplanung

Die kurzfristige laufende Finanzplanung muß wenigstens die folgenden **formalen Anforderungen** erfüllen[13]:

- Es handelt sich um eine schriftliche *Totalplanung*. Sie umfaßt alle Einnahmen, alle Ausgaben und die gesamte Zahlungskraft der Unternehmung (flüssige Mittel plus Kreditmöglichkeiten). Durch diese Merkmale grenzt sie sich von den Partialinformationen über einzelne Investitionsfinanzierungen, Kredittransaktionen, Dividendenzahlungen etc. ab.
- Es handelt sich um eine Information, die *in festem Rhythmus* ständig wiederholt wird. Die hier gemeinte Finanzplanung unterscheidet sich dadurch von sporadischen Saisonplanungen oder Planungen aus besonderem Anlaß.
- Es handelt sich um eine Projektion mit einem *zeitlichen Horizont von vier Quartalen, davon das erste in drei Monate unterteilt*. Durch dieses Merkmal grenzt sich die Finanzplanung eindeutig von einer Tagesdisposition ab.
- Es handelt sich um *Vorschau-* und *nicht um Vorgabeinformationen*. Durch diese Unterscheidung sollen vorgegebene Budgets aus der Analyse der Planung ausgeschlossen werden, da ihre Kommunikationsproblematik nicht vergleichbar ist.

Für die kurzfristige, laufende Finanzplanung werden folgende Informationen benötigt:

1. *Bestandsgrößen* am Ultimo des Monats, der dem ersten geplanten Monat vorangeht (Kasse, Guthaben und uneingeschränkt verfügbare Kredite),
2. *Zahlungseingänge* aus Verkauf von Produkten,
3. sonstige Zahlungseingänge,
4. *Zahlungsausgänge* für die wichtigsten laufenden Verwendungszwecke:
   - Personalausgaben,
   - Materialausgaben,
   - Steuern,
   - Zinsen,
   - sonstige laufende Ausgaben,
5. Zahlungsausgänge für *Investitionen*,
6. sonstige unregelmäßige Zahlungen.

Die Planungsinstanz muß von den verfügbaren Zahlungsmitteln und Krediten, den zu erwartenden Einnahmen und den zwingend fälligen Ausgaben *rechtzeitig, vollständig und betragsgenau* Kenntnis haben, wenn sie die Liquidität der Unternehmung garantieren soll.

Das Kommunikationsproblem

Die zu erwartenden Einnahmen und die zwingend fälligen Ausgaben werden durch die Bereichsentscheidungen der *„operativen"* Stellen in Absatz, Produktion und Beschaffung ausgelöst. Damit erhebt sich das **Kommunikationspro-**

---

[13] Vgl. dazu im 2. Kapitel Abschnitt 3.3 „Finanzplan", S. 83 ff.

blem, wie die für die finanzielle Führung zuständigen Stellen von diesen operativen Entscheidungen informiert werden.

Die Literatur zur finanziellen Führung zeigt nun einen bemerkenswerten Unterschied im Hinblick auf dieses Kommunikationsproblem. Zwar behandelt sie es weniger unter dem organisatorischen Aspekt als vielmehr unter dem Stichwort der inhaltlichen Verknüpfung operativer Pläne mit der Finanzplanung. Die hinter dieser Planabstimmung stehende Kommunikationsproblematik ist aber für diese organisationstheoretische Analyse ausschlaggebend. Danach sind *zwei Versionen über den Weg* zu unterscheiden, *den die Informationen der Finanzplanung nehmen.* Die eine Version wird vorzugsweise von *deutschen,* die andere hauptsächlich von *amerikanischen* Autoren vertreten. Um die weitere Diskussion nicht mit einer umständlichen Begriffsproblematik zu befrachten, bezeichnen wir die kontroversen Auffassungen über die Informationswege entsprechend dieser literarischen Behandlung als „deutsche" und als „amerikanische" Version der Informationswege zur Finanzplanung.

Unterschiedliche Versionen über die Informationswege zur Finanzplanung

Deutsche Version der Informationswege zur Finanzplanung *(Abb. 11):*

Die finanzwirtschaftlichen Planungsstellen beziehen ihre Informationen direkt von den operativen Stellen, die die Zahlungsbewegungen durch ihre Bereichsentscheidungen auslösen; die Finanzplanung ist somit eine originäre Planung.

Amerikanische Version der Informationswege zur Finanzplanung *(Abb. 12):*

Die finanzwirtschaftlichen Planungsstellen beziehen ihre Informationen von einem funktionsunabhängigen Planungsressort; die Finanzplanung ist derivativ.

Die kontroversen Versionen seien durch die Gegenüberstellung der folgenden schaubildlichen Darstellungen verdeutlicht.

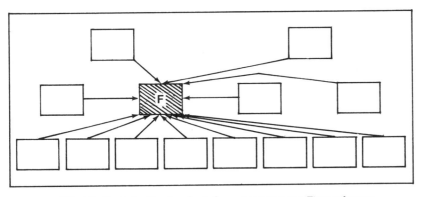

Abb. 11: Deutsche Version der Informationswege zur Finanzplanung

Die Finanzplanungsstelle (F) bezieht ihre Informationen direkt **von allen operativen Stellen,** deren Dispositionen Zahlungen auslösen. Der Finanzplan wird unabhängig von einer anderen Planung – etwa einer kurzfristigen Erfolgsplanung oder einer Kostenplanung – erstellt.

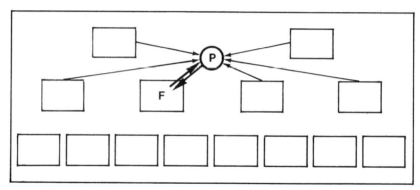

Abb. 12: Amerikanische Version der Informationswege zur Finanzplanung

In der amerikanischen Version bezieht die Finanzplanungsstelle ihre Informationen nicht von den operativen Stellen, durch deren Entscheidungen die Zahlungsbewegungen ausgelöst werden, sondern **von einem zentralen Planungsressort**. Die Finanzplanung ist Teilergebnis einer Gesamtplanung.

Voraussetzungen der amerikanischen Version

Die amerikanische Version basiert auf der Annahme einer höheren *Planungsintegration,* wie sie auch von den Management-Informations-Systemen angestrebt wird. Als ihr entscheidendes Merkmal wird die Vollständigkeit der Planung und die wechselseitige Abgestimmtheit der Teilpläne hervorgehoben. Sie erfordert wegen der Notwendigkeit der Verarbeitung aller Teilpläne und wegen der Umwandlung operativer und erfolgswirtschaftlicher Daten in finanzwirtschaftliche einen beträchtlichen Rechenaufwand und verbindet sich daher gleichsam selbstverständlich mit dem Einsatz automatisierter Datenverarbeitungsanlagen.

Vorgehensweise bei der deutschen Version

Demgegenüber verlangt die deutsche Version der originären Finanzplanung nicht zwingend, daß alle anderen Teilbereiche überhaupt einen Plan erstellen. Sie vollzieht die Integration der ihr gelieferten Informationen, indem sie erfolgswirtschaftliche oder operative Daten durch Prognose der Zahlungszeitpunkte einheitlich in finanzwirtschaftlichem Sinne „bewertet" und bei Prüfung der Liquidität unter finanzwirtschaftlichem Kriterium aufeinander abstimmt. Ihre Absicht ist somit *rein finanzwirtschaftlich.* Sie erstellt nicht etwa im gleichen Arbeitsgang eine kurzfristige Erfolgsplanung.

Unterschiede...

Beide Kommunikations- und Planungsalternativen basieren auf der Information über operative und/oder erfolgswirtschaftliche Bereichsentscheidungen. Unterschiede liegen aber in der Integration unterschiedlicher *Zielaspekte* und in unterschiedlichen *Machtpositionen* bei der Beschaffung und der Abgabe von Informationen:

... im Planungsziel

Die deutsche Version urteilt lediglich unter dem *Liquiditätskriterium,* die amerikanische integriert das erfolgswirtschaftliche mit dem finanzwirtschaftlichen Kriterium und kann durch simultane Planung erfolgswirtschaftlich günstigere Lösungen bei gleicher Sicherheit der Liquiditätserwartung erarbeiten.

... und im Machtanspruch

Ein funktionsunabhängiges Planungsressort, das mit der zentralen Verarbeitung aller Informationen ständig betraut ist, hat eine *stärkere Machtposition* bei der Informationsbeschaffung als eine Finanzplanungsstelle, die nur eine unter mehreren Informationsnachfragern ist. Diese muß ihre Bewegungs- und Bestandsgrößen aus operativen und/oder erfolgswirtschaftlichen Größen ableiten, ohne daß sie Lückenlosigkeit und Überschneidungsfreiheit sowie Präzision der Übertragung mit letzter Sicherheit behaupten kann. Sie ist auf das finanzwirtschaftliche Verständnis operativer Ressorts angewiesen, an dessen Vorhandensein berechtigte Zweifel bestehen. Ihre Machtposition ist auch bei der Informationsabgabe geringer, denn ein funktionsunabhängiges Planungsressort, das die Vorschau aller zukünftigen Aktionen monopolisiert, hat eine höhere Chance, seine Vorgabewerte durchzusetzen.

Das deutsche Modell war – empirischen Befunden des Jahres 1968 zufolge[14] – in deutschen Großunternehmen erheblich *häufiger vertreten* als die amerikanische Version. Mit der steigenden Verwendung von automatisierten Datenverarbeitungsanlagen dürfte sich die Integration der Rechnungsansätze in Richtung des amerikanischen Modells seither verstärkt durchgesetzt haben. Auch unser vorn entwickeltes Modell der Arbeitsteilung zwischen Treasurer und Controller bezieht sich auf den integrierten Informationsverarbeitungs-Ansatz des amerikanischen Modells.

Realität

Es bleibt aber zu fragen, ob dieses Integrationsmodell *uneingeschränkt* zu empfehlen ist. Es steht und fällt mit der Prämisse, daß die Umrechnung von erfolgswirtschaftlichen Ausgangsdaten (Aufwendungen und Erträge) in finanzwirtschaftliche Enddaten (Ausgaben und Einnahmen) in hinreichender Verläßlichkeit möglich ist. Das dürfte im wesentlichen davon abhängen, ob diese Transformationsrechnungen auf
– statistisch hinreichend gesicherte,
– nicht zu stark schwankende,
– aus der Vergangenheit in die Zukunft übertragbare

Prämissen der Integration von erfolgs- und finanzwirtschaftlicher Planung

Informationen zurückgreifen kann. Das dürfte in Unternehmen in starker Konjunkturabhängigkeit, in stürmisch expandierenden (oder schrumpfenden) Branchen, mit wechselndem Sortiment, mit wechselnder Kundenstruktur, mit wechselndem Einsatz von Produktionsfaktoren im Zweifel nicht der Fall sein. Sie werden eine derartig hohe Stufe der Integration erfolgswirtschaftlicher und finanzwirtschaftlicher Rechnung nicht erreichen. Ihnen ist die deutsche Version der Kommunikation zur Finanzplanung zu empfehlen, ggf. auch mit der Konsequenz, daß dem Treasurer ein gut Teil Rechnungsverantwortung, nämlich für den Finanzplanungs- und -kontrollsektor, verbleibt.

Übungsaufgabe 1.9
Zeigen Sie, welche Informationen der Finanzplaner benötigen würde, wenn er aus der Angabe
„Im dritten Quartal wird der *Materialaufwand* x DM betragen"
ableiten wollte, welche *Ausgaben* im dritten Quartal für das Material entstehen.

---

[14] HAUSCHILDT, J.: Organisation der finanziellen Unternehmensführung, a.a.O., S. 68 ff.

4.2 Kommunikation über nicht standardisierbare Finanzinformationen

4.2.1 Abgrenzungen

Beispiele

Als *Beispiele für nicht oder wenig standardisierbare Informationen,* die für die finanzielle Führung bedeutsam sind, lassen sich anführen:
- Verlust eines Prozesses mit der Folge von Schadensersatzzahlungen,
- plötzliche Zahlungseinstellung eines bedeutenden Kunden,
- Abwertung der Währung eines wichtigen Exportlandes,
- Abbruch von Geschäftsbeziehungen aus politischen Gründen,
- überraschender Ausfall und Zwang zum sofortigen Ersatz eines produktionsnotwendigen Aggregates,
- finanzielle Folgen eines Streiks,
- Gewährung einer umfassenden Garantieleistung infolge eines zu spät erkannten Produktmangels („Rückrufaktion").

Kennzeichen dieser Beispiele ist, daß *unerwartete, überraschende, also nicht geplante Ereignisse* eintreten, die Zahlungen auslösen oder Zahlungsausfälle bewirken. Derartige Ereignisse dürfen die finanzielle Führung nicht unvorbereitet treffen: Das Management schützt sich gegen sie durch eine **Liquiditätsreserve** oder durch andere Alternativen einer **Risikopolitik**[15]. Sicher ist auch, daß das Finanzmanagement sehr schnell von derartigen Ereignissen erfährt, schon deshalb, weil man den finanziellen Ausgleich schnell und dringend benötigt. Die Häufigkeit, die Art, das Ausmaß, der Ort des Auftretens, die Folgewirkungen derartiger Ereignisse sind indessen so wenig vorhersehbar, daß es nicht sinnvoll erscheint, die Kommunikation und Interaktion der beteiligten Instanzen für diese Fälle von vornherein festzulegen.

Die obigen Beispiele zeigen, daß es im Prinzip möglich ist, die Arten von Risiken zu bestimmen, möglicherweise sogar eine Bandbreite ihrer finanziellen Wirkungen zu schätzen und vielleicht sogar Früherkennungsmöglichkeiten für bestimmte Risiken festzulegen. Es ist Aufgabe der finanzwirtschaftlichen Instanzen, auch in Zeiten der Unternehmens-Prosperität mögliche Krisen zu durchdenken und Abwehrmaßnahmen durchzuspielen. Es ist daher notwendig, daß die finanzielle Führung anläßlich regelmäßiger Gespräche mit den Leitern der operativen Abteilungen das Risiko-Bewußtsein wachhält und diese Interaktionspartner gleichsam darin schult,
- finanzielle Konsequenzen äußeren Mißgeschicks und falscher Entscheidungen abzuschätzen und
- diese dem Finanzmanagement unverzüglich mitzuteilen.

Hier liegt auch eine der Begründungen für *regelmäßige Konferenzen des Finanzmanagements mit operativen Instanzen* anläßlich der Finanzkontrolle (siehe 4. Kapitel): Es muß ein institutionelles Gesprächsforum geben, das – sachverständig und im Umgang miteinander vertraut – über finanzielle Konsequenzen von Fehlentscheidungen und äußeren Schadensfällen spricht.

---

[15] Vgl. im Kapitel 2 den Abschnitt 3.4 „Planung der finanziellen Reserven", S. 87 ff.

4. Das Interaktionsgefüge der finanziellen Führung

In solchen Ausnahmesituationen gelten überdies zwei *organisatorische Regeln besonderer Art*:

- die **„substitutive Allkompetenz"** des Vorgesetzten, d. h. alle nicht geregelten (oder nicht regelungsfähigen) Problemstellungen fallen automatisch in die Zuständigkeit der Spitzeninstanz,
- der **„informatorische Direktweg im Notfalle"**, d. h. jedermann ist berechtigt, Informationen über derartige Ereignisse unter Umgehung des Dienstweges direkt an diese Spitzeninstanz zu melden.

organisatorisches „Sicherheitsnetz"

Es sind also nicht diese Informationen, die weitere organisatorische Regelungen erfordern.

Es bleibt ein dritter Typ von Informationen: solche, die vergleichsweise selten, aber regelmäßig – etwa im Jahresrhythmus – zu verarbeiten sind, die hohe ökonomische Bedeutung haben, die mehr als nur einen Unternehmensbereich betreffen. Ein Beispiel für derartige Informationen sind die zur *Investitionsentscheidung*, zum Jahresabschluß, zur Angliederung von Tochtergesellschaften, zu großen Innovationen. Aus diesen Beispielen greifen wir die Investitionsentscheidung heraus, um die Möglichkeiten der Steuerung von Kommunikation und Interaktion und ihre besondere Bedeutung für das Finanzmanagement zu zeigen.

4.2.2 Die Stellung des Finanzmanagements im Investitionsentscheidungsprozeß

Die Verabschiedung des Investitionsprogramms einer Unternehmung ist ein komplexer, arbeitsteiliger, konfliktreicher und zeitverbrauchender Arbeitsprozeß.[16] Er ist

Eigenschaften des Entscheidungsprozesses

- *komplex:* Es sind vielfältig verflochtene, unsichere und schlecht abgegrenzte Informationen zu verarbeiten.
- *arbeitsteilig:* In diesem Prozeß sind viele Stellen mit unterschiedlichen Beiträgen integriert.
- *konfliktreich:* Diese Stellen sind unterschiedlich interessiert und engagiert. Ihre Interessen widersprechen sich teilweise.
- *zeitverbrauchend:* Dieser – in aller Regel im Herbst vollzogene Entscheidungsprozeß – erfordert erheblichen Zeitaufwand, realistisch ist eine Dauer von mindestens 6 Wochen.

Man stelle sich den Ablauf dieses Entscheidungsprozesses in folgende Phasen zerlegbar vor:

Phasen des Entscheidungsprozesses

Phase 1: *Initiative* zur Anmeldung von Investitionswünschen durch eine Zentralstelle an alle operativen Instanzen,

---

[16] Zur organisatorischen Grundproblematik siehe KIRSCH, W. / BAMBERGER, F.: Entscheidungsprozesse, finanzwirtschaftliche, in: HWF, Sp. 328 ff.

Phase 2: *Sammlung dieser Investitionswünsche* durch diese Zentralstelle,

Phase 3: *Ordnung* der Investitionswünsche nach unterschiedlichen Kriterien, z. B. nach technischen und nach ökonomischen,

Phase 4: Herstellung eines *einheitlichen Informationsstandes,* Rückfragen, Einholung von Zusatzinformationen,

Phase 5: *Entschluß* für das „optimale" Investitionsprogramm, Auswahl der zu realisierenden Projekte sowie Ablehnung oder Aufschiebung der übrigen Projekte,

Phase 6: *Budgetierung:* Erteilung von Verfügungsberechtigung an die operativen Instanzen, evtl. unter zeitlichen, sachlichen und instanziellen Bindungen,

Phase 7: Abwicklung der Investitionen durch „*Abruf*" der bewilligten Budgetbeträge.

Informationsbedarf

Die Finanzabteilung benötigt für ihre eigenen Dispositionen wenigstens die folgenden **Informationen:**

1. *Investitionsbeträge* nach Voranschlag, ggf. Schätzung von inflationsbedingten Preissteigerungen und preiserhöhenden Verbesserungen des ursprünglichen Ansatzes während der Bauzeit,
2. *Immaterielle Neben-Investitionen:* Ausgaben für Forschung und Entwicklung, Ausbildung, Werbung,
3. *Materielle Neben-Investitionen:* Finanzielle Mittel für die Aufstockung der Vorrats- und Erzeugnisläger und für die Erhöhung der Forderungen,
4. Informationen über die erwartete *Nutzungsdauer* und über die geplante Amortisationsdauer zur Abschätzung der Fristenstruktur der Finanzierung,
5. Informationen über die *Zeitpunkte des Mittelabrufs,* um rechtzeitige Mittelbereitstellung, ggf. auch Zwischenfinanzierung zu sichern,
6. *Zusätzliche Kreditwürdigkeitsinformationen,* wenn die Investitionen durch Kredite finanziert werden sollen: Prospekte, Projektbeschreibungen, Sicherungsmöglichkeiten, Erfolgsschätzungen etc.

Informationsquellen

Im Zweifel dürften diese Informationen auch von der zentralen Investitions-Planungsinstanz geliefert werden, es sei denn, die Finanzabteilung nimmt diese Funktion selbst wahr. In diesem Falle hat sie ihre Informationen direkt von den operativen Stellen einzuholen.

Ansätze für organisatorische Regelungen

Die *organisatorischen Probleme* der Kommunikation und Interaktion liegen darin,

– wann, d. h. *in welcher Phase* die Finanzabteilung in den Entscheidungsprozeß *eingeschaltet* wird,

– *wie* sie ein mögliches *negatives Votum* gegen das Investitionsprogramm als ganzes oder gegen einzelne Teile durchsetzen kann,

– *wie* sie in die *Budgetverfügung* eingeschaltet ist.

4.2.2.1 Interventionszeitpunkt des Finanzmanagements

Zur Problematik, in welche Phase des Entscheidungsprozesses das Finanzmanagement eingeschaltet wird, lassen sich *drei Alternativen* kennzeichnen:

Alternative 1: Die finanzwirtschaftlichen Instanzen stecken einen finanziellen Rahmen *vor* der technischen und erfolgswirtschaftlichen Investitionsplanung als bindendes Limit ab (Mitwirkung in Phase 1).

Alternative 2: Die finanzwirtschaftlichen Instanzen werden *nach* Abschluß der technischen und erfolgswirtschaftlichen Investitionsplanung mit der Aufgabe konfrontiert, für die beschlossenen Investitionsprojekte finanzielle Mittel zu beschaffen (Mitwirkung erst ab Phase 5).

Alternative 3: Die finanzwirtschaftlichen Instanzen werden wenigstens *während* folgender Phasen der Investitionsentscheidung eingeschaltet:

— *zu Beginn* des Prozesses mit dem Ziel, sie über das Ausmaß der Investitionswünsche zu informieren und sie anzuregen, die Grenzen der Finanzierung zu ergründen (Phase 1),

— *während des Ablaufs* mit der Absicht, von ihnen den Rahmen der überhaupt beschaffbaren, bzw. die Bandbreite der erfolgswirtschaftlich vertretbaren Finanzierungsmittel zu erfahren, um daraufhin das Investitionsvolumen dem Finanzierungsrahmen in Frist und Volumen (finanzwirtschaftlich) und in Ertrag und Zins (erfolgswirtschaftlich) anzupassen (Phase 2, 4),

— *zum Abschluß* des Entscheidungsvorganges, um die Beschaffung der Finanzierungsmittel endgültig festzulegen (Phase 5).

Die Alternative 1 sichert den finanzwirtschaftlichen Instanzen einen dominierenden Einfluß. Sie können durch ihre bindende Limitierung des Finanzpotentials von vornherein die strukturelle Liquiditätssicherung durchsetzen. Sie müssen nicht befürchten, unvollständig informiert zu sein oder vor unerwartete finanzielle Anforderungen gestellt zu werden. *Diese Alternative 1 ist zwingend, wenn die Unternehmung in der finanziellen Grenzsituation des Liquiditätsengpasses steht.*

Demgegenüber ist die Alternative 2 nur in Unternehmen anwendbar, deren Finanzierungsspielraum absolut und relativ überdurchschnittlich groß ist. Aber auch unter diesen Randbedingungen ist diese Alternative finanzwirtschaftlich bedenklich. Denn sie gibt den finanzwirtschaftlichen Instanzen keine Möglichkeit, den Entscheidungsprozeß noch einmal zu revidieren, wenn er bereits bis zur Phase 5 fortgeschritten ist. Die Konsequenz ist möglicherweise eine unsichere, in ihrer Fristenstruktur unausgewogene Finanzierung, wenn nicht gar aus Mangel an Kapital ein Großteil der technischen und erfolgswirtschaftlichen Planung zu Makulatur wird. Außerdem schließt die Handhabung der

Alternative 2 nicht aus, daß über das bereits beschlossene Investitionsvolumen hinaus noch spontane Sonderanforderungen oder nicht vorhergesehene Ausgabensteigerungen angemeldet werden, die man der Finanzabteilung im sicheren Bewußtsein präsentiert, daß sie ohne weitere Schwierigkeiten die finanziellen Mittel beschaffen könne, wenn nur sichergestellt ist, daß die Marginalrendite der Investition höher ist als der marginale Zins.

Alternative 3 scheint uns die effizienteste. Sie fand sich auch am häufigsten in der untersuchten Realität in folgender Ausprägung: zu Beginn des Entscheidungsprozesses wurden die Finanzvorstände (Phase 1), in der Phase 2, spätestens in der Phase 4 werden tendenziell eher die Treasurer in den Entscheidungsprozeß einbezogen.

Der übliche Fall ist dabei die Begutachtung eines umlaufenden Aktenstücks in einer festgelegten Reihenfolge. Formulare in Form einer Check-Liste zeigen z. B., daß unmittelbar nach Einreichung des Investitionsvorschlages eine Etatvorprüfung erfolgt, daß der Vorstand sodann eine förmliche Genehmigung zur Planung erteilen muß und daß nach der Einholung von Angeboten und den Wirtschaftlichkeitsrechnungen ein weiteres Mal eine „Finanzprüfung" stattfindet.

Übungsaufgabe 1.10
Es ist das Interesse der operativen Instanzen, die eine Investition beantragen, den Investitionsbetrag möglichst niedrig anzusetzen, um die Ergebnisse der Investitionsrechnung zu verbessern. Die Finanzabteilung benötigt demgegenüber möglichst realistische Informationen. Was kann sie unternehmen, um ihr Interesse gegen das der operativen Instanzen durchzusetzen?

4.2.2.2 Durchsetzung eines Negativ-Votums

Durchsetzung durch Abstimmungsregelung

Zur Frage, wie ein *finanzwirtschaftlich begründetes Negativ-Votum* zur Investitionsentscheidung durchgesetzt werden kann, nennt die Literatur zwei Varianten:

Entschlußvariante 1:
Entschlüsse im Vorstand werden nicht gegen einen finanzwirtschaftlich begründeten Einspruch gefaßt.

Entschlußvariante 2:
Entschlüsse im Vorstand werden nicht gegen den finanzwirtschaftlich begründeten Einspruch des für Finanzen zuständigen Vorstandsmitgliedes gefaßt.

Die empirische Untersuchung erbrachte zu dieser Problematik den erstaunlichen Befund, daß der formalen „Konfliktregulierung durch Abstimmung" *nicht* die Bedeutung zukommt, wie die Literatur erwarten läßt. In den meisten Fällen registrierten wir die Reaktion, die die Frage nach den Entschlußtechniken und Abstimmungsregelungen als „unrealistisch" kennzeichnete. Die

Gesprächspartner sahen die Abstimmung als eine Form der Willensbekundung an, die im Normalfall nicht zur Konfliktlösung verwendet wird. Im Gegenteil: Die Notwendigkeit der Abstimmung wird offensichtlich als eine Form des Konfliktausbruches verstanden, den es zu verhindern gilt. Wir stoßen durch diese Antwort auf das Phänomen, daß die finanzielle Führung der Unternehmung konfliktscheu ist. Zumindest wird die von der Organisationsliteratur so sehr betonte Technik der Willensbildung durch Abstimmung nicht zur Konfliktbewältigung in finanziellen Fragen bevorzugt. Kennzeichnend sind vielmehr die vor dem Schlußakt liegenden Konformierungsmaßnahmen. Bezeichnenderweise werden diese Verhandlungen nicht auf einer gemeinsamen Sitzung, sondern anläßlich des Aktenumlaufs sukzessiv geführt. Offenbar fällt es den Vertretern des Liquiditätsgesichtspunktes leichter, ihren Willen im Zuge des Entscheidungsprozesses durch bilaterale Vorgespräche durchzusetzen, als in einer Konfrontation gegen die geschlossene Front der investitionsinteressierten, operativen Instanzen.

4.2.2.3 Einflußnahme auf die Budgetverfügung

Wenn auch eine formale Abstimmung nicht zur Durchsetzung des Willens des Finanzmanagements eingesetzt wird, so heißt das nicht, daß ihm jegliche Möglichkeit zur Beeinflussung der Investitionstätigkeit genommen ist. Es bleibt ihm immerhin noch die *Überwachung des Investitionsbudgets*. Als **Investitionsbudget** bezeichnen wir die verabschiedete, auf einen Zeitraum und/oder auf ein Investitionsobjekt bezogene Investitionssumme. Das Budget ist das Ergebnis der Investitionsentscheidung. Es stellt die finanzwirtschaftlichen Instanzen vor die Aufgabe, Deckungsmittel für die Investitionsausgaben zu beschaffen. Organisatorisch gesehen haben die Finanzleiter bis zum Zeitpunkt der endgültigen Verfügung über diese Mittel noch eine Einwirkungsmöglichkeit auf die Realisierung der Investitionsentscheidung. Das Hauptaugenmerk richtet sich dabei zunächst auf die *Begrenzung der Höhe des Investitionsvolumens:*

Begriff des Budgets

Budgetverfügung, Variante 1:
 Die finanzwirtschaftlichen Instanzen überwachen die *Höhe* der Investitionsausgaben unter dem Kriterium, ob die bewilligten Beträge nicht überschritten werden.

Eine Budget-Überwachung muß dabei wenigstens folgenden Ansprüchen genügen:
– systematische *Aufzeichnung* der bewilligten und der verfügten Beträge,
– *regelmäßige Prüfung* dieser Aufzeichnungen im Hinblick auf die Differenz zwischen Soll und Ist,
– *Initiativrecht und -pflicht* der mit Durchführung dieser Aufzeichnungen betrauten Stelle, bei Überschreitung der auf Objekt, Bereich und/oder Zeitraum abgegrenzten Beträge einen geregelten Entscheidungsprozeß auszulösen,
– *stellenmäßige Trennung* von Budgetverfügung und -kontrolle.

Mindest-Anforderungen an ein Budget

Über das reine Informationsrecht der finanzwirtschaftlichen Instanzen geht die Variante 2 hinaus, die spezielle Eingriffsrechte verlangt:

Budgetverfügung, Variante 2:
Die finanzwirtschaftlichen Instanzen haben ein *aufhebendes oder zumindest aufschiebendes Veto* gegen die Überziehung des Budgets.

Aufhebendes Veto bedeutet unmittelbare Durchsetzung des Liquiditätsgesichtspunktes. Aufschiebendes Veto ist eine programmierte Initiative für eine neue Entscheidung, die von den finanzwirtschaftlichen Instanzen ausgeht. Damit kann sichergestellt werden, daß der Liquiditätsgesichtspunkt von vornherein im Entscheidungsprozeß berücksichtigt wird.

Der noch weitergehende Überwachungsanspruch orientiert sich nicht allein an der Obergrenze der Budgetsumme, sondern fragt, ob im Vollzug der Investition eine niedrigere Summe als die beschlossene realisiert werden kann. Die Überwachung richtet sich auf die *Verhinderung des sog. „budget-wasting"*, d. h. die Neigung operativer Stellen, bereitgestellte, auf ein bestimmtes Objekt konkretisierte Geldbeträge auch auszugeben und nicht etwa einzusparen, selbst wenn der Zweck auch durch einen geringeren Betrag erfüllbar wäre. Die Überwachung setzt eine so *enge* Definition des Investitionszwecks voraus, daß eine Unterscheidung zwischen zulässigen und unzulässigen Ausgaben getroffen werden kann:

Budgetverfügung, Variante 3:
Finanzwirtschaftliche Instanzen überwachen die Höhe der Investitionsausgaben unter dem Kriterium, ob die bewilligten Beträge innerhalb der festgelegten Zweckbindung *sparsam* verwendet werden.

Übungsaufgabe 1.11
Man beobachtet oft in öffentlichen Verwaltungen, aber auch in privaten Unternehmen, daß zum Jahresende die noch nicht verfügten Budget-Reste eilig und offensichtlich nicht immer zweckentsprechend ausgegeben werden („budget-wasting").
Auf welche Ursachen könnte dieses Fehlverhalten zurückzuführen sein?
Was kann man gegen das budget-wasting unternehmen?

5. Ergebnis: Stellenbeschreibungen des Finanzmanagements

In einer **Stellenbeschreibung** werden die organisatorischen Regelungen, die eine bestimmte Stelle betreffen, die ihr also Rechte einräumen und Pflichten auferlegen, formal zusammengefaßt. Die Stellenbeschreibung greift den Ausschnitt aus dem Kompetenz- und Positionsgefüge sowie aus dem Kommunikations- und Interaktionsgefüge heraus, der einer gedachten Person von fachlich durchschnittlicher Qualifikation zugeordnet werden kann. Alle Stellenbeschreibungen eines Unternehmensbereichs (bzw. der gesamten Unternehmung) enthalten somit alle Regelungen, durch die sich das Gesamtgefüge konstituiert.

Begriff der Stellenbeschreibung

Naturgemäß müssen derartige Stellenbeschreibungen *Spielräume* enthalten, die es erlauben, die Organisation *flexibel*
– an unterschiedlich qualifizierte Stelleninhaber,
– an lernfähige und lernende Stelleninhaber,
– an wechselnde Umweltsituationen

Stellenbeschreibungen zwischen Regelungsbedürftigkeit und Verhaltensfreiheit

anzupassen. Das „Ausmaß" an Regelung – wie immer man es quantifiziert – darf nicht so weit getrieben werden, daß der Stelleninhaber sich gegängelt und demotiviert fühlt. Andererseits ist gerade der Finanzbereich mit seiner speziellen Aufgabe *im Zweifel ein eher „bürokratisch" zu organisierender Sektor,* in dem *Genauigkeit, Korrektheit, Prinzipientreue und Vorsicht,* also eher „beamtenhafte" Tugenden herrschen müssen als in anderen Unternehmensbereichen, in denen eher die „unternehmerischen" Tugenden gefragt sind.

Die folgenden Stellenbeschreibungen versuchen diesen Anforderungen gerecht zu werden. Sie sind in Zusammenarbeit mit vielen Finanzpraktikern entstanden und haben in vielen Gesprächen den Kompromiß zwischen Regelungsbedürftigkeit und Verhaltensfreiheit ausgelotet. Formal entsprechen diese Stellenbeschreibungen dem Konzept des *„Harzburger Modells"*.[17]

5.1 Stellenbeschreibung für den Ressort-Chef Finanzen (Finanzvorstand)

I. Stellenbezeichnung
Ressort-Chef Finanzen (Finanzvorstand)

II. Rang
ordentliches Vorstandsmitglied, bzw. ordentliches Mitglied der Geschäftsleitung

---

[17] HÖHN, R. und BÖHME, G: Stellenbeschreibung und Führungsanweisung, Bad Harzburg 1967.

III. Unterstellung
Kollegial-Unterstellung unter die Beschlüsse des Gesamtvorstandes, ggf. Unterstellung unter einen Vorsitzenden der Geschäftsleitung

IV. Überstellung
a) Linienfunktionen im Normalfalle
1. Leiter der Abteilung Finanzen (Treasurer)
2. Leiter der Abteilung Rechnungswesen (Controller)

b) Stabsfunktionen im exzeptionellen Falle
In dem unter VII. b. definierten Falle ändert sich die Linienfunktion der unter IV. a) 1. und 2. genannten Untergebenen in eine Stabsfunktion im Verhältnis zum Ressortchef Finanzen um.

V. Ziele der Stelle
Im Rahmen der Zielkonzeption der Unternehmung hat der Ressort-Chef Finanzen Verantwortung für zwei Hauptziele:
Erstes Hauptziel: Sicherung der Liquidität
Zweites Hauptziel: Sicherung des Informationsflusses.

Erläuterung der Hauptziele

a) Erstes Hauptziel:
Der Ressort-Chef Finanzen hat dafür Sorge zu tragen, daß die Unternehmung jederzeit und fristgerecht ihren zwingend fälligen Verbindlichkeiten nachkommen kann. Bei der Erhaltung der Liquidität hat er im Zweifel die erfolgswirtschaftlich günstigsten Maßnahmen zu treffen.

Teilziele:
1. Er steuert die Finanzierung.
2. Er steuert die laufenden Zahlungsströme.
3. Er steuert die Haltung der Liquiditätsreserve.
4. Er steuert die strukturelle Liquiditätssicherung.
5. Er steuert die Liquiditätspolitik im definierten Krisenfalle (vgl. VII b.).

b) Zweites Hauptziel:
Dem Ressort-Chef Finanzen obliegt der Aufbau und der Betrieb des Management-Informations-Systems zur fristgerechten, vollständigen, überschneidungsfreien, zwecksentsprechend aufbereiteten und rechtlich ordnungsgemäßen Lieferung von Entscheidungs- und Kontrollinformationen mit hinreichender Genauigkeit.

Teilziele:
1. Er steuert die Finanz- und Erfolgs- (Kosten-/Erlös-) Planung.
2. Er steuert die Datenerfassung.
3. Er steuert die Datenverarbeitung, insbesondere die Finanzbuchhaltung, die sonstigen Buchhaltungen, die Wirtschaftlichkeitsrechnung, die Vor- und Nachkalkulation.
4. Er steuert die Bilanzpolitik in Handels- und Steuerbilanz.
5. Er steuert die Planungs- und Kontrollrechnungen und wertet sie aus.

VI. Stellvertretung

Der Ressort-Chef Finanzen wird durch das (ihn selbst ausgenommen) dienstälteste Mitglied des Vorstandes vertreten. (Alternativ: Der Ressort-Chef Finanzen wird durch den Vorsitzer des Vorstandes vertreten.)

VII. Die Aufgabenbereiche im Einzelnen

a) Erster Aufgabenbereich: Sicherung der Liquidität

1. im Normalfalle

1a. Steuerung der Finanzierung
– Er legt die Richtlinien für Finanzierungsverhandlungen mit Kreditinstituten fest (Struktur der Kreditgeber, Konditionen, Sicherheiten, Fristen).
– Er nimmt an Finanzierungsverhandlungen bei Beträgen über xxx DM oder bei erstmaliger Anwendung einer Finanzierungsmethode teil.
– Er nimmt an allen Emissionsverhandlungen teil.

1b. Steuerung der laufenden Zahlungsströme
– Er entscheidet über Betrags- und Fristansätze im laufenden Finanzplan nach Vorlage durch den Controller.
– Er prüft die Prognose monatlich unter der Fragestellung, ob ein Liquiditätsengpaß i. S. VII. a. 2 vorliegt.

1c. Steuerung der Liquiditätsreserve
– Er entscheidet, in welchen Fällen und in welchem Umfang die finanzwirtschaftlichen Risiken durch die Liquiditätsreserve abgedeckt werden sollen.
– Er entscheidet nach Beratung mit dem Treasurer über die Anlageformen, die dem Risiko entsprechen.
– Er revidiert die Reserven monatlich unter der Frage der weiteren Gültigkeit der bei der Bildung geltenden Prämissen.
– Er löst den Reserve-Einsatz aus.
– Er bestimmt das Ende des Reserve-Einsatzes.

1d. Steuerung der strukturellen Liquiditätssicherung
– Er führt zu Ende des dritten Quartals des Geschäftsjahres Verhandlungen mit den anderen (operativen) Ressortleitern über deren Investitionswünsche.
– Er bestimmt den Finanzierungsrahmen für die langfristige Finanzierung.
– Er entscheidet über die Abstimmung der Investitionen mit der Investitionsfinanzierung anhand der Kapitalbindungsplanung in Volumen und Fristen unter den Kriterien der finanziellen Sicherheit, der Wirtschaftlichkeit und der Erhaltung der Handlungsautonomie.
– Er führt Verhandlungen mit den anderen Ressort-Chefs über Ablehnung, Verschiebung oder Verkleinerung der Investitionen oder laufenden Ausgaben bei fehlenden Finanzierungsmöglichkeiten.
– Er vertritt in den Verhandlungen im Gesamtvorstand die finanzielle Zulässigkeit des Investitionsbudgets.

2. Liquiditätspolitik im exzeptionellen Falle
2a. Feststellung des Liquiditäts-Engpasses
Der Liquiditäts-Engpaß ist eine prognostizierte Unterdeckung der Einnahmen zuzüglich der gesamten Zahlungskraft durch die zwingend fälligen Verbindlichkeiten.
Der Ressort-Chef Finanzen ist verpflichtet, bei erster Feststellung des Liquiditätsengpasses eine außerordentliche Vorstands-Sitzung einzuberufen. Der Gesamtvorstand beschließt, daß ein Liquiditäts-Engpaß besteht.
2b. Erteilung von Sonderkompetenzen
Der Gesamtvorstand überträgt durch die Feststellung des Liquiditäts-Engpasses folgende Sonderkompetenzen auf den Ressort-Chef Finanzen:
– Der Ressort-Chef Finanzen hat bis zur Beseitigung des Liquiditätsengpasses ein absolutes Veto gegen jede zahlungswirksame Entscheidung im Unternehmen.
– Zahlungsverfügungen über ppp DM hinaus können nur mit seiner Unterschrift erfolgen.
– Er hat ein Initiativrecht gegenüber den operativen Ressortchefs zur Veranlassung planabweichender Sonderaktionen zur Abwendung des Liquiditätsengpasses.
– Er hat unmittelbares Informationsrecht gegenüber jeder Stelle im Unternehmen.
– Jede Instanz ist bei Auftreten von Planabweichungen und sonstigen Gefahrenindikatoren unmittelbar zur Berichterstattung an den Ressort-Chef Finanzen verpflichtet.
2c. Erlöschen der Sonderkompetenzen nach Beseitigung des Liquiditätsengpasses
– Der Ressort-Chef Finanzen ist dem Gesamtvorstand mindestens wöchentlich rechenschaftspflichtig, was zur Beseitigung des Liquiditätsengpasses veranlaßt wurde und wie die getroffenen Maßnahmen wirken.
– Die Entscheidung über das Weiter-Bestehen des Liquiditätsengpasses ist routinemäßig mindestens 14tägig Gegenstand einer Vorstandssitzung.
– Die Sonderkompetenzen des Ressort-Chefs Finanzen enden, wenn der Gesamtvorstand einmütig feststellt, daß der Liquiditäts-Engpaß beseitigt ist.

b) Zweiter Aufgabenbereich: Sicherung des Informationsflusses
1. Steuerung der Finanz- und Erfolgsplanung

– Der Ressort-Chef Finanzen entscheidet über den Aufbau des Informationssystems, über die Kommunikationsbeziehungen, über die Automatisierung der Datenerfassung und -verarbeitung.
– Er legt die Anforderungen an die Detaillierung und die zweckentsprechende Ausrichtung sowie die benötigte Genauigkeit der Daten fest.
– Er entscheidet über Negativ-Kataloge der Ausgabe von Plandaten (Kreise der Geheimnisträger).

- Er entscheidet über Terminpläne, Reihenfolgen der Einschaltung operativer Ressorts sowie über die Dokumentationsanforderungen an die Investitionspläne.

2. Steuerung der Datenerfassung
- Er entscheidet bei Störungen der Informationsübertragung innerhalb seines Instanzenzuges.
- Er verhandelt mit den operativen Ressort-Chefs im Falle von Konflikten bei der Datenerfassung über materielle und/oder formelle Konfliktlösungen.

3. Steuerung der Datenverarbeitung
- Der Ressort-Chef Finanzen entscheidet über Automatisierung und Mechanisierung der Verarbeitung der Ist-Daten.
- Er entscheidet über Einführung von Verrechnungspreisen, Standard-Zuschlagssätzen, Anwendungsbereiche und Ausrichtung von Preisgleitklauseln.
- Er entscheidet bei Prozedurregelungen, die innerhalb seines Instanzenzuges gelten sollen.
- Er verhandelt im Konfliktfalle mit den operativen Ressort-Chefs, wenn die Einführung von Prozedurregeln in ihre Ressorts hineingreift.

4. Durchführung der Bilanzpolitik in Handels- und Steuerbilanz
- Der Ressort-Chef Finanzen bereitet die bilanzpolitischen Entscheidungen im Gesamtvorstand vor, insbesondere
  - Abschreibungspolitik (Nutzungsdauer, Abschreibungsmethoden, Sonderabschreibungen).
  - Bildung und Auflösung von Rückstellungen,
  - Vorschläge zur Gestaltung nicht-betrieblicher Erträge,
  - Dividendenpolitik.
- Er bereitet den Geschäftsbericht vor.
- Er steuert den Entscheidungsprozeß zur Feststellung des Jahresabschlusses in terminlicher, dokumentarischer, personeller Hinsicht.
- Er verhandelt im Konfliktfall in substitutiver Kompetenz mit dem Abschlußprüfer.
- Er verhandelt im Konfliktfall in substitutiver Kompetenz mit dem Finanzamt.
- Er beantwortet bilanzbezogene Fragen von Aktionären in der Hauptversammlung.
- Er vertritt die Unternehmung in Anfechtungsfällen.

5. Steuerung und Auswertung der Kontrollrechnungen
- Der Ressort-Chef Finanzen prüft folgende Kontrollrechnungen:
- die tägliche Finanzdisposition (nach Bedarf, unregelmäßig),
- den laufenden Finanzplan (monatlich),
- die Reservehaltung (nach Bedarf, wöchentlich),
- den Kosten-/Erlös-Plan (monatlich),
- die Nachkalkulation (nach Bedarf, sonst monatlich),
- den Abruf von Investitionsmitteln (monatlich).

- Er setzt Schwellenwerte für tolerierte/nicht tolerierte Planabweichungen fest.
- Er entscheidet über Sanktionen innerhalb seines Instanzenzuges bei unzulässiger Überschreitung der Schwellenwerte nach Anhörung der Betroffenen.
- Er informiert die operativen Ressortleiter über die Kontrollergebnisse und verhandelt mit ihnen über formelle und/oder materielle Konsequenzen.
- Er berichtet dem Gesamtvorstand regelmäßig über die Kontrollergebnisse sowie über die Ergebnisse der Verhandlungen.
- Er bestimmt Zeitpunkt, Art, Intensität und Organ von Sonderkontrollen.

5.2 Stellenbeschreibung für den Leiter der Abteilung Finanzen (Treasurer)

I. Stellenbezeichnung
Leiter der Abteilung Finanzen (Treasurer)

II. Rang
Prokurist (ggf. Direktor, Generalbevollmächtigter)

III. Unterstellung
Der Stelleninhaber ist dem Ressort-Chef Finanzen (o. Vorstandsmitglied) fachlich und disziplinarisch unterstellt.

IV. Überstellung
Dem Stelleninhaber sind folgende Mitarbeiter unterstellt:

a) in Linienfunktionen im Normalfalle
1. der Leiter der Gruppe Zahlungsdisposition und Kasse,
2. der Leiter der Gruppe Finanzierung und Reserveanlage,
3. der Leiter der Gruppe Mahnwesen und Inkasso.

b) in Stabsfunktionen im exzeptionellen Falle
Im deklarierten Falle eines Liquiditäts-Engpasses ändert sich die Linienfunktion der unter IV. a. 1 bis 3 genannten Untergebenen in eine Stabsfunktion im Verhältnis zum Finanzvorstand.

V. Ziele der Stelle
Der Treasurer hat Realisationsverantwortung. Er hat die ihm übertragenen finanzwirtschaftlichen Aufgaben so zu erfüllen, daß die Unternehmung jederzeit und fristgerecht ihren zwingend fälligen Verbindlichkeiten nachkommen kann. Bei Finanzierung und Zahlungsdisposition hat er diese Aufgabe möglichst kostengünstig, bei der Geldanlage möglichst ertragreich zu vollziehen. Bei Inkasso und Mahnwesen hat er seine finanzwirtschaftlichen Aufgaben so zu erfüllen, daß dem Unternehmen zahlungsfähige Kunden erhalten bleiben.

VI. Stellvertretung
Der Stelleninhaber wird durch den Leiter der Gruppe Finanzierung und Reserveanlage vertreten.

VII. Die Aufgabenbereiche im Einzelnen
Folgende fachliche Aufgabenbereiche hat der Treasurer selbst wahrzunehmen:

a) in Linienfunktion

1. Finanzierung
- Er entscheidet und verhandelt selbständig über Aufnahme und Tilgung von Krediten mit Beträgen von mehr als aaa DM bis höchstens zu xxx DM.
- Er entscheidet und verhandelt selbständig über Aufnahme und Tilgung von Krediten mit einer Laufzeit von mehr als bbb Monaten bis vvv Jahren.
- Er entscheidet über die Stellung von Sicherheiten.
- Er entscheidet über Aufnahme von Versicherungen im Zusammenhang mit Finanzierungsformen.
- Er beobachtet laufend Institutionen und Konditionen des Geld- und Kapitalmarktes
- Er wickelt Kreditvereinbarungen vertraglich ab.

2. Geldanlage und Haltung der Liquiditätsreserve
- Er entscheidet über die Anlage von kurzfristig freigesetzten Mitteln im Rahmen der vom Ressort-Chef Finanzen gesetzten Ziele und nach Abstimmung mit dem Controller über die Zeitdauer der Freisetzung.
- Er entscheidet über Umdispositionen, wenn andere Anlageformen bei gleicher finanzieller Verfügbarkeit der Mittel ertragreicher oder kostengünstiger sind.
- Er trifft in Abstimmung mit dem Controller Wechsel-Dispositionen.
- Er entscheidet nach Anhörung des Controllers im Rahmen der vom Ressort-Chef Finanzen gesetzten Richtlinien über die Form der Liquiditätsreserve mit dem Ziel der möglichst ertragreichen Anlage.

3. Finanzdisposition und Kasse
- Er legt die Richtlinien für die Lenkung der Zahlungsströme in Volumina und Fristen nach Instituten und Zahlungsformen fest.
- Er entscheidet über die Einrichtung von Konten und Kassen.

4. Inkasso und Mahnwesen
- Er bestimmt in Verhandlung mit dem Ressort-Leiter Absatz die Richtlinien der Kreditgewährung in Volumina, Fristen und duldbaren Abweichungen.
- Er muß Abweichungen von diesen Rahmenbedingungen gegenzeichnen.
- Er bestimmt nach Anhörung der zuständigen Absatzstelle Mittel und Formen der Mahnung und des Inkasso im Konfliktfalle.

b) in Stabsfunktion

1. Finanzierung
- Er berät den Vorstand (Ressort-Chef Finanzen) in allen Fragen, die Kreditinstitute und sonstige Finanzierungsinstitutionen betreffen.

- Er schlägt Aufnahme und Abbruch von Kreditbeziehungen vor.
- Er informiert wenigstens einmal wöchentlich den Vorstand über die Kapitalmarkt- und Börsensituation.
- Er verhandelt im Team mit dem Ressort-Chef Finanzen über alle Formen der Außenfinanzierung, die seine Kompetenz in Betrag und/ oder Fristen überschreiten.

2. Geldanlage und Haltung der Liquiditätsreserven
- Er informiert den Ressort-Chef Finanzen wenigstens einmal wöchentlich über die Situation auf dem Anlagemarkt.
- Er berät den Vorstand bei Umdispositionen, die aufgrund von Marktschwankungen und Kursverfall der Reservebestandteile nötig werden, wenn Gefahr besteht, daß die Liquiditätsreserven ihre Funktion nicht mehr voll erfüllen.

3. Finanzdisposition und Kasse
- Er berät den Vorstand bei Entscheidungen über die Personalauswahl für die Position des Kassierers.
- Er berät den Vorstand bei Kassentransaktionen, die nicht über die gewöhnlichen Zahlungswege laufen.

4. Inkasso und Mahnwesen
- Er berät den Vorstand bei Verhandlungen in Konfliktfällen mit den Instanzen des Absatzbereiches, wenn das Problem auf der zweiten Ebene der Hierarchie nicht lösbar ist.

Im Falles eines deklarierten Liquiditätsengpasses gehen alle Linienfunktionen auf den Finanzvorstand über, der Treasurer hat in dieser Situation lediglich Stabsfunktion.

5.3 Stellenbeschreibung für den Leiter des Planungs- und Rechnungswesens (Controller)

I. Stellenbezeichnung
Leiter des Planungs- und Rechnungswesens (Controller)

II. Rang
Prokurist (ggf. Direktor)

III. Unterstellung
Der Stelleninhaber ist dem Ressort-Chef Finanzen (o. Vorstandsmitglied) fachlich und disziplinarisch unterstellt.

IV. Überstellung
Dem Stelleninhaber sind folgende Mitarbeiter unterstellt:

a) in Linienfunktion
1. Leiter der Gruppe Planung (Finanzplanung, Kosten-/Erlösplanung),
2. Leiter der Gruppe Finanzbuchhaltung (Handels- und Steuerbilanz),
3. Leiter der Gruppe Kontrolle (Finanzkontrolle, Kosten-/Erlös- Kontrolle).

b) in Stabsfunktion
ggf. Steuern, Recht, Zölle

V. Ziele der Stelle
Der Controller trägt Rechnungsverantwortung. Er hat für Entscheidungen und Kontrollen im Unternehmen laufend die benötigten Informationen zu liefern. Diese Informationen sollen fristgerecht, vollständig, überschneidungsfrei geliefert werden, zweckentsprechend aufbereitet, rechtlich ordnungsmäßig und von hinreichender Genauigkeit sein. Die Informationslieferung soll unter Berücksichtigung der vom Ressort-Chef Finanzen festgelegten Informationserfordernisse möglichst kostengünstig erfolgen.

Der Controller hat aus der Kenntnis der Entscheidungs- und Kontroll-Informationen gesonderte Entscheidungs- und Kontrollprozesse anzuregen.

VI. Stellvertretung
Der Stelleninhaber wird durch den Leiter der Gruppe Finanzbuchhaltung vertreten.

VII. Die Aufgabenbereiche im Einzelnen
a) in Linienfunktion
Folgende fachliche Aufgaben hat der Stelleninhaber selbst wahrzunehmen:
1. Planungsrechnungen
– Er entscheidet über ein zweckentsprechendes Mitteilungs- und Formular-System zur Erfassung der Urdaten der Planung in den operativen Bereichen, wenn notwendig nach Mengen und Werten.
– Er gibt Initiativen an operative Stellen zur Veranlassung der Übertragung der Urdaten.
– Er koordiniert die Zusammenfassung der Teilpläne zu einem Plan des Materialflusses, der Lagerbewegungen, der Erlöse, der Kosten und der Zahlungsströme.
– Er trifft Schätzungen für den Fall, daß operative Urdaten fehlen.
– Er bestimmt Ober- und Untergrenzen bei der Aufstellung von Alternativplänen.
– Er entscheidet über die Anwendung von Problemlösungsalgorithmen zur Ermittlung optimaler Planwerte.
– Er verhandelt mit den betroffen operativen und finanziellen Instanzen bei Einschränkung ihrer Ausgangspläne aufgrund der Pläne anderer Bereiche (Interdependenz-Ausgleich).
– Er korrigiert Plansätze nach Rücksprache mit den betroffenen Instanzen, wenn ihm aus anderen Plansätzen Informationen zugehen, die die Korrektur erforderlich machen.
2. Finanzbuchhaltung (Hier wegen des Bezugs auf die Liquiditätsproblematik nicht weiter ausgeführt).
3. Kontrollrechnungen
– Er stellt die Kontrollergebnisse nach absoluter und relativer Planabweichung fest.

- Er quantifiziert und kommentiert diejenigen Abweichungen, die sich aus der Anwendung spezieller Planungstechniken ergeben (Beispiel: Zahlungsabweichungen unmittelbar nach Ultimo).
- Er gibt Erklärungen für nicht tolerierte Planabweichungen (Kommentarpflicht), soweit ihm das aus seiner Kenntnis der Einzelheiten möglich ist.
- Er setzt Richtlinien für die statistische Aufbereitung der Meßergebnisse, um Unterlagen für langfristige Zeit- und Betriebsvergleiche zu gewinnen.
- Er informiert die betroffenen Instanzen über die Kontrollergebnisse und sammelt Erklärungen für die ausgewiesenen Abweichungen.
- Er gibt Initiativen für formelle und materielle Verbesserungen der Planungstechnik.

b) in Stabsfunktion
- Er berät den Vorstand über den Aufbau und die Verbesserung des Informationssystems, insbesondere unter dem Aspekt einer fortschreitenden Automatisierung und Integrierung der Datenverarbeitung.
- Er berät den Vorstand bei der Steuerung der Planungs- und Entscheidungsprozesse.
- Er berät den Vorstand bei Konflikten mit operativen Instanzen über die Ursachen von Abweichungen zwischen Soll und Ist.
- Er berät den Vorstand in allen Fragen, die die Steuerung der Finanzbuchhaltung betreffen, insbesondere . . .
- Er regt Revisionen der tolerierten, bzw. nicht tolerierten Planabweichungen aufgrund seiner statistischen Erhebungen an (Verbesserung der Planungsgenauigkeit).

2. Kapitel

Eberhard Witte

Finanzplanung als Führungsinstrument

Lehrziele und Studienhinweise

Diese Kurseinheit setzt voraus,
- daß Sie über Grundkenntnisse in Bilanzierung, Bilanzpolitik und Bilanzanalyse verfügen,
- daß Ihnen die wichtigsten Finanzierungsalternativen bekannt sind.

Beachten Sie bitte, daß Finanzplanung im Unternehmenskontext gesehen und beurteilt werden muß. Außer zu den genannten Problemgebieten ergeben sich Querverbindungen insbesondere
- zur Finanzkontrolle,
- zur Erfolgsplanung.

Dieses Kapitel verfolgt insbesondere die folgenden Ziele:

a) Es möchte Sie mit der in der Finanzplanung üblichen *Fachterminologie* vertraut machen.

   Prüfen Sie bitte darüber hinaus, ob Sie verwandte Begriffe im Gespräch mit einem Laien leicht verständlich gegeneinander abgrenzen können.

   Zur Selbstkontrolle sind die folgenden Übungsaufgaben besonders geeignet:
   2.5, 2.6, 2.12, 2.16, 2.21, 2.23, 2.25.

b) Die Kurseinheit soll das für den praktischen Einsatz der Finanzplanung erforderliche *Verständnis vertiefen*.

   Diesem Zweck dienen vor allem die folgenden Übungsaufgaben:
   2.1, 2.2, 2.7, 2.8, 2.11, 2.17, 2.24, 2.26, 2.27.

c) Die Kurseinheit möchte die *Relevanz der Finanzplanung für die Praxis* verdeutlichen und Argumentationshilfen bieten.

   Übungsaufgaben zur Selbstkontrolle:
   2.3, 2.9, 2.10, 2.20.

d) Die Kurseinheit soll Probleme der *Anwendung finanzplanerischer Instrumente* aufzeigen und Lösungshinweise geben.

Diesem Aspekt sind die folgenden Übungsaufgaben gewidmet:
2.4, 2.13, 2.14, 2.15, 2.18, 2.19, 2.22, 2.28.

Literaturhinweise

Als Begleittext zu diesem Kapitel wird empfohlen:

WITTE, EBERHARD unter Mitwirkung von KLEIN, HERBERT: Finanzplanung der Unternehmung – Prognose und Disposition, Reinbek bei Hamburg 1974.

Als *Arbeitsunterlage* erforderlich ist eine Sammlung Wirtschaftsgesetze, die
- Aktiengesetz (AktG)
- Gesetz betreffend die Gesellschaften mit beschränkter Haftung (GmbHG)
- Gesetz, betreffend die Erwerbs- und Wirtschaftsgenossenschaften (GenG)
- Konkursordnung (KO)
- Vergleichsordnung (VerglO)

enthält.

Eine einfache Einführung findet sich bei:

VEIT, THOMAS / STRAUB, WERNER: Investitions- und Finanzplanung, Heidelberg 1978, Grundstudium Betriebswirtschaftslehre, Bd. 3.

Praxisnahe Hinweise zur Gestaltung des Rechnungs- und Planungswesens können insbesondere in der folgenden Loseblattsammlung nachgelesen werden:

PRAXIS DES RECHNUNGSWESENS, Buchführung, Bilanzierung, Betriebsabrechnung, Datenverarbeitung, Bd. 1 u. 2, Freiburg im Breisgau (Loseblattsammlung).

Empirische Befunde zur Finanzplanung in der Realität können in den folgenden Quellen nachgelesen werden:

HAUSCHILDT, JÜRGEN: Organisation der finanziellen Unternehmensführung, Stuttgart 1970.

FISCHER, OTFRIED / JANSEN, HELGE / MEYER, WERNER: Langfristige Finanzplanung deutscher Unternehmen, Hamburg 1975.

STRAUB, HUBERT: Optimale Finanzdisposition, Meisenheim am Glan 1974, Schriften zur wirtschaftswissenschaftlichen Forschung, Bd. 76.

1. Informationsbedarf der finanziellen Führung

„Die zielorientierte Abstimmung von Einnahmen und Ausgaben konstituiert den Problembereich der finanziellen Unternehmensführung. Das zentrale Instrument zur Erfüllung dieser Aufgabe ist der Finanzplan."[1]

Ist dieser Satz unbestritten?

Ablehnungs-gründe

HAUSCHILDT stellt in einer empirischen Untersuchung weitverbreitete Vorurteile gegen Finanzplanung fest. Als Ablehnungsgründe wurden angeführt:
- Eine Totalplanung ist *unnötig*, es reicht aus, *kritische Posten* und kritische Zeitabschnitte zu planen.
- Planung scheitert an der *Unfähigkeit zur exakten Planvorschau*.
- Finanzplanung ist *teuer*. Die Kosten der Planung sind höher als mögliche Zinsersparnisse oder Zinserträge.
- Das ungerechtfertigte Vertrauen in die Finanzplanung *verwirrt den Risikoinstinkt*.
- Langjährige *Erfahrungen* und *alternative Instrumente* machen Finanzplanung überflüssig.[2]

Trotz dieser Einwände wird in der Realität nur selten völlig auf finanzwirtschaftliche Planung verzichtet. Die folgende *Tabelle 1* vermittelt einen Eindruck vom Planungsverhalten in Großunternehmen:[3]

Kein Plan	1,4%
Planung bis 1 Jahr	18,8%
Planung bis 5 Jahre	65,2%
Planung mehr als 5 Jahre	14,5%

Tab. 1: Finanzplanung in der Realität

Nur 1,4% der befragten Unternehmen erstellen *keinen* finanzwirtschaftlichen Plan. Die kurzfristige Planung bis zu einem Jahr, die nach der in diesem Kapitel vertretenen Meinung besonders wichtig ist, findet sich in der Praxis jedoch bisher nur vergleichsweise selten. Die starke Betonung der langfristigen Planung hängt vermutlich damit zusammen, daß sie in Verbindung mit der allgemeinen Bilanzplanung vorgenommen wird (vgl. Abschnitt 3.2).

Der *insgesamt unbefriedigende Stand der Planungspraxis* zeigt, daß Finanzplanung nicht nur ein attraktives Feld wissenschaftlicher Forschung, sondern auch eine interessante Aufgabe für die Praxis darstellt.

---

[1] WITTE, E. unter Mitwirkung von KLEIN, H.: Finanzplanung der Unternehmung – Prognose und Disposition, Reinbek bei Hamburg 1974.
[2] Vgl. HAUSCHILDT, J.: Organisation der finanziellen Unternehmensführung, Stuttgart 1970, S. 70.
[3] Untersuchung des Instituts für Organisation, Lehrstuhl Prof. E. WITTE, Universität München.

Ausschlaggebend für die **Einstellung zur Finanzplanung** sind zwei Faktoren:
- Die im Unternehmen vorherrschende generelle *Planungsmentalität* und
- *Erfahrungen* in der Vergangenheit.

Wenn ein Unternehmen nie von Liquiditäts- oder Ertragssorgen betroffen wurde, wird es wenig Interesse daran haben, präziser in die – ohnehin sorgenfreie – Zukunft zu sehen. Im folgenden Abschnitt wird aber gezeigt, daß dieses Unternehmen nicht nur erhebliche Risiken eingeht, sondern auch beachtliche Chancen ausläßt.

1.1 Alternativen zur Finanzplanung

Der Verzicht auf Finanzplanung bedeutet nicht generellen Verzicht auf Information. Bevorzugtes Informationsinstrument in der Praxis ist traditionell der *Jahresabschluß*. Bilanzkennzahlen, Cash-Flow- und Kapitalflußrechnungen sollen intern und extern Auskunft über Ertragslage und finanzielle Situation des Unternehmens geben.

Informationen des Jahresabschlusses

1.1.1 Verwendung von Bilanzkennzahlen

Empirische Untersuchungen zeigen, daß Unternehmen großen Wert auf die **Einhaltung bestimmter Bilanzrelationen** legen. Es wird darauf geachtet, daß das
- *langfristige Vermögen kleiner als das langfristige Kapital ist.*

Dies bedeutet im einzelnen, daß man bestrebt ist,
- *das Anlagevermögen kleiner als die Summe von Eigenkapital und langfristigem Fremdkapital* zu halten.

In einer strengeren Version ist man sogar bemüht,
- *die Summe von Anlagevermögen und langfristigem (weil revolvierendem) Umlaufvermögen kleiner als die Summe von Eigenkapital und langfristigem Fremdkapital* zu disponieren.

Diese Bilanzrelationen werden als **Horizontalstrukturregeln** bezeichnet.

Demgegenüber beziehen sich die **Vertikalstrukturregeln** auf das *Verhältnis von Eigenkapital zu Fremdkapital.* Hier wird in der Regel ein Verhältnis von 1:2 angestrebt.[4]

Den horizontalen Kapitalstrukturregeln liegt der Gedanke zugrunde, stets *allen Zahlungsverpflichtungen fristgerecht und betragsgenau nachkommen* zu können, also *liquide* zu sein, wenn man das Postulat der Fristenkongruenz

Bilanzstrukturregeln

Horizontalstrukturregeln

Vertikalstrukturregeln

Liquidität

Fristenkongruenz

---

[4] Vgl. FISCHER, O. / JANSEN, H. / MEYER, W.: Langfristige Finanzplanung deutscher Unternehmen, Hamburg 1975.

beachtet. Fristenkongruenz bedeutet, daß dauerhaft im Unternehmen gebundenes Vermögen durch grundsätzlich unbefristetes Kapital finanziert werden muß, andere Vermögensgegenstände entsprechend ihrer Fristigkeit.

> **Übungsaufgabe 2.1**
> Welche Überlegungen liegen der Anwendung von Kennzahlen der Kapitalstruktur zugrunde?

Die vertikale Kapitalstruktur zeigt, in welchem Ausmaß dem Unternehmen unbefristetes Kapital zur Verfügung steht, das nicht wie Fremdkapital zwingend Tilgungs- und Zinszahlungen erforderlich macht, also in Zeiten finanzieller Anspannung keine Liquiditätsbelastung hervorruft.

> **Übungsaufgabe 2.2**
> Welche Besonderheiten ergeben sich bei der Interpretation der vertikalen Bilanzstruktur eines Tochterunternehmens im mehrstufigen Konzern?

Die wichtigsten *Einwände gegen diese Argumentation* sind:

Vergangenheitsbezug der Informationen
– Bilanzen werden zu einem bestimmten Stichtag erstellt. Bis zur Feststellung und Publizierung des Jahresabschlusses vergehen in der Regel mehrere Monate. *Bilanzinformationen sind also stets vergangenheitsgerichtet und nur von geringer Aussagekraft für Gegenwart und Zukunft.*

> **Übungsaufgabe 2.3**
> Welche Argumente sprechen dagegen, im Rahmen der finanziellen Führung vergangenheitsgerichtete Informationsinstrumente einzusetzen?

Wirkung der Bilanzpolitik
– Durch Einsatz *bilanzpolitischer Mittel* können Bilanzrelationen in beachtlichem Umfange verändert werden. So kann zum Beispiel zu einer günstigen Gestaltung der Relation „Anlagevermögen zu Eigenkapital" das Anlagevermögen bewußt niedrig bewertet werden. Auf der Passivseite der Bilanz ergeben sich *Spielräume* insbesondere bei der Bilanzierung von Rückstellungen. *Die Bilanz zeigt weder die Höhe der Kapitalbindung noch die tatsächliche Höhe des Eigenkapitals,* da stille Reserven in der Regel von externen Analysten nicht erkannt werden können. Es kann daher auch kaum überraschen, daß Untersuchungen zur Prognosefähigkeit von Bilanzkennzahlen im Hinblick auf Wachstum, Erfolg und Insolvenz von Unternehmen nur unbefriedigende Ergebnisse erbrachten.

> **Übungsaufgabe 2.4**
> Welche Bedeutung hat die Bilanzpolitik für die finanzielle Führung?

Fristgruppen in der Bilanz
– Selbst wenn man diese Einwände nicht gelten läßt (weil z. B. die Bilanzbewertung konsistent ist), kann durch die Einhaltung des Prinzips der Fristentsprechung (Fristenkongruenz) die Zahlungsfähigkeit des Unternehmens in der Zukunft nicht durchgehend als sicher gelten. *Denn die in der Bilanz zum Ausdruck kommenden Fristgruppen (bis 1 Jahr, bis 4 Jahre, mehr als 4 Jahre) stellen zu grobe terminliche Schichtungen dar* und sind überdies nicht

nach Fälligkeiten (Restlaufzeiten), sondern nach Vertragslaufzeiten geordnet. Die Liquidität muß jedoch an jedem einzelnen Tage gesichert sein. Hinzu tritt das Argument, daß das Unternehmen in der Zukunft mit Ausgaben und Einnahmen zu rechnen hat, die nach den Regeln der traditionellen Buchhaltung noch nicht in der Bilanz ausgewiesen sind.

Es wird damit deutlich, daß nur eine Rechnung in Ausgaben und Einnahmen Auskunft über die Liquidität des Unternehmens geben kann. Warum wird dennoch den Bilanzkennzahlen in der Praxis eine relativ große Beachtung geschenkt?

Wichtigstes und *oft einziges* (insbesondere auch *zuverlässig geprüftes*) Instrument externer Publizität des Unternehmens ist die Bilanz. Daher ist sie trotz aller Mängel die bevorzugte Informationsquelle für Kapitalgeber. *Mangels besser geeigneter (und verläßlich nachgewiesener) Informationen sind Kapitalgeber nur dann zur Kapitalhergabe bereit, wenn das Unternehmen bestimmte Höchst- oder Mindestgrenzen für Kennzahlen beachtet.*[4a] Sie sind also wichtiger Indikator für die Finanzierungswürdigkeit des Unternehmens. Sie bestimmen seinen Finanzierungsspielraum und damit die Höhe seiner finanziellen Reserven.

Finanzierungswürdigkeit des Unternehmens

1.1.2 Haltung von Liquiditätsreserven

Die **finanziellen Reserven** des Unternehmens setzen sich aus *Finanzierungs- und Vermögensreserven* zusammen. Ihre Höhe bestimmt sich durch
- die verfügbaren **liquiden Mittel** (bestehend aus Kassenbestand, Bankguthaben und Postscheckguthaben),
- die **Liquidierbarkeit** von Vermögensgegenständen, sowie
- die **Beschaffbarkeit** von zusätzlichem Eigenkapital und Fremdkapital.

Finanzielle Reserven

Nicht über alle finanziellen Reserven kann aber frei verfügt werden:
- *Ein Teil wird zur Abdeckung absehbarer Zahlungsverpflichtungen aufgrund von beabsichtigten oder notwendigen Maßnahmen in der Zukunft eingesetzt.* Diese finanziellen Mittel des Unternehmens verlieren hierdurch ihren Reservencharakter und gehen in den Ausgaben- und Einnahmenplan ein.

Eingesetzte Reserve

- *Ein zweiter Teil der finanziellen Reserven dient dem Schutz des Unternehmens gegen Risiken.* Da eine exakte Prognose zukünftiger Ausgaben und Einnahmen nicht möglich ist, muß die Eintrittswahrscheinlichkeit negativer Ereignisse durch Bildung einer Reserve berücksichtigt werden. Bei absoluter Sicherheit über die zukünftige Entwicklung, z. B. am nächsten Tage, kann die Liquiditätsreserve daher gleich Null sein. Sie muß um so höher angesetzt werden, je größer die Unsicherheit ist.

Liquiditätsreserve

- *Nur der nach Abzug der beiden zweckgebundenen Reserven verbleibende Rest steht zur freien Disposition zur Verfügung.*

Freie Reserve

[4a] Beachte etwa die Hinweise von ELGER, E.: Fehler bei der langfristigen Finanzplanung, in: Finanzierungs-Handbuch, Hrsg. H. JANBERG, Wiesbaden 1964, S. 189 f.

Die in der Praxis häufige Gleichsetzung von liquiden Mitteln im Sinne von geldnahen Vermögensbeständen und Liquiditätsreserven ist daher ungenau und irreführend. Gefährlich ist insbesondere die statische Betrachtung der finanziellen Reserven des Unternehmens, wie sie z. B. in *Liquiditätskennzahlen* zum Ausdruck kommt.

Gefahr statischer Betrachtung

Unternehmen gelten in der Regel als finanzwirtschaftlich ungefährdet, wenn sie über hohe Reserven verfügen. Sie besitzen ein Polster, das finanzielle Anspannungen abfedern kann. Dieses Polster verändert sich aber im Zeitablauf durch das Hinzukommen und Absinken von liquiden Mitteln, liquidierbaren Vermögensgegenständen und Finanzierungsmöglichkeiten.

Einige Beispiele verdeutlichen dies:
- Wird im Vertrauen auf hohe Reserven auf eine notwendige Eigenkapitalerhöhung verzichtet, führt die verschlechterte Bilanzstruktur unter Umständen zu einer Einengung des Fremdfinanzierungsspielraums und damit zu einem Sinken der Reserve.
- Wenn die zur Sicherung eines Kredites lombardierten Wertpapiere an der Börse einen Kursverfall erleiden, nimmt die Höhe der Reserve ab.
- Ein Grundstück, das als finanzielle Reserve betrachtet wird, kann unter Umständen nur mit erheblicher zeitlicher Verzögerung und deutlich unter den am Tageswert orientierten Schätzungen liquidiert werden.

Zukunftsbezug

Für die *Liquiditätsreserve* bedeutet dies, daß auch sie unter dem Zukunftsaspekt *mit Unsicherheit behaftet* ist, soweit sie nicht permanent als Bargeld oder Buchgeld (Bank- und Postscheckguthaben) zur Verfügung steht. Bereits auf den Bestand von Kontokorrentkreditzusagen, die ebenfalls ohne zeitliche Verzögerung verfügbare Mittel repräsentieren, kann das Unternehmen nur vertrauen, wenn die Prolongation der Zusagen mit hinreichender Sicherheit angenommen werden kann. Die Liquidierung von Vermögensgegenständen nimmt in der Regel Tage oder Wochen, bei Anlagegegenständen oft auch Monate oder Jahre in Anspruch. Deshalb ist hier der zeitliche Planungsaspekt von besonderer Bedeutung.

Wie bei der Diskussion der Bilanzkennzahlen zeigt sich auch hier, daß eine statische, retrospektive Betrachtung den Bedürfnissen finanzieller Führung nicht genügt. Eine hohe Liquiditätsreserve heute impliziert nicht Liquidität morgen.

Übungsaufgabe 2.5
Grenzen Sie bitte die Begriffe Liquidität – liquide Mittel – Liquiditätsreserve gegeneinander ab.

1.2 Funktionen der Finanzplanung

Finanzielle Führung ist auf die Zukunft gerichtet. Vergangenheitsorientierte Instrumente können grundsätzlich nur die – ohnehin bekannte – Tatsache festschreiben, daß die Zahlungsfähigkeit des Unternehmens in der Vergangenheit gesichert war.

Die Vorschauaufgabe fordert Instrumente, die die zukünftige finanzielle Lage des Unternehmens erkennen lassen. Zahlungsunfähigkeit bedroht die Existenz, brachliegende Reserven mindern die Ertragskraft des Unternehmens.

Vorschauaufgabe

1.2.1 Sicherung der Liquidität

§ 102 der **Konkursordnung** bestimmt unter der Überschrift „**Zahlungsunfähigkeit**":
(1) Die Eröffnung des Konkursverfahrens setzt die Zahlungsunfähigkeit des Gemeinschuldners voraus.
(2) Zahlungsunfähigkeit ist insbesondere anzunehmen, wenn Zahlungseinstellung erfolgt ist.

Rechtliche Grundlagen

Eine Fehleinschätzung der zukünftigen finanziellen Lage des Unternehmens kann daher die Eröffnung des Konkurs- oder Vergleichsverfahrens erzwingen. Demgegenüber hat eine Fehleinschätzung der zukünftigen Ertragslage des Unternehmens lediglich bilanzielle Verluste zur Folge, die u. U. durch bilanzpolitische Maßnahmen oder durch Auflösung von Eigenkapitalanteilen ausgeglichen werden können.

Erst wenn das gesamte Eigenkapital aufgezehrt ist, also **Überschuldung** vorliegt, wird (für Kapitalgesellschaften zwingend) ein weiterer Verlust zum Konkursgrund.

Überschuldung

Die folgende *Tab. 2* zeigt die rechtlichen Bestimmungen im Überblick:[5]

	Zahlungsunfähigkeit	Überschuldung
Einzelunternehmen und Personengesellschaften	Konkurs: §§ 102, 209 KO Vergleich: §§ 1, 109, 110 VglO, §§ 130a, 130b, 131 HGB	
Kapitalgesellschaften und Genossenschaften	Konkurs: §§ 102, 207, 213 KO Auflösung: § 262 AktG §§ 60, 63 GmbHG §§ 98, 140 GenG Antragspflicht: § 92 AktG, § 64 GmbHG, § 99 GenG Strafbestimmungen: § 401 AktG § 84 GmbHG, §§ 147, 148 GenG Vergloioh: §§ 1, 108, 111 VglO Anschlußkonkurs: § 102 VglO	ebenso mit Ausnahme des § 102 KO

Tab. 2: Rechtliche Grundlagen von Konkurs und Vergleich

---

[5] PRAXIS DES RECHNUNGSWESENS, Buchführung, Bilanzierung, Betriebsabrechnung, Datenverarbeitung, Bd. 1 u. 2, Freiburg im Breisgau (Loseblattsammlung), Gruppe 10, S. 355.

Zahlungsstockung

Die *vorübergehende* Unfähigkeit des Unternehmens, fälligen Zahlungsverpflichtungen nachzukommen, führt nicht zwingend unmittelbar in den Konkurs oder in den Vergleich **(Zahlungsstockung)**. Sie hat aber gravierende Konsequenzen, wenn sie von Kreditgebern, insbesondere Banken und Lieferanten, erkannt wird.

In der Regel werden in dieser Situation vom Unternehmen die Bereitstellung zusätzlicher Sicherheiten, die Offenlegung aller Informationen über seine wirtschaftliche Lage und gegebenenfalls personelle und unternehmenspolitische Änderungen verlangt. Das geschwundene Vertrauen der Kreditgeber gefährdet in jedem Falle den Bestand von Kreditzusagen. Daher mündet auch nur vorübergehende Zahlungsunfähigkeit häufig in den Konkurs des Unternehmens.

Liquiditätspostulat

Die Liquidität wird also zur strengen Anforderung (zu einem Liquiditätspostulat) in dem Sinne, daß das Unternehmen an jedem Tag der (geplanten) Zukunft in der Lage sein muß, seinen Zahlungsverpflichtungen fristgerecht und betragsgenau nachzukommen. Ein Unternehmen kann nicht analog zum erfolgswirtschaftlichen Verlust *„unterliquide"* sein, da es bei Zahlungsstockung oder Zahlungsunfähigkeit gerade nicht liquide ist. Andererseits bedeutet *„Überliquidität"* nur, daß ein Unternehmen liquide ist. Der gemeinte Sachverhalt ist vielmehr dadurch gekennzeichnet, daß über die erforderlichen Liquiditätsreserven hinaus freie finanzielle Reserven vorhanden sind.

„Unterliquidität"
„Überliquidität"

Übungsaufgabe 2.6
Grenzen Sie bitte die Begriffe Liquidität – „Überliquidität" – „Unterliquidität" gegeneinander ab.

Übungsaufgabe 2.7
Wie unterscheiden sich die gesetzlichen Regelungen zu Konkurs und Vergleich bei Personen- und Kapitalgesellschaften?

Übungsaufgabe 2.8
Wie unterscheiden sich Zahlungsstockung und Zahlungsunfähigkeit?

Während die Diskussion über Kriterien der Wirtschaftlichkeit und Rentabilität anhält, können **Liquidität und Illiquidität präzis als Zustand des Unternehmens** gekennzeichnet werden:
– Die *Ausgaben* des Unternehmens *übersteigen* zum Zeitpunkt der Illiquidität die *Einnahmen*.
– *Finanzielle Reserven* sind nicht hinreichend bzw. *nicht rechtzeitig verfügbar*.

Ausgaben- und Einnahmeplan

Reservenplan

Die Existenzsicherung des Unternehmens erfordert deshalb
– die Vorschau auf zukünftige Ausgaben und Einnahmen sowie
– die Prognose der zum jeweiligen Zeitpunkt verfügbaren finanziellen Reserven.

Solange der Ausgaben- und Einnahmenplan ausgeglichen ist oder eine Überdeckung aufweist, muß nur die Liquiditätsreserve zur Abdeckung des Risikos fehlerhafter Prognosen gehalten werden. Im Falle der Unterdeckung müssen zusätzliche Reserven vorhanden sein, bzw. liquiditätspolitische Notmaßnahmen eingeleitet werden, um den Ausgleich des Defizits sicherzustellen.

Da ein Einnahmenüberschuß die finanziellen Reserven erhöht, während sie durch einen Ausgabenüberschuß vermindert werden, kann die Prognose nur korrespondierend erfolgen. Im Gegensatz zur Erfolgsplanung, die delegierbar ist und dezentral in weitgehend unabhängigen Teileinheiten des Unternehmens durchgeführt werden kann, muß die finanzielle Gesamtplanung stets zentral im Unternehmen verankert sein. *Die Liquiditätsbedingung hat für das Unternehmen als rechtliche Einheit Gültigkeit, es kann nicht in einem Teilbereich „illiquide", in einem anderen „liquide" sein.*

Korrespondierende Planung

Zentrale Gesamtplanung

Das Ganzheitspostulat der Liquidität bedingt also
— *Gesamtplanung* aller wahrscheinlichen und dispositiv möglichen Zahlungen
— an einer *zentralen Stelle* des Unternehmens.

Ohne den Wert von Erfahrungen und unternehmerischer Instinktsicherheit in Frage zu stellen, darf behauptet werden, daß Finanzplanung einen wichtigen **Beitrag zur Existenzsicherung des Unternehmens** leistet.

1.2.2 Erhöhung der Rentabilität

Gegen die starke Betonung des Liquiditätsargumentes läßt sich in Anlehnung an die eingangs zitierten Vorbehalte gegenüber der Finanzplanung einwenden, diese Art der Argumentation sei durch eine *Katastrophenmentalität* geprägt. Ein absoluter Schutz gegen erhebliche, aber unwahrscheinliche Ereignisse, wie z. B. Naturkatastrophen, sei weder möglich noch sinnvoll. Die *Kosten* der Liquiditätssicherung seien unangemessen hoch.

Damit wird zwar nicht der Sinn der Finanzplanung insgesamt in Frage gestellt, wohl aber verdeutlicht, daß auch die *Finanzplanung unter dem Gesichtspunkt der* **Wirtschaftlichkeit** zu beurteilen ist. Zur Beantwortung der hiermit aufgeworfenen Frage sind *Kosten und Erträge der Finanzplanung* einander gegenüberzustellen.

Wirtschaftlichkeit der Finanzplanung

Kosten der Finanzplanung entstehen bei der Informationsbeschaffung und der Informationsverarbeitung sowie durch die Ausstattung der Finanzplanungsstelle mit sachlichen und personellen Ressourcen. Wichtigster Kostenfaktor dürften in der Regel die *Personalkosten* sein. Allerdings zeigt sich in der Praxis, daß die zentralen Planungsabteilungen die anfallenden Aufgaben, auch in Großunternehmen, mit wenigen Mitarbeitern erfüllen können. Die Materialkosten sind wie in den meisten Stabsabteilungen vernachlässigbar gering. Dies gilt auch für die sonstigen Sachkosten, soweit nicht im Rahmen der Informationsverarbeitung Computerzeiten in Anspruch genommen werden müssen.

Kosten der Finanzplanung

Es darf aber nicht übersehen werden, daß bei der Informationsbeschaffung auch die *Ressourcen anderer Unternehmenseinheiten in Anspruch genommen* werden. Diese Kosten können eine beachtliche Höhe erreichen, wenn der

Finanzplaner organisatorische Widerstände im Unternehmen zu überwinden hat. Diese Widerstände können aus einer allgemeinen Ablehnung planerischer Aktivitäten erwachsen oder durch die Abneigung anderer Unternehmensbereiche entstehen, interne Informationen an zentrale Stellen abzugeben. Denn größere Transparenz der Bereiche verbessert die Möglichkeit zum unmittelbaren steuernden Eingriff. Die resultierende Verzögerung, Filterung oder Verfälschung von Informationen macht wiederholte Mahnungen und intensive Kontrollen der Daten notwendig. Es entstehen Reibungsverluste, die – allerdings kaum quantifizierbare – **„Konfliktkosten"** verursachen.

Erträge der Finanzplanung

Diesen Kosten steht eine Reihe von Erträgen gegenüber. Durch eine präzise Finanzplanung kann frühzeitig erkannt werden, wann in der Zukunft *Mittel zur Anlegung freigesetzt* oder *Mittel zum Planausgleich benötigt* werden. So kann sowohl die unnötige Aufnahme teuren Kapitals vermieden werden, als auch erreicht werden, daß freies Kapital nicht zinslos in geldnaher Form gehalten wird, sondern zumindest vorübergehend ertragreicheren Anlagealternativen zugeführt wird. Ein zusätzlicher Vorteil ist darin zu sehen, daß überraschend auftretende Fehlbeträge nicht durch überstürzte, verlustreiche Liquidation von Vermögensgegenständen oder die kurzfristige Aufnahme teurer Kredite ausgeglichen werden müssen. Bei frühzeitig möglicher Disposition kann z. B. bereits ein Jahr vor Eintritt des Finanzbedarfes eine günstige Zinssituation am Kapitalmarkt ausgenutzt werden. Gerade zur effizienten Erfüllung seiner zentralen Funktion „Beschaffung von Kapital" benötigt der Finanzleiter daher finanzplanerische Informationen.

Nicht quantifizierbar, aber von erheblicher Bedeutung ist der Nutzen der verminderten Unsicherheit. Eine wichtige Aufgabe des Finanzleiters ist es, das Risikobewußtsein im Unternehmen zu wecken und aufzuhellen, daß auch erhöhte Sicherheit einen Ertrag bedeutet, letztlich aber unverzichtbar ist, wenn die Überlebensfähigkeit des Unternehmens garantiert werden soll.

Auch der **integrative Effekt der Finanzplanung** und die Verbesserung der finanziellen Steuerungsmöglichkeiten können in diesem Sinne als wichtiger Ertrag aufgefaßt werden. Auf diesen Aspekt wird im nächsten Abschnitt näher eingegangen. Die folgende *Tab. 3* zeigt Kosten und Erträge der Finanzplanung im Überblick:

Kosten der Planung	Erträge der Planung
Personalkosten	Vermiedene Aufnahme teuren Kapitals
Materialkosten	Vermiedene Liquidationskosten
Sonstige Sachkosten (insbesondere Computerzeiten)	Anlage liquider Mittel Nutzung günstiger Konditionen
Konfliktkosten	Reduktion der Unsicherheit Integrativer Effekt

Tab. 3: Kosten und Erträge der Finanzplanung

Ausschlaggebend für die Wirtschaftlichkeit von Planungsbemühungen dürfte in der Regel der **Nutzen verminderter Unsicherheit** sein. Die subjektive

Einschätzung der Existenzbedrohung durch Illiquidität entscheidet letztlich darüber, ob die Kosten der Finanzplanung als „angemessen" empfunden werden.

Häufig wird aber übersehen, daß die erhöhte Sicherheit nicht nur auf Prognoseverbesserungen, sondern auch auf **verbesserte finanzielle Steuerungsmöglichkeiten** zurückzuführen ist.

Sicherheit durch Steuerung

> **Übungsaufgabe 2.9**
> Nennen Sie einige konkrete Beispiele für durch Finanzplanung erzielbare Zinsgewinne.

> **Übungsaufgabe 2.10**
> Welche Kosten können entstehen, wenn unerwartet eine Liquiditätsbedrohung auftritt?

2. Steuerungsbedarf der finanziellen Führung

Diskutiert man Finanzplanung ausschließlich unter dem Vorschauaspekt, vermutet man den Finanzleiter in einer *passiven Rolle*. Er konzentriert sich auf die Früherkennung von finanzwirtschaftlichen Chancen und Risiken. Dennoch kann er nicht darauf verzichten, die gewonnenen Planinformationen in Steuerungsimpulse umzusetzen.

Insbesondere in Zeiten finanzieller Anspannung muß er sich für ausgabensenkende und einnahmenerhöhende Maßnahmen in allen Bereichen des Unternehmens verwenden. Allerdings wird die Reaktionszeit bis zur Durchsetzung dieser Eingriffe gefährlich verlängert, wenn das mangelnde finanzwirtschaftliche Bewußtsein im Unternehmen Interessenkollisionen verursacht und in langwierigen Verhandlungen Reibungswiderstände überwunden werden müssen.

Organisatorische Verankerung des Liquiditätsargumentes

Es ist daher naheliegend, den Finanzleiter nicht nur mit besonderen Kompetenzen auszustatten, sondern das Liquiditätsargument im Gesamtunternehmen organisatorisch zu verankern.

Dominanter Gesichtspunkt in der Diskussion um die erfolgswirtschaftliche Führung des Unternehmens ist die Frage der *Zentralisation* oder *Dezentralisation der Erfolgsverantwortung*. Auf das Problem der finanziellen Führung übertragen lautet die Frage:

Ist mit Hilfe der Finanzplanung eine Selbststeuerung der Teileinheiten des Unternehmens möglich oder eine straffe Steuerung durch detaillierte Vorgaben notwendig?

2.1 Selbststeuerung der Teileinheiten

Selbststeuerung bedeutet Delegation von Entscheidungskompetenz auf nachgeordnete hierarchische Ebenen des Unternehmens. Die Teileinheiten erhalten größere Autonomie. Dies ist möglich, wenn weitgehende Zielkongruenz gegeben ist, die durch Zielvorgaben und Erfüllungskontrollen gesichert wird.

Das Vorbild für finanzwirtschaftliche Selbststeuerung ist im erfolgswirtschaftlichen Bereich zu suchen.

2.1.1 Lenkpreissysteme

Pretiale Lenkung

Der Gedanke der Selbststeuerung wurde im deutschsprachigen Raum insbesondere durch SCHMALENBACH präzisiert. Er entwickelte das **Prinzip der**

„**pretialen Betriebslenkung**". Es „. . . besteht darin, daß die Oberleitung den nachgeordneten Dienststellen weitgehende Selbständigkeit läßt und sich nur besonders wesentliche Entscheidungen vorbehält, dafür aber die Leistungen der Dienststellen bewertet, in der Regel aufgrund von Abteilungs-Erfolgsrechnungen."[6]

Das Instrument der Lenkung sind **Lenkpreise.** Sie bestimmen den Preis der in der Kostenrechnung einzelnen Bereichen zugeordneten Leistungen. Ansatzpunkt der Steuerung sind also Kostenarten, die durch die Zurechnung auf Kostenstellen, hier die organisatorische Einheit des Unternehmens, über den Bereichserfolg entscheiden. Lenkpreise veranlassen daher jeden Bereich des Unternehmens zur Beachtung des Wirtschaftlichkeitszieles und beeinflussen durch die Zurechnung der Kostenarten auf Kostenträger auch einzelne Entscheidungen der organisatorischen Einheit.[7]

SCHMALENBACH selbst nennt wichtige *Vorteile* dieses Systems:
– Geringerer Verwaltungsaufwand als bei zentralistischer Steuerung.
– Förderung des Wertungsdenkens im Unternehmen.
– Größere Motivation zur Eigeninitiative in den Abteilungen, da sie größere Dispositionsfreiheit besitzen.
– Bessere Nutzung der in den Abteilungen vorhandenen problemnahen Kenntnisse.
– Größere Innovationsfähigkeit durch die verbesserten Entfaltungsmöglichkeiten.
– Förderung unternehmerischer Initiative auch in untergeordneten Funktionen.

Als mögliche *Nachteile* ergeben sich:
– Unmittelbare steuernde Eingriffe werden erschwert, da die Betriebsleiter nach Wahrung ihrer Autonomie streben werden.
– Da die eingesetzten Verrechnungspreise von zentraler Bedeutung für den Erfolg der betrieblichen Teileinheiten sind, kann es leicht zu heftigen Kontroversen um ihre Höhe kommen.[8]

Die Literatur hat sich daher insbesondere mit dem letztgenannten Problem ausführlich auseinandergesetzt. In Abhängigkeit von Lenkungszielen und Situation des Unternehmens können z. B. Voll- oder Teilkosten, Durchschnitts- oder Grenzkosten, Ist- oder Plankosten eingesetzt werden. Auch an eine Steuerung über Erlöskategorien ist zu denken.

Zur Integration der weitgehend selbständigen Teileinheiten muß ein *straff zentralisiertes Kontrollsystem* eingerichtet werden. Dies gilt um so mehr bei der Lenkung finanzwirtschaftlicher Vorgänge, denn sie hat die Anforderung zu beachten, daß das Unternehmen als *Ganzes* liquide bleibt. Alle finanzwirtschaftlichen Informationen müssen unabhängig von der Organisation des Unternehmens an einer zentralen Stelle komprimiert werden.

Zentrale Kontrolle

---

[6] SCHMALENBACH, E.: Pretiale Wirtschaftslenkung, Bd. 2, Pretiale Lenkung des Betriebes, Bremen-Horn 1948, S. 8.
[7] Vgl. ebd., S. 9; eine knappe Darstellung zum Problem der Verrechnungspreise findet sich bei POENSGEN, O. H.: Geschäftsbereichsorganisation, Opladen 1973, S. 458 ff.
[8] SCHMALENBACH, E.: Pretiale Lenkung, a.a.O., S. 15 ff.

> **Übungsaufgabe 2.11**
> Welche Bedeutung haben Zentralisation und Dezentralisation bei pretialer Lenkung?

Steuerungsimpulse

Der globale finanzwirtschaftliche Vorschauplan läßt durch Gegenüberstellung von Ausgabenarten und Einnahmenarten erkennen, ob freie finanzielle Reserven zur Verfügung stehen oder die Liquidität des Unternehmens gefährdet ist. *Entsprechend sind kapitalbindende oder kapitalfreisetzende Steuerungsimpulse notwendig.*

Kapitalbindende Impulse zielen auf eine Erhöhung der Ausgaben und gegebenenfalls eine Verminderung der Einnahmen der Unternehmenseinheit. Kapitalfreisetzende Impulse bezwecken entsprechend ausgabensenkende oder einnahmenerhöhende Wirkungen.

Können Lenkpreise diese Funktion übernehmen?

Kapitalkosten

Als *Ansatzpunkt finanzwirtschaftlicher Steuerung* bieten sich die *Kosten des eingesetzten Kapitals* an. Allerdings bereitet ihre kostenrechnerische Zuordnung auf einzelne Bereiche erhebliche Schwierigkeiten, da die exakte Höhe der Kapitalbindung durch die Erfolgsrechnung nicht bestimmt werden kann. Selbst bei einer näherungsweisen Zurechnung ist die *Tauglichkeit* des Steuerungsimpulses *fraglich:*

– Häufig ist der Kostenfaktor „Kapitalzinsen" von nur untergeordneter Bedeutung für den Bereichserfolg. Eine Erhöhung oder Senkung der Verrechnungszinsen erzielt daher unter Umständen nicht die erwünschte Wirkung. Ändern sich gleichzeitig die Verrechnungspreise für andere Kostenarten, kann die Wirkung völlig ausbleiben.

– Die Wirkung kann ins Gegenteil umschlagen, wenn die Unternehmenseinheit z. B. gestiegene Kapitalkosten durch Kostensenkungen bei anderen Kostenarten kompensieren kann. Ein typisches Beispiel stellen Rationalisierungsinvestitionen dar, die die Ausgaben der Periode und damit die Kapitalbindung erhöhen.

Gestaltung aller Verrechnungspreise

Der Steuerungsimpuls „Verrechnungszinsen" allein erreicht daher in der Regel nicht die finanzwirtschaftlich notwendige Wirkungssicherheit. Eine effektvolle Beeinflussung der Zahlungsströme ist nur möglich, wenn alle Verrechnungspreise, die mit ausgabenwirksamen Vorgängen verknüpft sind, beeinflußt werden können.

Die materiellen Voraussetzungen hierfür sind gegeben, wenn der globale Vorschauplan nach Ausgaben- und Einnahmenarten differenziert. Die *praktische Anwendbarkeit* aber ist vor allem aus zwei Gründen *fraglich:*

– Es ist kaum prognostizierbar, wie stark und mit welcher *zeitlichen Verzögerung* die angestrebte Änderung der Zahlungen erfolgen wird. Lenkpreise können daher nur zur globalen, längerfristigen Steuerung der Zahlungshöhe eingesetzt werden.

– Finanzwirtschaftliche Eingriffe in die Lenkpreisfestsetzung bedeuten ein *Abrücken vom Ziel der erfolgsorientierten Steuerung.* Die Verquickung beider Sichtweisen verhindert, daß sich Liquidität als eigenes Argument im

Unternehmen durchsetzen kann. Bei der Realisierung von an finanziellen Bedürfnissen orientierten Lenkpreisen muß daher mit großen Schwierigkeiten gerechnet werden. Die übliche einseitige Erfolgsorientierung des Unternehmens wird nicht durchbrochen.

Ist also eine finanzielle Selbststeuerung von Teileinheiten des Unternehmens nicht möglich?

2.1.2 Integration durch Finanzplanung

Die Betonung des Erfolgsaspektes läßt vergessen, daß nicht nur
- die Aufwands- und Ertragsrechnung,
- die Kosten- und Leistungsrechnung

eine vergleichende Beurteilung der Leistungen von Betriebseinheiten erlauben.

Auch die
- *Ausgaben- und Einnahmenrechnung*

kann alle güterwirtschaftlichen Vorgänge erfassen, wenn man von wenigen Ausnahmen wie Realtausch und Schenkung absieht. Andererseits werden rein finanzwirtschaftliche Vorgänge, wie die Kreditaufnahme, in der Erfolgsrechnung nicht erfaßt. Bedenkt man, daß es im Rahmen der bilanztheoretischen Diskussion Bestrebungen gibt, die klassische Erfolgsrechnung durch eine Rechnung in – abgezinsten – Ausgaben und Einnahmen zu ersetzen, wird klar, welchen Rang die Finanzplanung im System des Rechnungswesens einnimmt.

Funktionen der Ausgaben- und Einnahmenrechnung

Der Finanzplan dient daher nicht nur den Bedürfnissen der finanziellen Führung. Auch ohne Betonung des Liquiditätsaspektes stehen finanzielle Reserven in ihrer Bedeutung für die Weiterentwicklung des Unternehmens gleichberechtigt neben Ertragsüberschüssen.

Der besondere *Vorteil der Finanzplanung* liegt in ihrer **integrativen Wirkung**. Da alle Informationen zentral zusammengefaßt werden müssen, lassen sich *ungleichgewichtige Entwicklungen* zwischen einzelnen Bereichen *frühzeitig* erkennen. Die Gesamtplanung kann auf gegenwärtige und zukünftige Engpässe eingestellt werden und erzwingt eine engere Koordination der Bereiche.

Integrative Wirkung des Finanzplanes

Zur vollen Nutzung der Integrationskraft darf die Finanzplanung nicht lediglich ein „Anhängsel" der Erfolgsplanung sein. Der Finanzplaner muß alle Betriebseinheiten zur Erstellung von Ausgaben- und Einnahmenplänen veranlassen können. Da der Finanzplan grundsätzlich alle Zahlungen im Unternehmen erfaßt, kann sich kein Bereich den Informationsanforderungen der finanziellen Führung entziehen. Bereiche, die bisher auf Planung verzichteten, werden entdeckt und auch anderen Planungsinitiativen zugänglich gemacht.

Bei der Finanzplanung kommt es in besonderer Weise darauf an, daß die *Vorschauinformationen realistisch* sind. Da auch eine „Überfüllung des Planes" grundsätzlich unerwünscht ist, eignet sich der Finanzplan vorzüglich zur Überprüfung der Planungseffizienz.

Liquiditätsbeitrag der Teileinheit

Nicht zuletzt wird durch den Zwang zur Finanzplanung das *finanzwirtschaftliche Denken* im gesamten Unternehmen *geschult*. Jede Unternehmenseinheit ist nicht nur über ihren Beitrag zum Erfolg des Unternehmens, sondern auch über ihren Liquiditätsbeitrag informiert. Kann dieses Wissen in einen Impuls zur Selbststeuerung umgesetzt werden?

Verrechnungszahlungen

In Analogie zur Kostenrechnung wäre an ein **System von Verrechnungszahlungen** zu denken. Zum Beispiel werden Leistungen, die die einzelne Teileinheit empfängt, nicht nur als Kosten, sondern auch als Ausgaben verrechnet. Alle Bereiche des Unternehmens werden unmittelbar in die Liquiditätsverantwortung einbezogen.

> **Übungsaufgabe 2.12**
> Grenzen Sie bitte die Begriffe Verrechnungspreise – Verrechnungsausgaben gegeneinander ab.

Motivierende Wirkung des Gewinns

Gerade hier zeigt sich aber, daß eine weitgehend autonome finanzwirtschaftliche Selbststeuerung *nur unter bestimmten Bedingungen möglich* ist. Ein möglichst hoher Gewinn in jedem Bereich des Unternehmens mag stets als erwünscht gelten. Je höher der Gewinn ist, desto größer ist auch im Selbstverständnis der Verantwortlichen der persönliche Erfolg. Der *Gewinn übt also eine unmittelbar motivierende Wirkung aus,* die z. B. durch erfolgsabhängige Gehälter noch verstärkt werden kann.

Wechselnde finanzwirtschaftliche Subziele

Die Bedingung „mehr ist besser als weniger" gilt jedoch im finanziellen Bereich, wenn man von Zeiten extremer Anspannung absieht, grundsätzlich nicht. Hohe Einnahmenüberschüsse in allen Bereichen können z. B. unerwünscht sein, wenn sie durch Verzicht auf günstige Investitionsmöglichkeiten entstehen. Es hängt von der finanzwirtschaftlichen Situation des Unternehmens ab, ob die Ausgaben oder die Einnahmen in den einzelnen Bereichen des Unternehmens zu forcieren sind. In der Regel sollen weder Ausgaben- noch Einnahmenüberschüsse maximal gesteigert werden. Ihre Höhe muß vielmehr an die Gesamtsituation des Unternehmens angepaßt werden, so daß Ertragschancen genutzt werden können, ohne die Zahlungsfähigkeit des Unternehmens zu gefährden.

> **Übungsaufgabe 2.13**
> Wie unterscheiden sich erfolgswirtschaftliche und finanzwirtschaftliche Ziele?

Da die Grenzen der Finanzierung sich nicht auf die Teilbereiche, sondern auf das Unternehmen als Ganzes richten, obliegt der zentralen finanziellen Führung die Aufgabe, die Inanspruchnahme finanzieller Mittel durch die Teilbereiche zu begrenzen. Damit ist ein erster **Schritt zur Budgetierung im Unternehmen** vollzogen.

> **Übungsaufgabe 2.14**
> Welche Grenzen sind der finanzwirtschaftlichen Eigenverantwortlichkeit von Unternehmenseinheiten gesetzt?

> **Übungsaufgabe 2.15**
> Wie muß sich die finanzwirtschaftliche Steuerung in Konzernen und in divisional organisierten Großunternehmen unterscheiden?

2.2 Steuerung durch Planvorgaben

Finanzpläne können *Vorschau-* oder *Vorgabepläne* sein. Wird bei **Vorschauplänen** retrospektiv eine Abweichung des Solls vom tatsächlich erreichten Ist festgestellt, kann lediglich konstatiert werden, daß der Plan nicht realitätsgerecht war und das Soll zu korrigieren ist. Als wichtige Information erhält man Hinweise auf eine Verbesserung der Prognose.

Vorgabepläne hingegen tragen einen *Willensakzent* und signalisieren den Teileinheiten das erwünschte Soll. Bei einer Soll-Ist-Abweichung muß daher auch geprüft werden, ob sie z. B. auf unzulängliche Leistungsfähigkeit oder mangelnde Leistungsbereitschaft in der Teileinheit zurückzuführen ist. Sie kann also eine Revidierung des Ist-Zustandes zur Folge haben.

Das Vorbild der Steuerung durch Planvorgaben im Unternehmen ist das staatliche Budget.

Vorschaupläne
Vorgabepläne

> **Übungsaufgabe 2.16**
> Grenzen Sie bitte die Begriffe Vorschauplan und Vorgabeplan gegeneinander ab.

2.2.1 Haushaltsplan des Staates

Das Rechnungswesen des Staates ist **streng an Ausgaben und Einnahmen orientiert.** Ihre erste Blüte erreichte die Kameralistik im 17. und 18. Jahrhundert. Zwei *Gründe* sind dafür ausschlaggebend, daß der absolutistische Staat die Ausgaben- und Einnahmenrechnung der typisch privatwirtschaftlichen Erfolgsrechnung vorzog.
- Die Verbuchung von Zahlungsströmen macht *keine interne Bewertung* der entsprechenden Vorgänge notwendig. Die Preise der Input- und Outputfaktoren werden durch die externen Marktverhältnisse festgelegt. Die Überwachung der Redlichkeit der buchführenden Stellen wird hierdurch wesentlich erleichtert.
- Der Staatshaushalt war weitgehend mit dem *Familienhaushalt des Monarchen* identisch. „Ihn galt es erfolgreich zu verwalten, und das hieß: Mehrung der *fürstlichen Einkünfte.*"[9] Nur eine Rechnung in Zahlungsbewegungen

Staatliche Kameralistik

---
[9] EICHHORN, P.: Liquiditätsplanung und Gelddisposition in öffentlichen Haushalten, Frankfurt/M. 1973, S. 1.

zeigt aber, welche Mittel – zumindest kurzfristig – in geldnaher Form verfügbar sind und der Deckung der Ausgabenbedürfnisse des staatlichen Haushaltes dienen können.

Zwar spielt der letztgenannte Aspekt heute keine Rolle mehr, da aber die Geltung des erwerbswirtschaftlichen Prinzips grundsätzlich verneint und an seine Stelle gemeinwirtschaftliche Prinzipien gesetzt werden, hat der Staat *unverändert an der Ausgaben- und Einnahmenrechnung festgehalten.* Stand zunächst die retrospektive Ermittlung des tatsächlich erzielten Einnahmenüberschusses im Vordergrund, dominiert heute die zukunftsgerichtete Vorgabe und Erfüllungskontrolle von Finanzplänen. Die Pflicht zur Erstellung eines Haushaltsplanes wurde bereits in der Reichshaushaltsordnung von 1922 und der Reichskassenordnung von 1927 verankert.

Pflicht zur Finanzplanung

Der Finanzplan des Staates dient der Abschätzung von zukünftigen Ausgaben- und Einnahmenbedürfnissen. Während die Einnahmenplanung weitgehend autonom auf der Grundlage von Steuerschätzungen erfolgt, liegen der Ausgabenplanung die aggregierten Bedarfsanmeldungen von Stellen und Institutionen zugrunde. Der Vorschauplan ist zwar Grundlage, aber nicht verbindlicher Rahmen für den imperativen Haushaltsplan. In ihm findet zusätzlich der politische Wille der Verfassungsorgane des Staates Ausdruck.

Imperativer Haushaltsplan

Er bindet den Verwaltungsvollzug an den politischen Willen und stellt zugleich Verpflichtung und Ermächtigung zur Einziehung und Verwendung öffentlicher Mittel dar. Während die Höhe der Einnahmen von teilautonomen politischen Einheiten, wie z. B. von Gemeinden, bis zu einem gewissen Grade variabel ist, werden staatlichen Dienststellen Mittel in vorher festgelegter Höhe zugewiesen. Die **Verwendung dieser Mittel** ist in vierfacher Hinsicht **eingeschränkt** („Spezialität des Budgets"):

Spezialität des Budgets

– *Zweckbindung:* Das Budget darf grundsätzlich nur für vorher festgelegte Zwecke eingesetzt werden (qualitative Spezialität). In begrenztem Umfange kann eine einseitige oder gegenseitige Deckung nicht verausgabter Mittel vorgesehen sein (Virement).

Qualitative Spezialität

– *Betragsbindung:* Die Höhe der durch den Haushaltsansatz zugewiesenen Mittel darf grundsätzlich nicht überschritten werden (quantitative Spezialität). Ihre Höhe kann sich während des Haushaltsjahres verändern, wenn z. B. die Einnahmen über den vorherigen Schätzungen liegen.

Quantitative Spezialität

– *Zeitbindung:* Die verfügbaren Mittel dürfen grundsätzlich nur während des jeweiligen Haushaltsjahres ausgegeben werden (zeitliche Spezialität). In beschränktem Umfange ist eine Übertragung von Haushaltsresten auf die neue Rechnungsperiode möglich, wenn Ausgaben dem Grund ihrer Entstehung nach dem abgelaufenen Haushaltsjahr zuzurechnen sind.

Zeitliche Spezialität

– *Organisatorische Bindung:* Kennzeichnend für die staatliche Budgetierung ist weiterhin die strenge Trennung der Verantwortung für die Veranlassung von Ausgaben und für die Ausführung von Ausgaben[10] (organisatorische Spezialität).

Organisatorische Spezialität

---

[10] Vgl. WYSOCKI, K. v.: Kameralistisches Rechnungswesen, Stuttgart 1965, insbes. S. 22 ff.

2. Steuerungsbedarf der finanziellen Führung

„Zahlungen dürfen *nur von Kassen und Zahlstellen* und nur aufgrund *schriftlicher Anordnung* des zuständigen Staatsministeriums oder der von ihm *ermächtigten Dienststellen* angenommen oder geleistet werden."[11] Finanzzentren im Sinne der Budgetierung sind also organisatorische Einheiten, die mit der Befugnis zur Unterzeichnung von Auszahlungs- und Annahmeanordnungen ausgestattet sind. Den Zahlstellen obliegt es zu prüfen, ob die Anordnung ordnungsgemäß ist. Die *Unterschriftsbefugnis* ist dabei stets auf die organisatorische Einheit selbst begrenzt, kann also nicht ohne formalen Auftrag auf andere Einheiten ausgedehnt werden.

> **Übungsaufgabe 2.17**
> Was versteht man unter der Spezialität des Budgets?

Wenngleich also auch im öffentlichen Finanzbudget ein Mindestmaß an Flexibilität vorgesehen ist, so dominiert doch eindeutig die Verpflichtung, die zukünftigen **Ausgaben und Einnahmen nach Maßgabe der geplanten Ansätze zu bewirken**.

Flexibilität des Budgets

Bemerkenswert ist, daß diese durch den Gedanken „Vollzug des politischen Willens" getragene, relativ straffe Budgetierung nicht die Liquidität des Staates sichern kann. Da sich die zeitliche Spezialität nur auf die Rechnungsperiode bezieht, ist der Staat nicht dagegen geschützt, daß z. B. der größte Teil der Ausgaben am Anfang des Jahres getätigt wird, Einnahmen jedoch erst gegen Ende des Jahres zugehen. Obwohl der Staat ex definitione nicht „illiquide" werden kann, werfen auch eine Zahlungsstockung oder ein kurzfristiger, hoher Kapitalbedarf staatlicher Stellen erhebliche Probleme auf.

2.2.2 Budgetierung im Unternehmen

Bei der Budgetierung im Unternehmen ist festzulegen, mit welcher Intensität die Eingriffe zu gestalten sind. Die *Strenge der Festlegung* bestimmt sich durch die Komponenten der Spezialität

Intensität der Budgetierung

- Betrag
- Zweck
- Zeit
- verantwortliche Stelle

und die *Flexibilität der Regelung*

- Verbindlichkeitsgrad der Vorgabe
- Detaillierungsgrad der Vorgabe (Deckungsfähigkeit)
- Anpassungsgrad an veränderte Bedingungen.

Das aus Sicht des Finanzleiters optimale Budget ist dadurch gekennzeichnet, daß alle Ausgaben und Einnahmen detailliert zweckgebunden sowie in präzisen Beträgen festgelegt, zeitgenau vorgegeben werden. Die Anordnungsbefugnis liegt ausschließlich beim Finanzleiter, die Vorgaben sind verbindlich.

Optimales, starres Budget

---

[11] Als Beispiel wird hier Artikel 70 der Bayerischen Haushaltsordnung zitiert.

> **Übungsaufgabe 2.18**
> Wie läßt sich das aus Sicht des Finanzleiters optimale Budget kennzeichnen?

Erfolgsfeindlichkeit	Dieses unter dem Liquiditätsaspekt *zwar ideale, aber starre* Budget muß jedoch als *erfolgsfeindlich* bezeichnet werden. Es findet seine Berechtigung lediglich in der finanziellen Krise des Unternehmens: seine Realisierung im Normalfall scheitert nicht nur am Erfolgsargument, sondern auch am **Motivationsargument.**
Motivationsfeindlichkeit	Wenn der Intensitätsgrad der Budgetierung nicht der Präzision der Finanzvorschau entspricht, sind realistische Budgetansätze kaum möglich. Da auch nach langjähriger Planungserfahrung eine im erwünschten Ausmaß exakte Prognose kaum erreichbar ist, *wirken zu eng detaillierte Planvorgaben nicht motivierend, sondern wegen ihrer Unerfüllbarkeit frustrierend.* Eine starre Planung der geschilderten Art findet sich daher in der Realität selten.
Zweckbindung	Am leichtesten kann im Unternehmen auf die Zweckbindung der Mittel verzichtet werden. Im Gegensatz zu staatlichen Stellen kann die zweckentsprechende Verwendung der Mittel *durch Erfolgskontrollen überwacht* werden.
Zeitbindung	Eine termingenaue Festlegung von Zahlungen ist schwierig, wenn ihr zeitlicher Anfall fremdbestimmt ist. Der Eingang von Umsatzeinnahmen z. B. ist von den Zahlungsgewohnheiten der Kunden abhängig. Andererseits sind zahlreiche Ausgaben durch vertragliche Verpflichtungen dem Zeitpunkt nach festgelegt. Beispiele hierfür sind die monatlichen Lohn- und Gehaltszahlungen sowie vereinbarte Anzahlungen für fremde Leistungen. *Budgetierung ist daher nur sinnvoll, wenn Zahlungsströme innerhalb des Budgetierungszeitraumes durch das Unternehmen zeitlich bestimmbar sind.* Mittelfristig bieten sich insbesondere Investitionsprojekte als Budgetierungsobjekt an. Allerdings erzwingt die Tatsache, daß in der Regel während der Realisierung des Projektes Umdispositionen notwendig werden und zeitliche Verzögerungen in der Abwicklung eintreten, zu einem Verzicht auf starre Budgetierung.
Betragsbindung	Die Überlegungen zur zeitlichen Budgetierung haben auch für die Betragsbudgetierung Geltung: Sie ist nur durchführbar, wenn die Höhe der Zahlungen durch das Unternehmen beeinflußt werden kann. *Zahlungen müssen also sowohl zeitlich als auch der Höhe nach variabel, im Sinne von dispositiv beeinflußbar, sein, um eine Budgetierung zu ermöglichen.* Auch hier ergibt sich, daß sich insbesondere geplante Investitionsprojekte zur Budgetierung eignen. In der Praxis ist eine Tendenz zur Überschreitung der Plansätze festzustellen. Dies dürfte nicht zuletzt darauf zurückzuführen sein, daß die planenden Stellen bewußt zu günstige Plandaten einsetzen, um die Genehmigungswahrscheinlichkeit für Projekte zu erhöhen. Eine verbindliche Festlegung zumindest des Investitionsvolumens erweist sich daher als sinnvolles oder auch notwendiges Mittel zur Begrenzung von Ausgaben.
Organisatorische Bindung	Einem bekannten Organisationsgrundsatz folgend gilt für die Budgetierung, daß die Stellen, in deren Aufgabenbereich Ausgaben und Einnahmen anfallen, auch die Verantwortung für diese Zahlungsströme zu tragen haben. Anstelle

oder in Ergänzung der Budgetierung von Einzelpositionen können daher Budgets für einzelne Bereiche des Unternehmens vorgegeben werden. Insbesondere bei funktionaler Gliederung des Unternehmens, die die erfolgswirtschaftliche Lenkung außerordentlich erschwert, ermöglicht die Budgetierung die gezielte Förderung der Aktivitäten bestimmter Abteilungen, z. B. der Forschung und Entwicklung.

Bei divisionaler Organisation, die möglichst große Selbständigkeit und Flexibilität der Unternehmensbereiche zum Ziel hat, ist eine intensive Budgetierung nicht zweckmäßig. Das Budget wird sich daher auf eine globale Vorgabe insbesondere der Ausgaben oder des Gesamtsaldos zwischen Ausgaben und Einnahmen einer Periode beschränken müssen. Eine weitergehende Budgetierung kann jedoch bereichsintern erfolgen.

> **Übungsaufgabe 2.19**
> Welche Probleme wirft eine starre Budgetierung auf?

Die Überlegungen zur Durchführbarkeit der Budgetierung zeigen, daß *Vorgabepläne im Sinne des staatlichen Vorbildes, wenn man von finanziellen Krisensituationen absieht, nicht realisierbar sind.* Sie eignen sich zur absoluten Begrenzung der Ausgabenhöhe, wirken aber negativ, wenn sie nicht an ein erfolgsorientiertes Belohnungssystem gekoppelt sind. Die bloße Vorgabe von Ausgaben bewirkt, daß die organisatorische Einheit unter dem Zwang steht, den bewilligten Betrag tatsächlich innerhalb des Budgetzeitraumes auszugeben. Nicht ausgegebene Mittel signalisieren einen geringeren Bedarf und lassen Mittelkürzungen für zukünftige Perioden befürchten. In jedem Falle sind umfangreiche Begründungen für die zeitliche Verschiebung oder den Wegfall von Zahlungen notwendig.

In der Realität empfiehlt sich daher ein System, das die Höhe und den zeitlichen Anfall von Zahlungen soweit vorschreibt, wie es die zentrale Liquiditätssicherung verlangt, in diesem Rahmen den Abteilungen jedoch hinreichend eigenen Dispositionsspielraum läßt.

Die Praxis zeigt, daß sich strenge Ausgaben- und Einnahmenrechnungen oft erst durchsetzen, wenn das Unternehmen in eine finanzielle Krise steuert. Das ist zu berücksichtigen, wenn man die Instrumente der Finanzplanung diskutiert.

Zusammenfassung

> **Übungsaufgabe 2.20**
> Stellen Sie bitte tabellarisch einige Vorteile der Steuerungsalternativen Lenkpreise – Verrechnungszahlungen – Budgetierung einander gegenüber.

3. Instrumente der Finanzplanung

Finanzwirtschaftliche Planungsrechnungen sind die Instrumente zur **Erfüllung des Informations- und Steuerungsbedarfs der finanziellen Führung.**[11a]

Planungspräzision

Das Liquiditätspostulat verlangt eine *möglichst präzise* Ermittlung der Vorschauinformationen. Da die Gleichgewichtsbedingung nicht nur dem Betrage nach sondern auch termingenau zu erfüllen ist, muß *inhaltliche und zeitliche Präzision* der Finanzplanung gefordert werden.

Inhaltliche Präzision
Vollständigkeit
Lückenlosigkeit

Bruttoprinzip

„Die wichtigste Anforderung an den Finanzplan richtet sich auf die **Vollständigkeit** der Planeinnahmen und Planausgaben. Nur wenn für die Gesamtunternehmung ein voll integrierter, in seinen Positionen lückenloser, ungeteilter Finanzplan vorliegt, kann festgestellt werden, ob die Liquidität gesichert oder bedroht ist. Neben das Prinzip der Lückenlosigkeit tritt das **Verbot der Saldierung** von Positionen der Einnahmen- und Ausgabenseite (Bruttoprinzip)."[12]

Die Gegenüberstellung der geplanten Ausgaben und Einnahmen muß durch die **lückenlose Erfassung der finanziellen Reserven** ergänzt werden. Der korrespondierende Reservenplan zeigt, ob nach Bildung der notwendigen Liquiditätsreserve noch Reserven zur Abdeckung eines Ausgabenüberschusses verfügbar sind.

Die Gesamtfinanzplanung des Unternehmens sollte daher, unabhängig vom Planungszeitraum, folgende *Gruppen von Positionen* umfassen:
- *Einnahmen* des Planungszeitraumes
- *Ausgaben* des Planungszeitraumes
- bei Beginn des Planungszeitraumes vorhandene *liquide Mittel*
- im Planungszeitraum freisetzbare *Vermögensreserven*
- im Planungszeitraum verfügbare *Finanzierungsreserven*

> **Übungsaufgabe 2.21**
> Grenzen Sie bitte die Begriffe inhaltliche Präzision – zeitliche Präzision der Finanzplanung gegeneinander ab.

Plandaten mit der höchsten Eintrittswahrscheinlichkeit

Die Finanzplanung erfüllt ihre Funktion nicht, wenn die Plansätze nach dem „Grundsatz der kaufmännischen Vorsicht" gewählt werden. Der Finanzplan darf nicht, wie die Bilanz, „stille Reserven" enthalten, sondern soll eine **möglichst exakte Wiedergabe der wahrscheinlichen Entwicklung** leisten.

[11a] Eine einfache Einführung findet sich bei: VEIT, T. / STRAUB, W.: Investitions- und Finanzplanung, Heidelberg 1978. Vgl. weiterhin: VIEWEG, R.: Finanzplanung und Finanzdisposition – Moderne Methoden der Steuerung, Gütersloh und Berlin 1971 sowie BÜSCHGEN, H. E.: Grundlagen betrieblicher Finanzwirtschaft, Frankfurt/M. 1973, S. 101 ff.

[12] WITTE/KLEIN: Finanzplanung, a.a.O., S. 46.

3. Instrumente der Finanzplanung

Der chronische Pessimismus des Finanzleiters findet seinen Ausdruck im **Alternativfinanzplan,** der das Eintreten negativer Konstellationen aufgrund von bestimmten Wahrscheinlichkeitsannahmen berücksichtigt. Auf diese Weise kann erreicht werden, daß das finanzielle Risiko zu einer bewußten Größe der Unternehmenspolitik wird. *— Alternativfinanzplan*

Der Absicherung gegen Risiken dient die **Liquiditätsreserve.** Sie kann und soll aber nicht jedes Risiko abdecken, wie es die Strenge des Liquiditätspostulats nahelegt. Die „Eigenversicherung" des Unternehmens durch das Halten von Liquiditätsreserven findet ihre Grenze, wenn die Wahrscheinlichkeit der Illiquidität als vertretbar gering anzusehen ist. Unternehmen sichern sich daher gegen viele, insbesondere fremdbestimmte Risikoereignisse nicht ab, sondern wählen, soweit möglich, den Weg der *„Fremdversicherung"* (z. B. Betriebsunterbrechungs-Versicherung). *— Sicherung gegen Risiken*

Auch vom Finanzleiter wird daher der Mut zum Risiko verlangt. Da aber Mut bei Unkenntnis der Gefahr in Leichtsinn umschlägt, muß er in jedem Falle nach möglichst großer inhaltlicher Präzision der Finanzvorschau streben.

Nach herrschendem Handelsbrauch müssen Zahlungsverpflichtungen, sofern eine Frist vereinbart ist, tagesgenau erfüllt werden. Ein Unternehmen darf also z. B. am Vormittag „illiquide" sein, wenn Einnahmen in hinreichender Höhe im Tagesverlauf zugehen. Andererseits kann es im Monatsdurchschnitt „liquide", an einzelnen Tagen des Monats aber „illiquide" sein. Die Finanzplanung muß daher **grundsätzlich tagesgenau** vorgenommen werden. *— Zeitliche Präzision — Tagesgenaue Planung*

Die tagesgenaue Planung findet jedoch ihre Grenze in dem erforderlichen *Prognoseaufwand* und der zunehmenden *Unsicherheit* bei größerer zeitlicher Reichweite des Finanzplanes (Planungshorizont). Die zeitliche Unterteilung des Finanzplanes (Planungsschärfe) korrespondiert daher in der Praxis eng mit dem jeweils gewählten Planungshorizont. *— Planungshorizont Planungsschärfe*

> **Übungsaufgabe 2.22**
> Wie wird das Risiko ungünstiger Ereignisse in der Finanzplanung berücksichtigt?

Unter dem Zeitaspekt ergeben sich *drei Bestandteile des finanzwirtschaftlichen (liquiditätsorientierten) Rechnungs- und Planungswesens:*

(1) **Die tägliche Finanzdispositionsrechnung:** Sie dient dem Finanzausgleich am Betrachtungstage, indem sie die Grundlage für die Disposition der Finanzströme bietet. Ziel ist die reibungslose Abwicklung des Zahlungsverkehrs und die kurzfristige Anlage überschüssiger Mittel. Ob die Bedingung der Liquidität am Betrachtungstage gegeben ist oder nicht, wird nach Abschluß der Dispositionsarbeit festgestellt. *— Tägliche Finanzdispositionsrechnung*

(2) **Der Finanzplan** mit einem Planungshorizont von mindestens drei und höchstens zwölf Monaten: Er ist das zentrale Instrument zur Sicherung der Liquidität. *— Finanzplan*

(3) **Der Kapitalbindungsplan** für die mehrjährige Finanzvorschau: Er gibt Auskunft, ob sich das Unternehmen langfristig strukturell im Gleichgewicht befinden wird. *— Kapitalbindungsplan*

Im folgenden werden zunächst die tägliche Finanzdispositionsrechnung und der Kapitalbindungsplan dargestellt, um mit der wichtigsten Rechnung, dem Finanzplan, abzuschließen.

> **Übungsaufgabe 2.23**
> Welchen Zwecken dienen tägliche Finanzdispositionsrechnung – Finanzplan – Kapitalbindungsplan?

3.1 Tägliche Finanzdispositionsrechnung

Die Erstellung der täglichen Finanzdispositionsrechnung wirft in Unternehmen relativ geringe Schwierigkeiten auf. Im einfachsten Falle beschränkt sich der Disponent zum Dispositionszeitpunkt darauf,
– (telefonisch) die *aktuellen Kontostände für alle Bankverbindungen* des Unternehmens zu erfragen und
– *Kassenstandsmeldungen* einzuholen.

Die Aufgabe des Disponenten besteht hier darin,
– unter Beachtung der eingeräumten Kreditlinien
– zu entscheiden, ob weitere, anstehende Ausgaben getätigt werden können oder sollen
– und für den erfolgsoptimalen Einzelausgleich der Konten Sorge zu tragen.

Zeitpunkt der Disposition

Der *Dispositionszeitpunkt* liegt in der Regel am Vormittag.[13] Wird ein Großteil der Zahlungen zum Beispiel über Konten der Landeszentralbanken abgewickelt, ist der Buchungsschnitt um 12 Uhr mittags zu beachten. Zahlungsbewegungen am Nachmittag werden erst mit Wertstellung zum nächsten Werktag ausgeführt. Sofern das Unternehmen die kurzfristige Anlage bzw. Beschaffung von Mitteln über dem Geldmarkt vornimmt, muß die tägliche Disposition bereits bis ca. 11 Uhr des jeweiligen Tages abgeschlossen sein. Spätere Zahlungen können erst bei der Disposition am nächsten Tag berücksichtigt werden.

Ergänzung durch Vorschauinformationen

Die tägliche Finanzdisposition wird häufig *durch eine Vorschauplanung* für die unmittelbar bevorstehenden Tage *ergänzt*.

Das Interesse konzentriert sich insbesondere auf die Planung von *Spitzenbelastungen*, die regelmäßig oder zu besonderen Anlässen auftreten.

Regelmäßige, hohe Ausgaben entstehen z. B. durch
– Lohn- und Gehaltszahlungen
– Weihnachtsgratifikationen
– Umsatzsteuervorauszahlungen

---

[13] Vgl. STRAUB, H.: Optimale Finanzdisposition, Meisenheim am Glan 1974, S. 37.

Als *Sonderfaktoren* können z. B.
- Steuernachzahlungen
- Einlösung von Wertpapieren
- Dividendenzahlungen

wirken.

Entsprechend bedeutsame *Einnahmenspitzen* können z. B.
- Zinsen und Dividenden aus Kapitalanlagen
- Steuerrückzahlungen

sein.

Alle erforderlichen Informationen zur Prognose von Zahlungsspitzen sind im Unternehmen, in der Regel in der Finanzabteilung, erhältlich.

Verfeinert wird die Prognose durch die *Berücksichtigung sicherer Zahlungen*. *Sichere,* tagesgenau und betragsgenau vorhersehbare *Zahlungen* sind insbesondere:
- Einnahmen im Lastschriftverfahren
- von der Bank avisierte Eingänge (insbesondere bei höheren Zahlungseingängen aus dem Ausland üblich)
- aufgrund von Buchungen der Vortage sichere Eingänge (in der Regel buchen Kreditinstitute Einnahmen sofort, legen aber den Zeitpunkt der Wertstellung einige Tage in die Zukunft)
- Ausgaben im Lastschriftverfahren
- Ausgaben durch Dauerauftrag.

Eine *relativ exakte Prognose* von Ausgaben ist durch die Erfassung der vom Unternehmen ausgestellten *Schecks* möglich. Im Gegensatz zu Überweisungen, die dem Konto am gleichen Tage belastet werden, verstreichen mehrere Tage, bis der Scheck ausgabenwirksam wird. Zur Bestimmung der Ausgaben folgender Tage kann daher der Betrag ausgestellter Schecks unter Berücksichtigung der *durchschnittlichen Schecklaufzeit* dienen.

Der verbesserte Reaktionsspielraum ermöglicht die Einbeziehung von vorhandenen Scheckbeständen und diskontierbaren Besitzwechseln in die Disposition. Die einsetzbaren finanziellen Reserven des Unternehmens erhöhen sich. Es ergibt sich somit die in *Abb. 13* gezeigte, in der Praxis zu modifizierende und zu erweiternde **Grundstruktur der täglichen Finanzdispositionsrechnung.** Die Eintragungen in der Soll-Spalte dienen der Vorbereitung der Disposition, die Eintragungen in der Ist-Spalte sind Grundlage der Entscheidungen am Tage.

Die Rechnung muß gesondert für jedes Bankkonto des Unternehmens erstellt werden (vgl. *Abb. 14*). Die einzelnen Dispositionsformulare werden zur „täglichen Kontenübersicht" zusammengestellt (vgl. *Abb. 15*). Diese ist die Basis der Gesamtdisposition.

Im Rahmen dieser täglichen Disposition
- muß verhindert werden, daß bestehende Kreditlinien überschritten werden,
- muß die Inanspruchnahme von Kreditlinien zunächst bei den Bankkonten erfolgen, die die günstigsten Konditionen aufweisen,

80 2. Kapitel: Finanzplanung als Führungsinstrument

– müssen gegebenenfalls vorhandene Überschüsse den günstigsten Anlageformen zugeführt werden.

Finanz-Disposition vom				
Konto .... bei	Sollwerte	Istwerte vom	Differenz	
Fortgeschriebener Anfangsbestand*⁾				

ZAHLUNGSEINGÄNGE
+ Sichere Gutschriften (Lastschrift-
   verfahren) vom ....
+ Gutschriften für eingereichte Schecks
   (3 Tage nach Einreichung)
   Betrag vom ....
+ Sonstige sichere Zahlungseingänge
+ Nicht geplante Zahlungseingänge				

= Summe der sicher verfügbaren Beträge				

ZAHLUNGSAUSGÄNGE
– Überweisungen vom ....
– Auf dieses Konto gezogene Schecks
   (5 Tage nach Ausstellung)
   Betrag vom ....
– Sonstige sichere Zahlungsausgänge
– Nicht geplante Zahlungsausgänge				

= ERWARTETER KONTOSTAND (S = Soll, H = Haben) zugleich fortgeschriebener Endbestand				

*⁾ Zu übernehmen aus Vortags-Dispositionsblatt oder vom Konto-Auszug.

Abb. 13: Formular zur Finanzdisposition

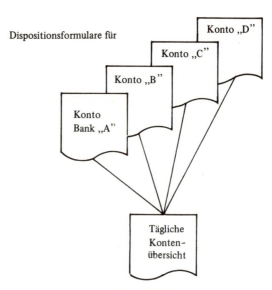

Abb. 14: Zusammenhang von Dispositionsblättern und täglicher Kontenübersicht

Tägliche Kontenübersicht			
Meldung vom	Guthaben	Schulden	Kreditlinie
Kassenbestand, einschl. Nebenkassen			
Postscheckguthaben			
Landeszentralbank-Guthaben			
Bank 1 AG			
Bank 2 AG			
Sparkasse in X			
Volksbank X			
Auslandsbank A			
Auslandsbank B			
Summen			

Abb. 15: Formular zur täglichen Kontenübersicht

Wichtigstes Ziel der täglichen Finanzdispositionsrechnung ist es,
– eine *Überschreitung der* von einzelnen Kreditinstituten eingeräumten *Kreditlinien zu verhindern* und
– eine *Verzögerung fälliger Zahlungen zu vermeiden*.

Die tägliche Finanzdispositionsrechnung trägt zur *Erhaltung der Kreditwürdigkeit* bei und verhindert eine Gefährdung bestehender Kreditzusagen.

Übungsaufgabe 2.24
Nennen Sie bitte die wichtigsten Positionen der täglichen Finanzdispositionsrechnung.

3.2 Kapitalbindungsplan

Der Kapitalbindungsplan ist das in der Praxis beliebteste Instrument zur langfristigen Planung des Unternehmens. Er zeigt die **geplante Kapitalverwendung und Kapitalherkunft** zukünftiger Jahre. Er ist eng mit der *Bewegungsbilanz* verwandt.

Bewegungsbilanz

Die Bewegungsbilanz ist eine Veränderungsrechnung und läßt sich auf die Gegenüberstellung der Bilanzen zweier aufeinanderfolgender Stichtage zurückführen. Ausgangspunkt ist die folgende Grundstruktur:

Veränderung des Anlagevermögens	Veränderung des Eigenkapitals (auch durch Gewinnzuwachs)
Veränderung des Umlaufvermögens	Veränderung des Fremdkapitals

Tab. 4: Grundstruktur der Bewegungsbilanz

Der *Informationsgehalt* der Bewegungsbilanz wird *erhöht*, wenn die einzelnen Positionen in *Zu- und Abgänge* aufgespalten werden. Jeder Zugang auf der Aktivseite kann als **Investition,** jeder Abgang als **Desinvestition** interpretiert werden. Jeder Zugang auf der Passivseite stellt eine **Finanzierung,** jeder Abgang eine **Definanzierung** (Tilgung) dar.

Bei einer entsprechenden Umgliederung der Positionen ergibt sich folgende modifizierte Grundstruktur:

Kapitalverwendung	Kapitalherkunft
1. Investition	1. Finanzierung
2. Definanzierung	2. Desinvestition

Tab. 5: Modifizierte Grundstruktur der Bewegungsbilanz

Eine auf Plandaten beruhende Bewegungsbilanz bezeichnet man als Kapitalbindungsplan. Er enthält alle Zahlungsbewegungen der Periode, aber er saldiert sie in Bestandsveränderungen. Außerdem stellen nicht alle Veränderungen von Bilanzpositionen Zahlungsbewegungen der Periode dar. Hierzu einige Beispiele:
– Während der Periode selbst erstellte Anlagen oder hergestellte Halb- und Fertigfabrikate erhöhen das Anlage- bzw. Umlaufvermögen; die entsprechenden Ausgaben können aber bereits in der Vorperiode erfolgt sein.
– Eine ausgewiesene Erhöhung des Eigenkapitals beruht auf Zahlungen, die in der Vorperiode erfolgt sein können.
– Einer erfolgswirksamen Auflösung von zu hoch bemessenen Rückstellungen liegt keine Zahlung irgendeiner Periode zugrunde. Dennoch signalisiert die Verminderung der Rückstellungen eine Definanzierung.

> **Übungsaufgabe 2.25**
> Grenzen Sie bitte die Begriffe Bewegungsbilanz – Kapitalbindungsplan gegeneinander ab.

Strukturelles Gleichgewicht

Der Kapitalbindungsplan kann daher nicht zeigen, ob sich Ausgaben und Einnahmen über das geplante Jahr hinweg im Gleichgewicht befinden. Er läßt aber erkennen, ob sich das Unternehmen **strukturell im Gleichgewicht** befindet (siehe *Abb. 16* auf S. 84/85).

Es wurde bereits hervorgehoben, daß die Ausprägung der **Bilanzkennzahlen** des Unternehmens von ausschlaggebender Bedeutung für seine *Finanzierungswürdigkeit* ist. Eine Mißachtung der diesbezüglichen Erwartungen bisheriger oder möglicher Kapitalgeber führt zu einer gefährlichen Einengung des

Finanzierungsspielraumes. Zu seiner Abschätzung ist der Kapitalbindungsplan unerläßlich.

Insbesondere kann frühzeitig erkannt werden, wie groß die *Finanzierungsbereitschaft der Fremdkapitalgeber* ist. Wenn Spielräume zu erkennen sind, können langfristige Investitionsvorhaben angeregt werden. Im anderen Falle muß geprüft werden, ob die Aufnahme von in der Regel teurerem und knappem Eigenkapital nötig ist. Der gewonnene langfristige Dispositionsspielraum ermöglicht es der finanziellen Führung, die *Eigenkapitalaufnahme z. B. durch Modifizierung der Dividendenpolitik oder gezielte Pflege der Börsenkurse vorzubereiten. Es wird erkennbar, daß *der Kapitalbindungsplan Ansätze zur optimalen Gestaltung der Kapitalstruktur ermöglicht.*

Bedeutung der zukünftigen Bilanzstruktur

Seine Positionen sind durch die Vorschriften zur Gestaltung des Jahresabschlusses und die von Kapitalgebern eingesetzten Analyseinstrumente festgelegt. Da er nur einen Anhalt für die langfristige Finanzdisposition bieten soll, wird in der Regel eine Prognose der Strukturen auf Basis von Erfahrungswerten ausreichen. Eine wesentliche Verbesserung der Vorschau durch Einsatz von anspruchsvolleren Prognoseverfahren ist angesichts des sehr großen Planungshorizontes kaum zu erwarten. Er eignet sich daher vor allem **zur Fixierung langfristiger Strategien des Unternehmens.** Von ihm gehen global steuernde Impulse aus.

> **Übungsaufgabe 2.26**
> Nennen Sie bitte die wichtigsten Positionen des Kapitalbindungsplanes.

3.3 Finanzplan

Wichtigstes Instrument der finanziellen Führung ist der Finanzplan. Seine Aufgabe ist es, die tägliche Finanzdisposition durch Plandaten zu unterstützen, Unterlagen für die kurzfristige Disposition zu liefern und eine Brücke zum langfristigen Kapitalbindungsplan zu schlagen.

Aufgabe des Finanzplanes

Im Gegensatz zum Kapitalbindungsplan dient er nicht der Sicherung des strukturellen finanzwirtschaftlichen Gleichgewichts, sondern dem *konkreten Ausgleich von Ausgaben und Einnahmen in der Planperiode.*

Der Finanzplan muß daher *alle* von den Bereichen des Unternehmens verursachten *Zahlungen* erfassen. Diese Zahlungen sind aus Sicht des Finanzleiters entweder durch die Situation in der Umwelt des Unternehmens oder durch die Vorhaben von Abteilungen des Unternehmens fremdbestimmt.

Fremdbestimmte Zahlungsströme

Aber auch im Finanzbereich existieren fremdbestimmte Zahlungsströme, die, wie z. B. Tilgungszahlungen, auf vertraglichen Vereinbarungen der Vergangenheit beruhen. Sie werden durch die im Finanzbereich disponierbaren Zahlungen ergänzt.

2. Kapitel: Finanzplanung als Führungsinstrument

KAPITALBINDUNGSPLAN

MITTELVERWENDUNG	Mio. DM		v. H.	
	Soll	Ist	Soll	Ist
FINANZBEDARF FÜR INVESTITIONEN a. Zugänge zu Grundstücken und Gebäuden b. Zugänge zu anderen Sachanlagen c. Zugänge zu Finanzanlagen				
ZWISCHENSUMME 1 a				
DEFINANZIERUNG (RÜCKZAHLUNG) VON Eigenkapital und LANGFRISTIGEM FREMDKAPITAL				
ZWISCHENSUMME 1 b				
KURZFRISTIG REVOLVIERENDE INVESTITIONEN a. Erhöhung der Vorräte b. Erhöhung der Debitoren c. Erhöhung der flüssigen Mittel und sonstiger Positionen des Umlaufvermögens				
ZWISCHENSUMME 2 a				
DEFINANZIERUNG (RÜCKZAHLUNG) VON KURZFRISTIGEM FREMDKAPITAL a. Verminderung der Kundenanzahlungen b. Verminderung der Kreditoren c. Verminderung der sonstigen kurzfristigen Passivpositionen				
ZWISCHENSUMME 2 b				
GEWINNAUSSCHÜTTUNGEN (ORIENTIERT AM VORJAHR)				
SUMME			100%	100%

Abb. 16: Formular des Kapitalbindungsplanes

Die Strömungsgrößen „Einnahmen" und „Ausgaben" sind in aller Regel nicht sehr tief untergliedert. Sie werden üblicherweise in einen *„ordentlichen betrieblichen Zahlungsplan"*, in einen *„außerordentlichen Zahlungsplan"*, in einen *„Kreditplan"* sowie gegebenenfalls in einen *„Dispositionsplan"* weiter unterteilt. Alle tieferen Untergliederungen (z. B. nach einzelnen Einnahme-, Ausgabearten oder nach unterschiedlichen Planungsstellen) sind von betriebsindividuellen Gegebenheiten bestimmt. Vernünftigerweise werden bei der Bildung von Positionengruppen jeweils Zahlungen gleicher Unsicherheit zusammengefaßt. Das folgende Muster *(Abb. 17)* eines kurzfristigen Finanzplans wird nach empirischen Erhebungen typischerweise in gut geführten Finanzabteilungen von *Großunternehmen* verwendet.

Die Gegenüberstellung der Einnahmen und Ausgaben zeigt, ob das Unternehmen *latent gefährdet* ist. Aufgabe des Finanzleiters ist es zu prüfen, ob der Plan *ausgeglichen* ist und *Überschüsse* oder *Fehlbeträge* zeigt. Er hat sodann zu entscheiden, ob – zunächst ohne unmittelbaren Eingriff in operative Abteilun-

für das Jahr . . . . . .

MITTELHERKUNFT	Mio. DM		v. H.	
	Soll	Ist	Soll	Ist

LANGFRISTIGE FINANZIERUNG
a. Erhöhung des Eigenkapitals
  1. Einlagen
  2. Erhöhung der Rücklagen
b. Erhöhung des langfristigen Fremdkapitals
  1. Ausgabe von Schuldverschreibungen
  2. Aufnahme langfristiger Kredite
  3. Erhöhung der langfristigen Rückstellungen				

ZWISCHENSUMME 1 a				
DESINVESTITION (VERFLÜSSIGUNG) ANLAGEVERMÖGEN a. Abschreibungen b. Abgänge von Gegenständen des Anlagevermögens				
ZWISCHENSUMME 1 b				
KURZFRISTIG REVOLVIERENDE FINANZIERUNG a. Erhöhung der Kundenanzahlungen b. Erhöhung der Kreditoren c. Erhöhung der sonstigen kurzfristigen Passivpositionen				
ZWISCHENSUMME 2 a				
DESINVESTITION (VERFLÜSSIGUNG) UMLAUFVERMÖGEN a. Verminderung der Vorräte b. Verminderung der Debitoren c. Verminderung der flüssigen Mittel und sonstiger Positionen des Umlaufvermögens				
ZWISCHENSUMME 2 b				
BILANZGEWINN DES PLANJAHRES				
SUMME			100%	100%

gen – finanzielle *Reserven* zum Planausgleich zur Verfügung stehen. Umgekehrt muß er, wenn sich finanzielle Überschüsse zeigen und finanzielle Reserven reichlich vorhanden sind, operative Abteilungen zur Suche nach Kapitaleinsatzalternativen veranlassen.

Der Finanzplan soll einen *konstanten Planungshorizont* haben. Das heißt, er soll jederzeit eine Vorschau auf die nächsten 12 Monate geben. Um dies zu gewährleisten, muß er als sogenannter **„gleitender", „rollender" oder „revolvierender" Plan** aufgebaut sein: Er muß an seinem „Ende" um die gleiche Zeitspanne in die Zukunft vorgeschoben werden, wie er mit dem Zeitablauf an seinem „Beginn" aufgezehrt wird. Zugleich werden bei diesem Vorrücken alle zwischen Plan-Beginn und Plan-Ende liegenden Monate überarbeitet und neu geplant. Bei strenger Interpretation der Revolvierungsidee wird der Plan nach Ablaufen des aktuellen Monats um den neuen 12. Monat in die Zukunft verlängert und die Monate 2 bis 11 überarbeitet. Jeder Monat ist danach 12mal geplant worden.

Kurzfristiger Finanzplan für den Monat ....

A Ordentliche betriebliche Zahlungen
   I. Einnahmen
      a. Umsatzeinnahmen (incl. Umsatzsteuer)
         1. aus abgeschlossenen Verträgen
         2. Schätzungen
      b. Sonstige laufende Einnahmen
   II. Ausgaben
      a. Material- und Energieausgaben
      b. Personal- und Sozialausgaben
      c. Zinszahlungen
      d. Steuern (incl. Umsatzsteuer)
      e. Sonstige laufende Ausgaben
Saldo A:

B Außerordentliche Zahlungen
   I. Außerordentliche Einnahmen
      a. Zinseinnahmen
      b. Sonstige
   II. Außerordentliche Ausgaben
      a. Investitionen (ohne Eigenleistungen)
      b. Gewinnausschüttungen (incl. Gewinnsteuern)
      c. Sonstige
Saldo B:

C Kreditplan
   I. Ordentliche Kreditaufnahme
   II. Ordentliche Kredittilgung
Saldo C:

Summe der Salden

± Kontenstand Vormonat

Neuer Saldo (Dispositionsbetrag):

Abb. 17: Formular des kurzfristigen Finanzplanes (Sachstruktur)

Es zeigt sich indessen in der Praxis, daß eine derartige monatliche Überarbeitung einen *unvertretbaren Planungsaufwand* verursacht. So ist es vielfach unmöglich, schon zu Beginn der Planung anzugeben, ob einzelne Zahlungen im 10. oder 11. oder 12. Planungsmonat auftreten. Erst bei geringerer zeitlicher Distanz ist eine genaue (für die Disposition hinreichend genaue) Einordnung möglich. Daher wird das Prinzip der rollenden Planung dahingehend modifiziert, daß jeweils die nächsten 3 Monate exakt und im strengen Sinne rollend geplant werden und im übrigen der Gesamtplan nur dann in die Zukunft verschoben und neu überarbeitet wird, wenn ein ganzes *Quartal abgelaufen* ist. Er wird dann jeweils um ein neues Quartal in die Zukunft fortgeschrieben. Streng genommen existieren somit *zwei rollende Plansysteme* – ein *monatlich unterteiltes* mit einer konstanten Voraussicht von drei Monaten und ein *quartalmäßig unterteiltes* mit einer Planvoraussicht zwischen mindestens neun und höchstens zwölf Monaten. Bei dieser Vorgehensweise sind also zeitweilige Überschneidungen der Monate mit den Quartalen nicht auszuschließen – aber auch nicht schädlich.

Das folgende Formular *(Abb. 18)* soll die Zeitstruktur des zuvor in seiner Sachstruktur gezeigten Finanzplanes am Beispiel des Monats Mai verdeutlichen:

Kurzfristiger Finanzplan für den Monat Mai						
Zahlungsarten/ Salden	Monat 1: Mai	Monat 2: Juni	Monat 3: Juli	1. Planungsquartal Juli – September	2. Planungsquartal Oktober – Dezember	3. Planungsquartal Januar – März
A Ordentliche betr. Zahlungen I. Einnahmen a. Umsatzeinnahmen . . .						

Abb. 18: Zeitstruktur des kurzfristigen Finanzplanes

3.4 Planung der finanziellen Reserven

Der laufende Finanzplan soll nicht nur die *Strömungsgrößen* der Einnahmen und der Ausgaben für das kommende Jahr zeigen, sondern auch die *Bestandsgrößen*. Diese Bestandsgrößen sind Bestandteil der Liquiditätsreserve. Es liegt also nahe, aus der laufenden Finanzplanung den **Plan der Liquiditätsreserve** zu entwickeln. Eine solche Reserveplanung dient nicht nur der finanzwirtschaftlichen Sicherung des Unternehmens, sondern auch der optimalen Nutzung von Wachstums- und Gewinnchancen. Während in statischer Betrachtungsweise nur die
- **Höhe** der Reserven

beachtet wird, muß die zukunftsgerichtete Finanzplanung auch
- **Zeitpunkt** und
- **Zeitraum** ihrer Verfügbarkeit

einbeziehen.

Die Analyse der finanziellen Reserven beginnt mit der *Ist-Feststellung der vorhandenen Zahlungskraft*. Sie konstituiert sich durch
- vorhandene *Kassenbestände* und
- zugesagte, aber nicht in Anspruch genommene *Kreditlinien*.

Zahlungskraft

Die *Zahlungskraft verändert sich* während des Planungszeitraumes durch
- Ausgaben- oder Einnahmen*überschüsse* und
- die *Rückzahlung* von Fremdkapital, soweit die Höhe der zugesagten Kreditlinien unverändert bleibt.

Die Reservenplanung muß also Informationen des Ausgaben- und Einnahmenplanes einbeziehen.

Kreditlinien

Der *Bestand von Kreditzusagen* und die eventuell mögliche Erweiterung des Kreditrahmens hängen vor allem von
- der gegenwärtigen und zukünftigen *Kreditwürdigkeit* des Unternehmens und
- den gegenwärtigen und zukünftigen *Konditionen* der Kreditgeber

ab.

Grenzen der Fremdfinanzierung

Die in der Praxis wichtigste Grenze der Kreditwürdigkeit stellen *Realsicherheiten* dar. Die Gesamthöhe der Kreditzusagen richtet sich nach dem *Beleihungswert* der zur Verfügung stehenden Vermögensgegenstände und den jeweils geltenden Beleihungsgrenzen. Aus Sicht des Finanzleiters eignen sich insbesondere jene Vermögensgegenstände als Kreditsicherheit, die – sich zum Teil revolvierend erneuernd – dauerhaft im Betrieb gebunden sind und nicht veräußert werden können. Es handelt sich daher nahezu um das ganze Anlagevermögen und das Vorratsvermögen.

Vermögensreserve

Disponibles Vermögen stellen insbesondere
- nicht dauerhaft beabsichtigte Finanzanlagen,
- Forderungen und
- Wechsel

dar. Ihr Liquidationswert bestimmt daher die Höhe der Vermögensreserven.

Eigenkapitalreserve

Wichtige finanzielle Reserven liegen schließlich in der Möglichkeit der Aufnahme von Eigenkapital. Anhaltspunkte für die Abschätzung des durchsetzbaren Umfanges einer Eigenkapitalerhöhung bieten Informationen über den Kapitalmarkt, Kurse der Aktien des Unternehmens und die Dividendenpolitik der vergangenen Jahre.

Der Reservenplan weist daher die folgenden (in der Praxis zu ergänzende und zu modifizierende) Grundstruktur auf *(Abb. 19).*

In der *Praxis* hat sich bisher die exakte Reservenplanung nicht allgemein durchgesetzt. Wesentlich größere Mühe wird in der Regel auf die Erstellung des Ausgaben- und Einnahmenplanes verwandt. Die Technik der Ausgaben- und Einnahmenplanung ist Gegenstand des folgenden 3. Kapitels.

Übungsaufgabe 2.27
Nennen Sie bitte die wichtigsten Positionen des Reservenplanes.

Übungsaufgabe 2.28
Kennzeichnen Sie bitte den Zusammenhang zwischen Ausgaben- und Einnahmenplanung einerseits und Reservenplanung andererseits.

3. Instrumente der Finanzplanung

	Veränderungen im Planungszeitraum				
	Anfangs-bestand	1. Monat	... Monat	n-ter Monat	Endbestand
Kassenbestand					
Bankguthaben					
Vermögensreserven					
Nicht in Anspruch genommene Kreditlinien					
Mögliche Erweiterung der Kreditlinien					
Genehmigtes Eigenkapital					
Bedingtes Eigenkapital					
Mögliche weitere Eigenkapitalaufnahme[15]					
SUMME 1: Finanzielle Reserven					
./. Liquiditäts-reserve					
SUMME 2: Freie Reserven					

Abb. 19: Grundstruktur des Reservenplanes

---

[15] Die ordentliche, bereits von der Hauptversammlung beschlossene Kapitalerhöhung muß im Ausgaben- und Einnahmenplan erfaßt werden!

3. Kapitel

GERD SACHS

Technik der Finanzplanung

Lehrziele und Studienhinweise

Bevor Sie mit der Durcharbeitung dieses Kapitels beginnen, sollten Sie prüfen, ob Sie mit den Grundlagen des betrieblichen Rechnungswesens vertraut sind. Hierzu gehören insbesondere

– organisatorische und rechtliche Grundlagen des Rechnungswesens, wie die Trennung in Finanz- und Betriebsbuchhaltung, Bewertungsprinzipien,
– Buchungssätze auch schwieriger Art, wie z. B. Buchung einer nachträglichen Kauf- oder Verkaufspreisminderung aufgrund einer Mängelrüge unter Berücksichtigung von Umsatzsteuer und Skonto.

Dieses Kapitel verfolgt insbesondere die folgenden Ziele:

a) Es möchte Sie mit Begriffen und Tatbeständen vertraut machen, die von besonderer Bedeutung für Techniken der Finanzplanung sind.

Zur Selbstkontrolle sind dazu die folgenden Übungsaufgaben vorgesehen:
3.1, 3.2, 3.3, 3.4, 3.12, 3.20.

b) Dieses Kapitel soll Ihnen die Einarbeitung in wichtige Techniken der Finanzplanung ermöglichen.

Diesem Zweck dienen vor allem die folgenden Übungsaufgaben:
3.5, 3.6, 3.9, 3.10, 3.14, 3.17, 3.18, 3.19.

c) Dieses Kapitel möchte Sie zum kritischen Durchdenken der behandelten Verfahren anregen. Besonders wichtig ist, daß Sie sich die reale Situation in Ihnen bekannten Unternehmen vor Augen führen und versuchen, die behandelten technischen Hinweise auf ihre Praxisnähe und Anwendbarkeit zu prüfen.

Diesem Aspekt sind die folgenden Übungsaufgaben gewidmet:
3.7, 3.8, 3.11, 3.13, 3.15, 3.16.

Literaturhinweise

Studienbegleitende Literatur

Als *begleitende Literatur* zum 3. Kapitel wird empfohlen:

WITTE, EBERHARD unter Mitwirkung von KLEIN, HERBERT: Finanzplanung der Unternehmung – Prognose und Disposition, Reinbek bei Hamburg 1974.

Rechnungswesen

Da Abschnitt 1 des 3. Kapitels gründliche Kenntnisse der Finanzbuchhaltung und des Kontenrahmens, insbesondere des Industriekontenrahmens, voraussetzt, sollten geeignete Quellen als *Arbeitsunterlage* herangezogen werden. Geeignet sind z. B. die folgenden, leicht verständlichen Bücher:

ANGERMANN, ADOLF: Industrie-Kontenrahmen (IKR) und Gemeinschafts-Kontenrahmen (GKR) in der Praxis, Ein Systemvergleich mit einer Einführung in die Finanz- und Betriebsbuchhaltung nach dem IKR, 2. Aufl., Berlin 1975.

ARENS, EBERHARD; STRAUBE, WALDEMAR: Kaufmännische Buchführung, Kurzausgabe, Darmstadt 1968.

Sichtweise der Praxis

Einen Einblick in die *Sichtweise der Praxis* vermittelt der Aufsatz:

MIRBACH, OSWALD: Liquiditätssteuerung und Finanzdisposition im Industrieunternehmen, in: Zeitschrift für betriebswirtschaftliche Forschung, 1978, S. 63–69.

Darüber hinaus wird auf die Literaturhinweise zum 2. Kapitel verwiesen.

Als *vertiefende Literatur* ist geeignet:

CHMIELEWICZ, KLAUS: Betriebliches Rechnungswesen, Band 1: Finanzrechnung und Bilanz, Band 2: Erfolgsrechnung, Reinbek bei Hamburg, 1973.

CHMIELEWICZ, KLAUS: Integrierte Finanz- und Erfolgsplanung, Versuch einer dynamischen Mehrperiodenrechnung, Stuttgart 1972.

HUMMEL, SIEGFRIED / MÄNNEL, WOLFGANG: Kostenrechnung, Bd. 1, Grundlagen, Aufbau und Anwendung, Bd. 2, Moderne Verfahren und Systeme, Wiesbaden 1978.

KOSIOL, ERICH: Die Unternehmung als wirtschaftliches Aktionszentrum, Einführung in die Betriebswirtschaftslehre, Neuauflage, Reinbek bei Hamburg 1972.

LANGEN, HEINZ / EDIN, ROBERT / KOCKELKORN, GÖTZ / SCHMITT, HERMANN / WEINTHALER, FRITZ: Unternehmensplanung mit Verweilzeitverteilungen, Eine Anleitung für Praktiker, Berlin 1971.

NIEBLING, HELMUT: Kurzfristige Finanzrechnung auf der Grundlage von Kosten- und Erlösmodellen, Wiesbaden 1973.

1. Informationsquellen

Sowohl das Liquiditäts- als auch das Erfolgsargument veranlassen den Finanzleiter, nach möglichst *vollständigen* und *genauen* Informationen über zukünftige Zahlungsbewegungen zu streben. In der Praxis bereitet aber die Gewinnung dieser Informationen vor allem wegen der deutlichen Priorität des erfolgswirtschaftlichen Denkens große Schwierigkeiten.[1]

Wo können die Bemühungen des Finanzplaners ansetzen?

- In jedem Unternehmen stehen die *Ist-Daten der Buchhaltung* zur Verfügung. Eine ordnungsmäßige Buchhaltung, die alle Zahlungs- und Erfolgsströme der Vergangenheit erfaßt, ist für alle Unternehmen verbindlich vorgeschrieben. Weniger exakt festgelegt ist allerdings die zeitliche Erfassung von Vorgängen. Die *tagfertige* Buchhaltung ist auch heute noch die Ausnahme, die Regel bildet die monatsgenaue Erfassung der Daten. Zur Finanzprognose müssen Zahlungsbewegungen aus der Buchhaltung entnommen und mit Hilfe geeigneter Methoden in Vorschaudaten transformiert werden. *(Ist-Daten der Buchhaltung)*

- Häufig liegen aber auch *Pläne aus anderen Unternehmensbereichen* vor. Aus Sicht der Finanzleitung stellen diese Pläne, die zu der Informationsverarbeitung herangezogen werden können, Vorpläne dar. In der Regel handelt es sich um *erfolgswirtschaftliche Vorpläne*. Auch sie machen zusätzliche Transformations- und Prognosebemühungen des Finanzleiters erforderlich. *(Erfolgswirtschaftliche Vorpläne)*

- Die aus der Sicht des Finanzleiters optimale Situation ist durch das *Vorliegen finanzwirtschaftlicher Vorpläne* aus den operativen Bereichen des Unternehmens gekennzeichnet. Hier kann er sich auf die Kontrolle der Planungspräzision beschränken. Die Daten können unmittelbar in den globalen Finanzplan übernommen werden. *(Finanzwirtschaftliche Vorpläne)*

1.1 Daten der Vergangenheit

Man ist geneigt, eine **Finanzplanung auf der Basis von Vergangenheitsdaten** als unterentwickelt zu betrachten. Sicherlich haben Sie noch den Satz aus dem 2. Kapitel in Erinnerung: Vergangenheitsgerichtete Instrumente können nur die ohnehin bekannte Tatsache festschreiben, daß das Unternehmen existent war (und bis zum Betrachtungstage ist).

---

[1] Vgl. HAUSCHILDT, J.: Organisation der finanziellen Unternehmensführung, Stuttgart 1970, S. 71.

94   3. Kapitel: Technik der Finanzplanung

Diese Behauptung impliziert aber nicht, daß eine exakte Prognose auf der Grundlage von historischen Daten unmöglich ist. Wenn die Umwelt des Unternehmens sehr stabil ist und auch intern keine wesentlichen Veränderungen vorgenommen werden, kann die bloße *Extrapolation von Vergangenheitswerten* gute Prognoseergebnisse erbringen.

Zwecke der Ist-Analyse

Andererseits ist die Analyse der Ist-Werte notwendig, um
– die Prognoseexaktheit in der Vergangenheit zu überprüfen und gegebenenfalls zu verbessern sowie um
– die Vollständigkeit von Planungsinformationen überprüfen zu können.

1.1.1 Betriebliches Rechnungswesen

Das Rechnungswesen hat die *Aufgabe,* das Unternehmensgeschehen in Rechnungseinheiten abzubilden. Betrachtet man zunächst den Leistungsaustausch zwischen Unternehmen und Umwelt, sind vor allem zwei Ströme relevant: **Güterströme und Geldströme.**

Das Unternehmen beschafft materielle und immaterielle Güter, die in am Markt absetzbare Leistungen umgewandelt werden.

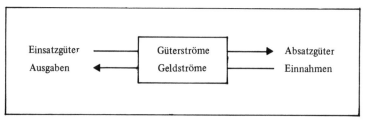

Abb. 20: Güter- und Geldströme

Zusammenhang zwischen Güter- und Geldströmen

Das Grundmodell des Unternehmensgeschehens soll verdeutlichen, daß Güter und Geldströme miteinander zusammenhängen. Da grundsätzlich alle empfangenen und erstellten Leistungen am Markt vergütet werden müssen, verursachen alle Güterströme Zahlungsbewegungen. Eine Ausnahme stellen lediglich die, in der Praxis unbedeutenden, »reinen« Güterbewegungen dar: Schenkung, Naturaltausch und Sacheinlage des Eigenkapitals.

Bei *prozessualer* Betrachtung der Güterströme lassen sich nach KOSIOL fünf **Phasen** identifizieren:
– Die *originären* Phasen *Beschaffung, Herstellung* und *Absatz,*
– die *derivativen* Phasen *Einsatzlagerung* und *Absatzlagerung.*[2]

Da zwischen der Entstehung von Zahlungsverpflichtungen durch die Beschaffung von Einsatzgütern und der Entstehung von Zahlungsanforderungen durch den Absatz von Gütern Zeit verstreicht, werden durch die Herstellung, Einsatz- und Absatzlagerung von Gütern finanzielle Mittel auf Zeit gebunden.

---

[2] KOSIOL, E.: Die Unternehmung als wirtschafliches Aktionszentrum, Einführung in die Betriebswirtschaftslehre, Neuauflage, Reinbeck bei Hamburg 1972, S. 129 ff.

Die Verweilzeiten der Einsatzgüter bis zum Eingang der jeweiligen Umsatzeinnahmen bestimmen die Höhe des Kapitalbedarfs im Unternehmen.[3]

Eine **kausale Prognose** von Zahlungsbewegungen muß daher an den sie verursachenden Güterbewegungen ansetzen. Dabei ist zu beachten, daß Güter- und Zahlungsbewegungen in der Regel nicht zum gleichen Zeitpunkt stattfinden:

Die Zahlungsbewegung findet bezüglich der Güterbewegung statt:	Gütereingang	Güterausgang
Zugleich Vorher Nachher	Barkauf Eigene Anzahlung Kauf auf Ziel	Barverkauf Kundenanzahlung Verkauf auf Ziel

Tab. 6: *Zeitlicher Zusammenhang von Güter- und Zahlungsbewegungen*

Die Grenzen des kausalen Ansatzes werden deutlich, wenn man die Schwierigkeiten der retrospektiven Analyse betrachtet:

Die Güterbewegungen werden im Rechnungswesen zumeist in Bestandskarteien erfaßt. Selbst in Kleinstbetrieben wird ein sogenanntes Wareneingangs- und Warenausgangsbuch geführt. In der Finanzbuchhaltung aber ist die ursprüngliche Mengenbewegung in der Regel nicht mehr zu erkennen.

Erfassung von Mengenbewegungen in der Finanzbuchhaltung

Zur Verdeutlichung ein einfaches Beispiel:
- Eine Buchhandlung kauft am 1. 1. 10 Exemplare des beliebten Nachschlagewerkes „Betriebswirtschaftliches Lehrbuch" auf Ziel. Der Stückpreis beträgt DM 10,–.
  Buchung am 1. 1.:
  Buchbestand an Verbindlichkeiten   DM 100,–
- Am 1. 2. wird die Verbindlichkeit fällig.
  Buchung am 1. 2.:
  Verbindlichkeiten an Bankkonto   DM 100,–.

Die übliche Buchhaltung zeigt nur die Soll- und Haben-Umsätze der einzelnen Konten. Sämtliche Zahlungsbewegungen erscheinen daher aggregiert auf wenigen Bank- und Kassenkonten. Eine weitergehende Analyse muß auf die originalen Buchungen z. B. der Kreditoren und Debitoren zurückgreifen. Der Finanzplaner muß eine *mehrstufige Sucharbeit* leisten, wenn er diesen Weg wählt.

Erfassung von Zahlungsbewegungen in der Finanzbuchhaltung

Wesentlich differenzierter als Zahlungsbewegungen werden die Aufwands- und Ertragsbewegungen erfaßt. Diese Erfolgsströme bilden ebenfalls Güterbewegungen ab. Es stellt sich daher die Frage, warum eine *Doppelerfassung* desselben Vorgangs im Rechnungswesen notwendig ist.

Die **erfolgswirtschaftliche Sichtweise** sieht den Leistungsumformungsprozeß im Unternehmen als ökonomischen Werteverzehr und Wertzuwachs.

Erfassung von erfolgswirtschaftlichen Vorgängen in der Finanzbuchhaltung Werteverzehr im Unternehmen

Die rechnerischen Kategorien zur Erfassung des **Inputs (Wertverzehrs)** sind **Aufwand** und **Kosten**.

---
[3] Vgl. HEINEN, E.: Betriebliche Zahlungsströme, in: HWF, Sp. 143 ff.

96 3. Kapitel: Technik der Finanzplanung

Die rechnerischen Kategorien zur Erfassung des **Outputs (Werthervorbringung)** sind **Erträge** (insbesondere Umsatzerlöse) und **Leistungen.**

Hierzu einige Beispiele:

Ausgabe, kein Aufwand der Periode

– Aus der Beschaffung einer Werkzeugmaschine resultieren Zahlungen (Ausgaben), die auf einem Finanzkonto gebucht werden. Ein Werteverzehr (Aufwand, Kosten) entsteht bei diesem Beschaffungsvorgang (abgesehen von Transportkosten und anderen Nebenkosten) nicht.

Aufwand, keine Ausgabe der Periode

– Sobald die Werkzeugmaschine in dem Produktionsprozeß eingesetzt wird, gibt sie Leistungen ab, die einen Werteverzehr des Anlagegutes verursachen. Die ursprüngliche Anschaffungsausgabe wird (parallel zur zeitlichen Nutzung des Anlagegutes oder in Anlehnung an die technische Belastung der Anlage) auf die Nutzung der Perioden verteilt. Im Rechnungswesen stellt sich dies als Abschreibung dar, die in die Aufwandsrechnung einbezogen wird. Die Gesamtsumme der Abschreibungen aller Nutzungsperioden stimmt mit der Höhe der Investitionsausgaben überein (bilanzielle Abschreibungen). In der Kostenrechnung hingegen kann die Abschreibungshöhe auf den fiktiven Wiederbeschaffungswert (kalkulatorische Abschreibungen) ausgerichtet werden, so daß die Gesamthöhe der kostenrechnerischen Abschreibungen weder mit den Aufwandsabschreibungen noch der geleisteten Zahlung übereinstimmen muß.

Ausgabe gleich Aufwand der Periode

– Mit der Erweiterung des Maschinenparks ist häufig auch die Einstellung zusätzlicher Arbeitskräfte verbunden. Die notwendige Erhöhung der Lohn- und Gehaltszahlungen wird buchhalterisch als Ausgabe berücksichtigt. Da der Einsatz von Arbeitskraft einen Werteverzehr bedeutet, erfolgt die Gegenbuchung auf einem Aufwandskonto. Ausgaben, Aufwand und Kosten stimmen in diesem Fall betragsmäßig überein. Auch der Zeitpunkt der Entstehung ist identisch.

Ausgabe, nie Aufwand

– Wird die obige Investition durch die Aufnahme eines Bankkredites finanziert, werden weder die Aufnahme des Kredites, noch dessen Rückzahlung erfolgsrechnerisch erfaßt. Nur die Zinszahlungen gehen in die Aufwands- bzw. Kostenrechnung ein.

Die Beispiele zeigen:
– Der Saldo der durch eine Güterbewegung verursachten Aufwands- und Ertragsbuchungen entspricht betragsgenau den vorher, gleichzeitig oder später vorgenommenen Ausgaben- und Einnahmenbuchungen. Als „Zwischenkonten" zum *zeitlichen Ausgleich* von Güter- und Zahlungsbewegung fungieren die Konten „Forderungen" und „Verbindlichkeiten" sowie „geleistete Anzahlungen" und „erhaltene Anzahlungen".
– Die Zahlungen des *„reinen Finanzbereiches"* (Kreditbewegungen) werden überhaupt nicht erfolgswirksam. Sie werden nur in der Bestandsrechnung erfaßt.
– Andererseits gibt es *Zahlungsbewegungen, die betrags- und termingenau Erfolgsbewegungen entsprechen.* Sie können leicht daran erkannt werden, daß die Gegenbuchung zu einem Aufwands- oder Ertragskonto auf den Konten Kasse, Bank oder Postscheck erfolgen muß („Aufwandsausgaben" bzw. „Ertragseinnahmen").
– Die betragsmäßige Übereinstimmung gilt grundsätzlich nur für Aufwand/ Ertrag und Ausgabe/Einnahme, nicht aber für *Kosten und Leistungen,* da sie *nicht an die handelsrechtlich vorgeschriebenen Zahlungswerte* gebunden sind. Die folgenden Ausführungen konzentrieren sich deshalb auf die Finanzbuchhaltung und nicht die Betriebsbuchhaltung.

Es muß möglich sein, zumindest retrospektiv, die *Daten der Aufwands- und Ertragsrechnung in Zahlungsströme zu transformieren.* Als Grundlage für diese Überlegungen dient der *Kontenrahmen.*

> **Übungsaufgabe 3.1**
> Nennen Sie bitte einige Beispiele für Aufwendungen, die in derselben Periode und in der selben Höhe zu Ausgaben führen.
>
> **Übungsaufgabe 3.2**
> Welche Zahlungsbewegungen führen nie zu Erfolgsbewegungen?
>
> **Übungsaufgabe 3.3**
> Warum müssen Aufwendungen der Höhe nach mit den korrespondierenden Ausgaben, auch wenn sie vorher oder nachher anfallen, übereinstimmen?
>
> **Übungsaufgabe 3.4**
> In welchem – für die Ableitung von Zahlungsströmen – wichtigen Punkt unterscheiden sich Aufwendungen und Kosten?

1.1.2 Transformation von Wertbewegungen

In der Praxis haben sich unterschiedliche Kontensysteme durchgesetzt, die auf die Bedürfnisse einzelner *Wirtschaftszweige* (z. B. Großhandel, Einzelhandel, Handwerk, Industrie) zugeschnitten sind. Die folgende Darstellung konzentriert sich beispielhaft auf den **Industriekontenrahmen.**

Der Industriekontenrahmen des Bundesverbandes der deutschen Industrie von 1971 soll Richtlinie und Anregung zur übersichtlichen Gestaltung des Rechnungswesens in Industrieunternehmen sein. Wie bei vielen Vorschlägen zuvor steht die klare Trennung der Aufwands- und Ertragsrechnung von der Kosten- und Leistungsrechnung im Vordergrund.

Industriekontenrahmen

Der Industriekontenrahmen umfaßt die folgenden *Kontenklassen:*

Kontenklassen

– Aktive Bestandskonten
  Kontenklasse 0: Sachanlagen und immaterielle Anlagenwerte
  Kontenklasse 1: Finanzanlagen und Geldkonten
  Kontenklasse 2: Vorräte, Forderungen und aktive Rechnungsabgrenzung
– Passive Bestandskonten
  Kontenklasse 3: Eigenkapital, Wertberichtigungen und Rückstellungen
  Kontenklasse 4: Verbindlichkeiten und passive Rechnungsabgrenzung
– Erfolgskonten
  Kontenklasse 5: Erträge
  Kontenklasse 6: Material- und Personalaufwendungen, Abschreibungen und Wertberichtigungen
  Kontenklasse 7: Zinsen, Steuern und sonstige Aufwendungen
– Eröffnungs- und Abschlußkonten (Kontenklasse 8)

Die Kontenklassen werden in enger Anlehnung an das aktienrechtliche Gliederungsschema des Jahresabschlusses *in Kontengruppen* unterteilt. Die tatsächliche Tiefe der Untergliederung hängt von den spezifischen Verhältnissen im einzelnen Unternehmen ab.

Kontengruppen

Bevor mit der Detailanalyse begonnen wird, sind drei Feststellungen zu treffen:

Stromgrößen, Bestandsgrößen

– *Zahlungen sind Stromgrößen.* Daher sind grundsätzlich alle *Bestandsgrößen* der Kontenklassen 0–4 für die Analyse *irrelevant.* Zu untersuchen sind vielmehr die Veränderungen auf den Konten. Ausnahmen stellen nur die finanzwirtschaftlich relevanten, in der Buchhaltung erfaßten *Vermögensreserven* dar. Sie ergeben sich zu Beginn des Planungszeitraumes als Bestände insbesondere der folgenden Konten:

– Kassenbestand, Guthaben bei der Bundesbank und bei Postscheckämtern (Kontengruppe 15)
– Guthaben bei Kreditinstituten (Kontengruppe 16)
– Scheckbestände (Kontengruppe 14)
– Besitzwechsel (Kontengruppe 13)
– evtl. noch: Wertpapiere des Umlaufvermögens (Kontengruppe 17)

> **Übungsaufgabe 3.5**
> Wie werden Zahlungsströme in der Finanzbuchhaltung erfaßt? Welche Probleme ergeben sich hieraus für die Analyse von Zahlungsströmen?

Veränderungen der Soll-Seite und Haben-Seite

– Zur Erfassung der Ausgaben- und Einnahmenströme gehört die *Trennung der Bestandsveränderungen auf der Soll-Seite und der Haben-Seite jedes einzelnen Kontos.* Eine Zunahme der Forderungen aus Lieferungen und Leistungen (Kontengruppe 24) z. B. signalisiert, daß ein Teil der Umsatzerlöse der Periode nicht als Einnahme zugegangen ist. Eine Abnahme hingegen bedeutet, daß Umsätze dieser oder vergangener Perioden in der laufenden Periode zu einer Einnahme geführt haben.

Nicht zahlungswirksame Vorgänge

– Soweit eine Forderung uneinbringlich wird, erfolgt eine *Wertberichtigung (Abschreibung)*. Ein Zahlungsvorgang ist mit dieser Bestandsminderung nicht verbunden. Entsprechendes gilt für Zuschreibungen (z. B. bei Forderungen in fremder Währung). Auch hier ist mit der Wertberichtigung nach oben keine Zahlung verbunden. Nur wenn ein Zahlungseingang entsteht, der höher ist als der gebuchte Forderungsbestand (z. B. Zahlungseingang in fremder Währung ohne vorherige Zuschreibung), liegt eine Zahlungsbewegung vor, die nicht nur erfolgswirtschaftlich (als außerordentlicher Ertrag), sondern auch finanzwirtschaftlich (als Einnahme) relevant ist.

Die folgende tabellarische Übersicht *(Tab. 7)* zeigt die Korrektur der Forderungen aus Lieferungen und Leistungen nochmals im Zusammenhang.

Analog zu der Behandlung der Forderungen sind auch alle anderen Konten der Finanzbuchhaltung daraufhin zu untersuchen, welche Zugänge und welche Abgänge mit Zahlungsbewegungen verbunden sind. Die Gliederung orientiert sich an den Kontengruppen des Industriekontenrahmens.

Zunahme der Forderungen (24, Soll)[4] ./. Zuschreibung zu Forderungen (56, Haben) + Erträge aus dem Eingang von Forderungen (59, Haben; soweit zurechenbar)	Abnahme der Forderungen (24, Haben) ./. Abschreibungen auf Forderungen (68, Soll; soweit zurechenbar)
Kapitalbindung (weder Einnahmen noch Ausgaben der Periode)	Einnahmen der Periode

Tab. 7: *Erfassung von Forderungen aus Lieferungen und Leistungen*

0 Sachanlagen und immaterielle Anlagenwerte[5]		Kontenklasse 0
Zunahme (Soll) ./. Zuschreibungen (559, Haben) ./. aktivierte Eigenleistungen (52, Haben) ./. Zunahme der entsprechenden Verbindlichkeiten (43 o. 48, Haben) + Abnahme der entsprechenden Verbindlichkeiten (43 o. 48, Soll) ./. Umbuchungen (Konto des Umlaufvermögens, Haben) + Zunahme der entsprechenden, geleisteten Anzahlungen (08, Soll) ./. Abnahme der entsprechenden, in der Vorperiode geleisteten Anzahlungen (08, Haben)	Abnahme (Haben) + Erträge aus dem Abgang von Anlagegegenständen (550–558, Haben) ./. Abschreibungen (66, Soll) ./. Umbuchungen (Konto des Umlaufvermögens, Soll) ./. Zunahme der korrespondierenden Forderungen (24 o. 27, Soll) + Abnahme der entsprechenden Forderungen (24, 27, Haben) ./. Verluste bei Anlagenabgang (69, Haben; soweit zurechenbar)	
Ausgaben für Investitionen im Leistungsbereich	Einnahmen aus der Desinvestition von Sachvermögen	

Tab. 8: *Ermittlung von Zahlungsbewegungen aus den aktiven Bestandskonten der Kontenklasse 0*

---

[4] Die in Klammern angegebenen Nummern bezeichnen das jeweilige Konto des Industriekontenrahmens.
[5] Alle Berechnungen incl. MWSt., da die MWSt als Bestandteil des Kauf- bzw. Verkaufspreises zahlungsrelevant ist! Ausstehende Einlagen auf das Grund- oder Stammkapital stellen eine Korrekturposition zur Passivseite dar und werden nur bei einer Abnahme (Haben) als Einnahmen zahlungsrelevant.

Die in *Tab. 8* dargelegte Analyse der Bestandszugänge und Bestandsabgänge der Kontenklasse 0 ist im einzelnen auf die folgenden Kontengruppen anzuwenden:

01 Grundstücke mit Geschäftsbauten
02 Grundstücke mit Wohnbauten
03 Grundstücke ohne Bauten
04 Bauten
05 Maschinen und maschinelle Anlagen
06 Betriebs- und Geschäftsausstattung
07,
09 Sonstige

Kontenklasse 1

In analoger Vorgehensweise erhält man aus der Analyse der Kontenklasse

1 Finanzanlagen und Geldkonten:[6]
– Ausgaben für Investitionen im Finanzbereich
– Einnahmen aus der Desinvestition von Finanzvermögen

Es handelt sich um die Kontengruppen:[7]
10 Beteiligungen
11 Wertpapiere des Anlagevermögens
12 Langfristige Ausleihungen
17 Wertpapiere des Umlaufvermögens

Kontenklasse 2

Die Ausgaben für Material können aus den entsprechenden Kontengruppen der Kontenklasse

2 Vorräte, Forderungen und aktive Rechnungsabgrenzung[8]

abgeleitet werden.

Der Kontenrahmen differenziert in:[9]
20 Roh-, Hilfs- und Betriebsstoffe
21 Unfertige Erzeugnisse
22 Fertige Erzeugnisse, Waren

---

[6] Alle Berechnungen incl. MWSt.!
[7] Die Positionen
   16 Guthaben bei Kreditinstituten und
   15 Kassenbestand
dürfen nicht erfaßt werden, da die Zahlungsbewegungen gerade spiegelbildlich zu den Zahlungsmittelkonten erhoben werden sollen. Die Positionen
   13 Besitzwechsel und
   14 Schecks
müssen im Rahmen der Korrektur durch Forderungen berücksichtigt werden. Die Aktiengesellschaften vorbehaltenen Positionen
   18 eigene Aktien und
   19 Anteile an verbundenen Unternehmen
erfordern keine gesonderte Behandlung.
[8] Alle Berechnungen incl. MWSt.!
[9] Zugänge bei Konto 23 (geleistete Anzahlungen) sind bereits als Ausgabe für Anzahlungen erfaßt, Abnahmen sind nicht zahlungsrelevant.
Die Positionen 24–27 dienen als Forderungen der Korrektur anderer Positionen.
Position 28 (sonstige Vermögensgegenstände) ist nach den spezifischen Verhältnissen

Eine Abnahme (Haben) signalisiert bei diesen Konten in der Regel keine Einnahme. In Industrieunternehmen bedeutet eine Abnahme der Vorräte zunächst nur, daß sie in den Produktionsprozeß eingegangen sind. Da die korrespondierenden Einnahmen erst im Zusammenhang mit dem Umsatzprozeß erfolgen, ist es zweckmäßig, sie direkt aus den Umsatzerlösen (Kontengruppe 50) abzuleiten.

> **Übungsaufgabe 3.6**
> Erläutern Sie bitte, wie die Ausgaben für Roh-, Hilfs- und Betriebsstoffe aus der Finanzbuchhaltung abgeleitet werden können.

Die Kontengruppen der Kontenklasse   *Kontenklasse 3*

3 Eigenkapital, Wertberichtigungen und Rückstellungen

bedürfen nur in geringem Umfange der Korrektur.

Eine Zunahme der Eigenkapital-Positionen (Kontengruppen 30 bis 33, Haben, ohne einbehaltene Gewinne) bedeutet eine Einnahme aus Kapitalaufnahme. Eine Abnahme erfolgt in der Regel, wenn buchtechnisch Verluste ausgeglichen werden müssen. Sie entspricht also keiner Zahlungsbewegung.

Eine Zunahme (Haben) der Kontengruppen[10]
34 Sonderposten mit Rücklageanteil
38 Pensionsrückstellungen
39 andere Rückstellungen

korrespondiert mit keiner Zahlungsbewegung, eine Abnahme (Soll) ist durch den Abzug der Auflösungserträge (Kontengruppen 57, 58, Haben) zu korrigieren und spiegelt eine entsprechende Ausgabe (z. B. Pensionszahlung) wider.

Die Kontenklasse   *Kontenklasse 4*

4 Verbindlichkeiten und passive Rechnungsabgrenzungsposten

umfaßt insbesondere die Kontengruppen:[11]
40 Anleihen
41 langfristige Bankkredite
42 sonstige langfristige Kredite
45 kurzfristige und mittelfristige Bankkredite
47,
48 sonstiges Fremdkapital

---

im einzelnen Unternehmen zuzuordnen. Die Zunahme aktiver Rechnungsabgrenzung (29, Soll; ohne Bilanzverlust!) kann unter sonstigen Ausgaben erfaßt werden. Eine Abnahme stellt keine Zahlungsbewegung dar.

[10] Die Positionen 35–37 (Wertberichtigungen) können in der Regel vernachlässigt werden, da in der Praxis die direkte Abschreibung die Regel ist.

[11] Die Positionen 43, 44 (Verbindlichkeiten aus Lieferungen und Leistungen, Schuldwechsel) werden nicht hier, sondern als Korrekturposten bei anderen, Zahlungen signalisierenden Veränderungen erfaßt.
46 (erhaltene Anzahlungen) dient der Korrektur der Umsatzerlöse (vgl. dort).
Die Zunahme der passiven Rechnungsabgrenzung (49, Haben; ohne Bilanzgewinn!) kann unter „sonstige Einnahmen" erfaßt werden. Eine Abnahme (49, Soll) bedeutet keine Zahlungsbewegung.

102 3. Kapitel: Technik der Finanzplanung

Von Besonderheiten bei der Bilanzierung von Währungsverbindlichkeiten abgesehen, kann jede Zunahme dieser Konten (Haben) unmittelbar als „Einnahme aus Fremdkapitalaufnahme" und jede Abnahme (Soll) als „Ausgabe für Fremdkapitaltilgung" übernommen werden.

Damit ist die Diskussion der Bestandskonten abgeschlossen. Zu erfassen sind noch die bisher nicht berücksichtigten Aufwands- und Ertragskonten der Kontenklassen 5 bis 7.

Kontenklasse 5

Die wichtigste Kontengruppe der Kontenklasse

5 Erträge

stellen die

Umsatzerlöse (Kontengruppe 50) dar.

Tab. 9 zeigt die Ableitung der Umsatzeinnahmen aus den Umsatzerlösen.

Umsatzerlöse (50, Haben)
./. Erlösberichtigungen, insbesondere Skonti und Rabatte (50, Soll)
./. Zunahme der Forderungen aus Lieferungen und Leistungen (24, Soll)
+ Abnahme der Forderungen aus Lieferungen und Leistungen (24, Haben)
+ Zunahme der entsprechenden, erhaltenen Anzahlungen (46, Haben)
./. Abnahme der entsprechenden, in der Vorperiode erhaltenen Anzahlungen (46, Soll)
Umsatzeinnahmen

Tab. 9: Ableitung von Umsatzeinnahmen aus Umsatzerlösen der Kontengruppe 50[12]

Die Positionen
530   Erträge aus Gewinngemeinschaften
531   Erträge aus Beteiligungen
532   Erträge aus Finanzanlagen
54   sonstige Zinsen und ähnliche Erträge
erfassen im Haben unmittelbar die entsprechenden Einnahmenarten. Soweit notwendig, sind sie wie oben durch Forderungszugänge bzw. Forderungsabgänge zu korrigieren.

Sonstige Erträge (59, Haben) können in sonstige Erträge des Leistungsbereiches, z. B.
– aus der Veräußerung von Patenten
– aus der Vergabe von Lizenzen
– aus dem Verkauf von Abfallstoffen
– aus Steuererstattungen
und in Erlöse des neutralen Bereiches, z. B.
– aus der Vermietung von Wohnungen
unterschieden werden. Auch diese Erträge entsprechen in der Regel Einnahmen der Perioden, müssen aber gegebenenfalls durch korrespondierende Forderungszugänge und Forderungsabgänge korrigiert werden.

---

[12] Alle Berechnungen erfolgen im Finanzbereich incl. MWSt.!

Die meisten Aufwandsarten der Kontenklasse　　　　　　　　　　Kontenklasse 6

6 Material- und Personalaufwendungen, Abschreibungen und Wertberichtigungen

wurden bereits bei der Korrektur der Bestandskonten erfaßt.[13]

Die verbleibenden Aufwendungen für
- Löhne (620, Soll)
- Gehälter (621, Soll)
- soziale Abgaben (63, Soll)
- sonstiges (65, Soll)

entsprechen üblicherweise exakt den jeweiligen Ausgaben der Periode, können also unmittelbar übernommen werden.

Nur die Aufwendungen für Altersversorgung und Unterstützung (64, Soll) sind korrekturbedürftig: die Zuführungen zu den Pensionsrückstellungen (6400, Soll) sind in Abzug zu bringen.[14]

Auch die in der Kontenklasse　　　　　　　　　　　　　　　　　　　Kontenklasse 7

7 Zinsen, Steuern und sonstige Aufwendungen[15]

erfaßten Aufwendungen entsprechen üblicherweise exakt den jeweiligen Ausgaben der Periode. Auszunehmen ist lediglich die bereits erfaßte Position 74 „Einstellungen in Sonderposten mit Rücklageanteil".

Es ergeben sich somit die folgenden Aufwands- bzw. Ausgabenarten:

Ausgaben (Aufwendungen) für Leistungen Dritter, wie
- Ausgangsfrachten, Werbematerial im Vertriebsbereich (77, Soll)
- Mieten, Versicherungen, Post-, Telefon- und Fernschreibkosten, u. ä. (78, Soll)
- Inanspruchnahme von Rechten, wie Mieten, Pachten, Lizenzgebühren (76, Soll)
- sonstiges (78, Soll).

Ausgaben (Aufwendungen) für Steuern
- Steuern vom Einkommen, vom Ertrag und vom Vermögen (71, Soll)
- sonstige Steuern und Lastenausgleichsvermögensabgabe (72, Soll) insbesondere Mehrwertsteuervorauszahlungen.

Ausgaben (Aufwendungen) für Finanzierung
- Zinsen und ähnliche Aufwendungen (70, Soll).

Sonstige Ausgaben (Aufwendungen des Leistungsbereiches)
(75, Soll)

Ausgaben (Aufwendungen) des neutralen Bereiches
- Spenden u. ä. (78, Soll).

---

[13] Zu nennen sind die Positionen 66 bis 69 der Wertberichtigungen und Abschreibungen. Zu den Materialaufwendungen (Position 60) vgl. S. 100 f.
[14] Pensionszahlungen zu Lasten der Rückstellungen wurden oben berücksichtigt (Position 38).
[15] Alle Berechnungen incl. MWSt.!

Transformations-regeln

Damit sind alle Konten des Industriekontenrahmens erfaßt und getrennt nach den Bewegungen auf der Soll-Seite und der Haben-Seite jeder einzelnen Kontengruppe daraufhin untersucht, inwieweit sie mit Zahlungsbewegungen zusammenhängen. Die Übersicht macht deutlich, daß der *Transformationsvorgang folgenden Regeln folgt:*

(1) *Identifikation* der Zahlungen verursachenden Kontenbewegungen.
(2) *Korrektur* der Kontenbewegungen, wenn *rein erfolgswirtschaftliche* Buchungen vorliegen.
(3) *Korrektur* der Kontenbewegungen, wenn Zahlungen *vor* den entsprechenden Güterbewegungen erfolgen (Anzahlungen).
(4) *Korrektur* der Kontenbewegungen, wenn die Güterbewegung der Zahlungsbewegung *zeitlich vorgelagert* ist (Forderungen, Verbindlichkeiten).

Überprüfung der Vollständigkeit und Richtigkeit

Die Vollständigkeit und Richtigkeit der abgeleiteten Ausgaben- und Einnahmenrechnung kann leicht *überprüft* werden, indem man die Summe der Ausgaben und Einnahmen den Umsätzen der Zahlungsmittelkonten gegenüberstellt. Hierzu sind allerdings vorweg Buchungen zwischen den Zahlungsmittelkonten zu eliminieren.

Selbstverständlich ist die skizzierte Ableitung von Ex-Post-Zahlungen aus der Finanzbuchhaltung aufwendig und bei großem Datenanfall möglicherweise nicht praktikabel. In Großunternehmen werden daher oft Zahlungsströme direkt – außerhalb der Finanz- und Betriebsbuchhaltung – z. B. durch Erfassung ein- und ausgehender Rechnungen ermittelt.

Die Positionen der so gewonnenen Roh-Finanzrechnung sind den Bedürfnissen des Finanzleiters entsprechend anzuordnen und gegebenenfalls zu erweitern. Hierauf wird insbesondere in Abschnitt 3 des Kapitels eingegangen. Die resultierende Ist-Übersicht über Zahlungsströme ist notwendige Voraussetzung für die Finanzkontrolle, und liefert zugleich Ausgangsinformationen für eine Finanzprognose.

1.2 Vorpläne

Der *„einsame Finanzplaner"*, der isoliert auf Basis von Vergangenheitsdaten zukünftige Entwicklungen prognostiziert, ist *weder Vorbild noch typisch* für die Realität. In der Regel strebt er an, das spezifische Know-how z. B. des Absatzbereiches für eine Verbesserung der Finanzprognose nutzbar zu machen.

1.2.1 Erfolgswirtschaftliche Vorpläne

Die Bemühungen des Finanzleiters beziehen sich in der zukunftsgerichteten Sicht zunächst auf die **Gewinnung und Veranlassung von Vorschauinformationen anderer Bereiche.**

Die notwendige Transformation der Ausgangsinformationen in prognostizierte Einnahmen und Ausgaben schließt sich daran an.

Wie der Begriff „Vorpläne" anderer Bereiche bereits signalisiert, erfolgt also die typische finanzwirtschaftliche *Planung sukzessiv*. Ansätze zur simultanen Optimierung der Plansätze aller Bereiche konnten sich bisher in der Praxis nicht durchsetzen.

Sukzessiver Planungsprozeß

Da der *Finanzplan am Ende des Planungsprozesses* steht, ist der Finanzplaner in besonderer Weise daran interessiert, daß die zur Verfügung stehenden Vorpläne möglichst exakt sind. Die inhaltliche und zeitliche Präzision der Vorpläne sollte daher dem erforderlichen Präzisionsgrad des Finanzplanes entsprechen. Da die Prognosesicherheit mit zunehmendem Planungshorizont abnimmt, ist dem Finanzleiter insbesondere daran gelegen, daß Pläne mit größerem Planungshorizont nicht starr, sondern flexibel sind, also an veränderte Umweltbedingungen angepaßt werden können.

Flexible Planung

Für die Erstellung des globalen Finanzplanes sind *nicht alle* erfolgswirtschaftlichen Vorpläne *von gleicher Relevanz*. Tatsächliche Zahlungsbewegungen entstehen nur, wie einleitend gezeigt wurde, durch den Leistungsaustausch mit der Umwelt. Da Lagerpläne und Produktionspläne nahezu ausschließlich unternehmensinterne Wertbewegungen abbilden, können sie in der Regel vernachlässigt werden.

Die **wichtigsten Planungsunterlagen** finden sich deshalb im

- *Absatzplan*
- *Investitionsplan*
- *Beschaffungsplan*
- *Personalplan*

Der **Absatzplan** erfaßt, differenziert nach Produktarten oder Produktgruppen, die geplanten Absatzmengen. Durch die ergänzende Preisplanung wird er zum Umsatzplan.

Umsatzplan

Seine Präzision hängt insbesondere davon ab,
- wie hoch der *Auftragsbestand* des Unternehmens ist, inwieweit also der Absatz bereits vertraglich gesichert ist und
- inwieweit präzise *Marktanalysen* und Bedarfsanalysen vorgenommen werden.

Allerdings ist das Bedürfnis nach zeitlicher Präzision bei der Umsatzplanung eher gering. Kurzfristige Schwankungen können in den meisten Branchen durch Absatzlager ausgeglichen werden. Der Erfolg der Absatzbemühungen wird primär am Jahresumsatz gemessen. Der Finanzplaner muß daher unter Umständen mit erheblichen Abweichungen der Monatswerte rechnen.

Der **Beschaffungsplan** erfaßt alle für die Produktion bereitzustellenden Verbrauchsgüter nach Menge und Preis. Da Veränderungen des Absatzes häufig erst mit erheblicher zeitlicher Verzögerung, gedämpft durch Lagerveränderungen und Produktionsanpassung, eine Veränderung der Bestellmengen veranlassen, kann eine relativ exakte Prognose der *Bestellmengen* erwartet werden.

Beschaffungsplan

Weit schwieriger ist die Prognose der fremdbestimmten *Preise,* die zudem eine erfolgswirtschaftlich motivierte kurzfristige Erhöhung oder Verminderung der Bestellmengen veranlassen können.

Personalplan

Geringe Probleme wirft der **Personalplan** auf, da mit der Feststellung des Personalbedarfs auch die exakten Zeitpunkte und, wenn man von bevorstehenden Tarifverhandlungen oder möglichen Beitragsveränderungen in der Sozial- und Krankenversicherung absieht, auch die Höhe der erforderlichen Zahlungen exakt bestimmt ist.

Investitionsplan

Am unzuverlässigsten sind in der Finanzplanungspraxis die Informationen des **Investitionsplanes.** Nicht nur der Umfang, sondern auch die zeitliche Durchführung von Investitionsprojekten weichen häufig von den Plandaten erheblich ab. Die üblichen Verzögerungen und Verteuerungen von Investitionsprojekten müssen bei der Finanzplanung Berücksichtigung finden.

Die Diskussion der exemplarisch herausgegriffenen Vorpläne wirft drei für den Finanzplaner äußerst *wichtige Fragen* auf:
- Wie *zuverlässig* sind die Informationen der Vorpläne? Hiervon hängt die notwendige Höhe der Liquiditätsreserven ab.
- *Wann* verursachen die ausgewiesenen Erfolgsströme Ausgaben und Einnahmen? Hiervon hängt insbesondere die Höhe des Finanzbedarfes ab.
- Welche *Finanzierungsmaßnahmen* werden von den Plänen der operativen Abteilungen ausgelöst? Hiervon hängen die Ausgaben und Einnahmen ab, die vom Finanzleiter veranlaßt werden müssen.

1.2.2 Finanzwirtschaftliche Vorpläne

Die *Finanzplanung ist nicht lediglich ein „Anhängsel"* der erfolgsorientierten Vorpläne, sondern ein Gegenstand eigenständiger Planungsanstrengungen. Erst dadurch wird es möglich, in hochentwickelten Planungssystemen eine **integrierte Finanz- und Erfolgsplanung** anzustreben.[16]

Identische Ausgangs- informationen

Beide Pläne fußen auf der *Mengenplanung* und benötigen in gleicher Weise die *Preisplanung.* Eine Trennung findet daher erst bei internen Verrechnungsvorgängen und der Verteilung der Zahlungen auf Aufwands- und Ertragspositionen statt. Gesondert zu planen sind allerdings erfolgsunwirksame *(reine) Zahlungsvorgänge.*

Die integrierte Planung stellt eine wirtschaftliche Lösung des Informationsproblems dar. Die bei getrennter Finanz- und Erfolgsplanung notwendigerweise auftretenden *Doppelarbeiten werden vermieden.*

Neben seiner Wirtschaftlichkeit weist dieser Ansatz insbesondere folgende *Vorzüge* auf:

---

[16] Zur integrierten Finanz- und Erfolgsplanung vgl. CHMIELEWICZ, K.: Finanz- und Erfolgsplanung, a.a.O., sowie CHMIELEWICZ, K.: Betriebliches Rechnungswesen, Band 1: Finanzrechnung und Bilanz, Band 2: Erfolgsrechnung, Reinbek bei Hamburg, 1973.

„– Die Instanz einer integrierten Erfolgs- und Finanzplanung hat als *Monopolist der Informationssammlung* eine stärkere *Machtposition* bei der Informationsgewinnung. Sie hat damit höhere Chancen, die Informationen vollständig zu erfassen, soweit dies bei Planungsinformationen überhaupt möglich ist.

– Ein integrierter Ansatz bietet als *zielbezogenes, systematisches Konzept* eher die Möglichkeit, die gewünschten Informationen *überschneidungsfrei* zu gewinnen und darzustellen.

– Da eine integrierte Rechnung die Zahlungs- und Erfolgsströme *interdependent* erfaßt, eröffnet sie die Gelegenheit, wechselnde Situationen leichter auf ihre Liquiditäts- und Erfolgswirkung ‚durchzuspielen'. Sie kann *leichter aktualisiert* werden. Sie erlaubt *Simulation auf quasi-optimale Lösungen hin* und erleichtert damit die Allokationsprozesse. Sie kann als *Schubladen- oder Alternativplanung* vorgelegt werden.

– Die integrierte Finanz- und Erfolgsplanung ist *systematisch kontrollierbar*. Da alle Zahlungen in das abstimmungsbedürftige und abstimmungsfähige Buchhaltungs- und Kontierungssystem einbezogen sind, kann die Kontrolle des Finanzplanes *lückenlos und rechnerisch abgestimmt* erfolgen. Die bei getrennter Planung üblichen, sogenannten ‚statistischen' Nebenrechnungen unterliegen demgegenüber der strengen Verläßlichkeitskontrolle nicht."[17]

Es darf aber nicht übersehen werden,
– daß der erforderlich hohe Entwicklungsstand des Rechnungswesens in der Realität *selten* gegeben ist und
– daß die strenge *Trennung* von Liquiditäts- und Erfolgsargument *gerade erwünscht* sein kann. Der latente Konflikt zwischen der eher treibenden erfolgswirtschaftlichen und eher bremsenden finanzwirtschaftlichen Sichtweise wird als organisatorischer Konflikt offen ausgetragen.

Übungsaufgabe 3.7
Stellen Sie bitte die wichtigsten Vorteile und Nachteile der integrierten Erfolgs- und Finanzplanung einander tabellarisch gegenüber.

Empirische Befunde sprechen dafür, daß die *Praxis* der *Trennung von Erfolgs- und Finanzplanung* den Vorzug gibt.

Bei eigenständiger Finanzplanung bemüht sich der Finanzleiter, die **operativen Bereiche** des Unternehmens zur Erstellung finanzwirtschaftlicher Vorpläne zu veranlassen. Zu erfassen sind alle Ausgaben und Einnahmen verursachenden Vorgänge nach
– *Art* des Vorgangs
– *Zeitpunkt* des Beschaffungs- oder Absatzaktes
– bestellte oder abgesetzte *Menge*
– *Preis* der Menge.

---

[17] HAUSCHILDT, J.: Entwicklungsschritte auf dem Weg zu einer integrierten Erfolgs- und Finanzplanung, in: Schriftenreihe des Österreichischen Forschungsinstitutes für Sparkassenwesen, Heft 1, 1974, S. 7 f.

Sofern die operativen Stellen auch für die Verhandlungen über Zahlungskonditionen mit Abnehmern und Lieferanten zuständig sind, können dort bereits originäre Daten für den Finanzplan erfragt werden:
- Zeitpunkt der Zahlung
- Höhe der Zahlung.

In diesem – aus Sicht der Finanzleitung optimalen – Fall beschränkt sich die finanzwirtschaftliche Planungsaufgabe auf die *Analyse der Zuverlässigkeit der Vorpläne* und auf die eigenständige *Prognose der finanziellen Reserven*.

Zusammenfassung

Zusammenfassend kann festgestellt werden, daß die Finanzplanung durch das Heranziehen von Vorplänen in drei wichtigen Punkten gegenüber der Finanzplanung auf der Grundlage von Buchhaltungsdaten *verbessert* werden kann:
- Die in operativen Bereichen vorhandene spezifische *Kenntnis* der Situation auf unterschiedlichen Märkten wird genutzt. Die Berücksichtigung von Umweltkonstellationen trägt zu einer Verbesserung der Prognose fremdbestimmter, finanzwirtschaftlich relevanter Daten bei.
- Alle Planelemente, die bisher lediglich als Absichten und *„Vorhaben"* der operativen Abteilungen vorliegen, also von der Finanzabteilung aus eigenem Wissen nicht berücksichtigt werden können, finden ihren Niederschlag in Vorplänen.
- Die Vorpläne lassen eine weitergehende *Differenzierung* der Zahlungen nach organisatorischen Bereichen des Unternehmens zu. Dies ist Voraussetzung für eine Feinsteuerung von Ausgaben und Einnahmen.

> **Übungsaufgabe 3.8**
> Welche Vorteile ergeben sich für die Finanzplanung, wenn nicht nur auf Daten der Buchhaltung, sondern auch auf Vorpläne zurückgegriffen werden kann?

2. Informationsverarbeitung

An die Feststellung der verfügbaren Informationsquellen schließt sich im Planungsprozeß die Informationsverarbeitung an. Die verfügbaren (erfolgswirtschaftlichen) Informationen werden in Planausgaben und Planeinnahmen umgesetzt.

Anknüpfend an die Ausführungen im 2. Kapitel zur „Finanzplanung als Führungsinstrument" stellt sich dem Finanzplaner die *Prognoseaufgabe* wie folgt dar:
- *Wer* (organisatorische Stelle) wird
- *wann* (Zeitpunkt)
- *wofür* (Zweckwidmung) Ausgaben und Einnahmen
- *in welcher Höhe* (Betrag) verursachen.

Die Frage nach dem „Wer" wird zunächst zurückgestellt, da sie eine verursachungsgerechte Zurechnung von Ausgaben und Einnahmen auf die organisatorische Stelle notwendig macht. Dieses in der Finanzplanungsdiskussion bis heute vernachlässigte Problem wird in Teil 3 dieses Kapitels unter dem Aspekt der Informationsverwertung behandelt.

Die *konkrete Aufgabe des Finanzplaners* besteht darin,
- auf der Grundlage von Zahlungen in der Vergangenheit zukünftige Zahlungsbewegungen zu prognostizieren bzw.
- vorliegende Informationen über zukünftige Güter- und Erfolgsbewegungen in Zahlungsbewegungen zu transformieren.

Der inhaltlichen Bestimmung des Prognoseproblems und der Überprüfung der erreichten Planungspräzision dient die **vorbereitende Informationsanalyse.**

2.1 Informationsanalyse

Die Informationsanalyse wird mit Hilfe von *Daten der Vergangenheit* vorgenommen. Sie setzt zunächst an den Ist-Daten der Buchhaltung an und wird durch eine Gegenüberstellung der Plan- und Ist-Daten vergangener Perioden erweitert.

2.1.1 Bestimmung „kritischer" Planungsbereiche auf der Basis von Vergangenheitsdaten

In der in Abschnitt 1 beschriebenen Weise können, soweit originäre Ausgaben- und Einnahmenrechnungen nicht vorliegen, aus dem Rechnungswesen

110 3. Kapitel: Technik der Finanzplanung

tabellarische Übersichten der Zahlungsströme abgeleitet werden. Sie zeigen die historische Entwicklung der Ausgaben- und Einnahmenarten.

Kritische Zahlungsströme

Die Ist-Analyse soll die **Identifikation kritischer Zahlungsströme** ermöglichen. Zahlungsströme sind kritisch, wenn

- sie von *großer Bedeutung* für die gesamte Ausgaben- und Einnahmenstruktur des Unternehmens sind und
- besonders *großen, schwer erklärbaren Schwankungen* unterliegen.

Wichtige Zahlungsströme

Die Feststellung, welches die wichtigsten Zahlungsströme des Unternehmens sind, bereitet in der Praxis keine Schwierigkeiten. Hierzu ist nur der prozentuale Anteil der Ausgaben- oder Einnahmenart am gesamten Ausgaben- bzw. Einnahmenvolumen zu errechnen. Die *wichtigsten Zahlungsarten* sind in der Regel:

- Materialausgaben (bzw. Warenausgaben)
- Investitionsausgaben
- Personalausgaben
- Ausgaben für Zinsen und Tilgung
- Umsatzeinnahmen
- Einnahmen aus der Aufnahme von Eigen- und Fremdkapital
- Steuereinnahmen und Steuerausgaben.

Schwankungen von Zahlungsströmen

Eine Analyse der Schwankungen von Zahlungen im Zeitablauf vermittelt erste Aufschlüsse darüber, wo besondere Prognoseprobleme zu erwarten sind. Zunächst sind jene Zahlungsströme zu isolieren, die in den Planmonaten nur *geringen Schwankungen* unterliegen. In der Regel dürften dies sein:

- Personalausgaben (unter Berücksichtigung von Urlaubsgeldern, Weihnachtsgeldern und ähnlichen Ausgaben zu besonderen Anlässen)
- Mieten und Pachten
- Zins- und Tilgungszahlungen.

Vertraglich vereinbarte Zahlungen

Kennzeichnend für Zahlungsströme dieser Art ist, daß sie auf *vertraglichen Vereinbarungen* beruhen, die Höhe und Zeitpunkt der Zahlungen exakt (oder in vereinbarten Toleranzen) festlegen.

Wesentlich komplexer ist die Vorschau auf Zahlungen, die *starken Schwankungen* unterliegen. In der Praxis fallen hierunter insbesondere die *Umsatzeinnahmen*.

Tabellarische Analyse

Eine erste Analyse der Schwankungen kann mit Hilfe einer Tabelle vorgenommen werden, in der die Zahlungsarten, ihr relativer Anteil und ihre Schwankungsbreite aufgeführt werden. Die Stärke der Schwankungen kann z. B. näherungsweise als *durchschnittliche prozentuale Abweichung der Zahlungen vom monatlichen Mittelwert* ausgedrückt werden. Der errechnete Schwankungswert der Gesamtausgaben bzw. Gesamteinnahmen gibt Auskunft über kritische Zahlungsarten. Ein Beispiel ist – beschränkt auf die wichtigsten Zahlungsarten – in *Tab. 10* dargestellt.

In diesem stark verkürzten und vereinfachten Beispielsfall ergibt die Ist-Analyse, daß sich die Finanzprognose insbesondere auf Umsatzeinnahmen, Einnahmen aus Kapitalaufnahme und Materialausgaben konzentrieren muß.

	relativer Anteil der Zahlungsart in % der Gesamtausgaben bzw. Gesamteinnahmen	durchschnittliche monatliche Schwankungsbreite in %	verursachte Schwankung der Gesamtausgaben bzw. Gesamteinnahmen in %
Umsatzeinnahmen	70%	30%	21%
Einnahmen aus Kapitalaufnahme	20%	40%	8%
Materialausgaben	20%	30%	6%
Investitionsausgaben	10%	40%	4%
Personalausgaben	40%	5%	2%
Ausgaben für Zinsen und Tilgung	20%	0%	0%

Tab. 10: *Beispiel für die Analyse von Ist-Daten der Buchhaltung*

Zur Verfeinerung kann geprüft werden, ob

- *saisonale Schwankungen* der Zahlungsströme zu beobachten sind,
- Schwankungen zum Teil (z. B. bei Einnahmen aus Kapitalaufnahme) durch *Sonderfaktoren* (z. B. Finanzierung einer einmaligen Erweiterungsinvestition) erklärt werden können und
- ob Veränderungen überwiegend in der *Gütersphäre* oder in den *Zahlungsgewohnheiten von Kunden* bzw. des Unternehmens selbst begründet sind.[18]

Der Überprüfung der bisher erreichten Prognosegenauigkeit dient die Gegenüberstellung der Ist-Daten mit den jeweiligen Plan-Daten der Periode.[19]

Verfeinerte Analyse

> **Übungsaufgabe 3.9**
> Welche für die Finanzplanung wichtigen Informationen können durch die Analyse von Istdaten gewonnen werden?

2.1.2 Bestimmung „kritischer" Planungsbereiche aufgrund analytischer Überlegungen

Zunächst ist analog zu der in 2.1.1 skizzierten Vorgehensweise die *erreichte Prognosesicherheit bei einzelnen Zahlungsarten* und die *Relevanz dieser Schwankungen* zu ermitteln. Die Rechnung gibt Auskunft über die erforderliche Höhe der Liquiditätsreserve. Das Prinzip der Wirtschaftlichkeit der

Tabellarische Analyse

---

[18] Die erforderlichen Informationen können aus der Veränderung von Forderungen und Verbindlichkeiten entnommen werden.
[19] Vgl. dazu im 4. Kapitel den Abschnitt 3.4, S. 150 ff.

Angemessenheit der Prognosesicherheit

Finanzplanung könnte schon an dieser Stelle nahelegen, auf eine weitergehende Informationsanalyse zu verzichten, wenn die erreichte Prognosesicherheit als angemessen hoch und die notwendige Liquiditätsreserve als angemessen niedrig betrachtet werden kann.

Die Gefahr dieser Argumentation wird am Beispiel der Umsatzeinnahmen deutlich (vgl. *Abb. 21*):

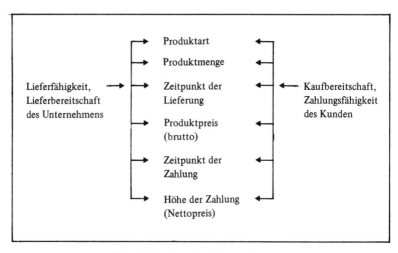

Abb. 21: Analyse der Umsatzeinnahmen

Eine *sichere Finanzprognose* steht unter den folgenden Anforderungen:
– Es muß prognostiziert werden, *welcher Kunde welches Produkt* in *welcher Menge* zu *welchem Zeitpunkt* bestellen wird. Es ist zu prüfen, ob für den jeweiligen Kunden spezifische Preisvereinbarungen bestehen, ob er vor, bei oder nach Lieferung zahlen wird und ob er gegebenenfalls eingeräumte Skonti oder Rabatte in Anspruch nehmen wird.
– Es ist sicherzustellen, daß das Unternehmen die jeweilige *Produktart* in der bestellten *Menge,* zum prognostizierten *Zeitpunkt* tatsächlich liefern kann, und daß es in der Zukunft bereit ist, zum angegebenen *Preis* und zu den spezifischen *Zahlungskonditionen* tatsächlich zu liefern.

Die Prognosesicherheit störende Faktoren können also sowohl im *Unternehmen* (z. B. Produktionsausfall, technische Mängel) als auch im *Absatzmarkt* (z. B. günstigere Angebote eines Konkurrenten, Zahlungsschwierigkeiten des Kunden) begründet sein. Eine bisher erreichte große Treffsicherheit der Finanzprognose kann darauf beruhen, daß durch relativ große Stabilität der internen und externen Rahmenbedingungen Schwächen der Prognosetechnik im Unternehmen nicht aufgedeckt wurden.

Vollständigkeit der Finanzplanung

Die Forderung nach Vollständigkeit in der Finanzplanung umschließt daher nicht nur die Berücksichtigung aller relevanten Zahlungsströme, sondern auch die Erfassung aller wichtigen, die Zahlungsströme beeinflussenden Faktoren. Wichtig sind jene Faktoren, auf die Zahlungsströme *sensibel* reagieren.

Das Ausmaß der Prognoseprobleme ist daher untrennbar mit den spezifischen Verhältnissen im Unternehmen verknüpft. Unternehmen, die an wenige, große Abnehmer liefern, werden von der Verhaltensänderung eines einzelnen Kunden stark betroffen. Unternehmen, die zwar zahlreiche Kunden beliefern, aber nur in einem eng begrenzten Marktsegment tätig sind, sind in besonderem Maße von den Konkurrenzverhältnissen in diesem einzelnen Markt abhängig. Diese Feststellungen gelten analog auch für andere Bereiche des Unternehmens, z. B. für seine Abhängigkeit von bestimmten Rohstoffen.

Finanzwirtschaftlich ist aber nicht nur relevant, wie stark ein *einzelner* Faktor den Zahlungsstrom beeinflußt, sondern auch, ob *kompensierende Effekte* auftreten. In der Werftindustrie z. B. kann angesichts der üblichen langen Zahlungsziele der Wegfall einer Bestellung größere Ausgabensenkungen (z. B. für Material, zusätzliches Personal) als Einnahmesenkungen (z. B. erste Rate des Kaufpreises bei Beginn der Produktion) verursachen. Dieser Vorgang verbessert also – kurzfristig – das finanzielle Ergebnis des Unternehmens.

Zusammenhang zwischen Zahlungsströmen

Die Komplexität der hier diskutierten Zusammenhänge zeigt, daß Finanzplanung – konsequent weiterverfolgt – **letztlich in eine kausale Erklärung aller Vorgänge im Unternehmen mündet.** Da es aber zum einen fraglich ist, inwieweit diese Erklärung noch als spezifisch finanzplanerische Aufgabe betrachtet werden kann und zum anderen die Realisierungschancen solcher hochkomplexer Verfahren eher gering sind, widmet sich der nächste Abschnitt schwerpunktmäßig den leicht zu handhabenden, der Praxis zu empfehlenden Techniken der Finanzprognose und zeigt das Verfahren der Kausalprognose im Überblick.

Kausale Erklärung aller Vorgänge

Übungsaufgabe 3.10
Können Planinformationen auf Vollständigkeit geprüft werden?

2.2 Finanzprognose

Techniken der Finanzprognose sind **Verfahren, die zur Vorhersage zukünftiger Zahlungsbewegungen** herangezogen werden können. Sie lassen sich grob in *pragmatische* Prognosen und *statistisch gestützte* Prognosen unterscheiden.
- *Pragmatische Prognosetechniken* sind heuristische Verfahren, die zur Gewinnung, Systematisierung und Kombination von Prognoseinformationen eingesetzt werden. Ihre Anwendung fußt auf *Erfahrung und Intuition* der planenden Person.
- *Statistisch gestützte Prognosen* können in *extrapolierende* Prognosetechniken, die die zukünftige Entwicklung von Planungsgrößen auf der Basis von Zeitreihen dieser Größen schätzen, und in *kausale* Techniken, die die Entwicklung von Planungsgrößen als Wirkung einer oder mehrerer inhaltlich (und nicht zeitlich) bestimmter Ursachen vorhersagen, unterschieden werden.

Pragmatische Techniken

Dabei schließt die Anwendung der einen Technik den Einsatz der anderen nicht aus. Ihre Einsatzfähigkeit hängt vielmehr von den spezifischen Verhältnissen im jeweiligen Unternehmen, insbesondere von den vorhandenen und zugänglichen Informationen ab.[20]

2.2.1 Pragmatischer Ansatz

Ein pragmatischer Ansatz der Finanzprognose empfiehlt sich insbesondere dann, wenn der Finanzplaner *Informationsanforderungen an andere Bereiche* richten kann.

Er eignet sich sowohl als selbständiges Prognoseverfahren als auch zur Vorbereitung von statistisch gestützten Prognosen.

Eintrittswahrscheinlichkeit von Zahlungen

Dem *Streben* des Finanzleiters *nach Sicherheit* entspricht eine Vorgehensweise, die auf pragmatischem Wege die Eintrittswahrscheinlichkeit von Zahlungen offenlegt. Unsicherheit entsteht dadurch, daß aus der Sicht des Finanzleiters Zahlungsströme von unternehmensinternen (z. B. Investitionsvorhaben) oder unternehmensexternen Dispositionen (z. B. Aufträge von Kunden) abhängig sein können (vgl. *Abb. 21*). Zu identifizieren sind daher zunächst die *sicheren Zahlungen,* deren relativer Anteil Auskunft darüber gibt, in welchem Umfange Prognosebemühungen bei *unsicheren Zahlungen* notwendig sind.

Sichere Zahlungen

Sicher sind insbesondere jene Zahlungen, die, wie bereits in Abschnitt 2.1.1 ausgeführt, *durch vertragliche Vereinbarungen* nach *Höhe* und *Zeitpunkt* festgelegt sind. Hierzu gehören die bereits unter Punkt 2.1.1 erwähnten Zahlungsarten.

Sichere Leistungen

In vielen Fällen ist zwar die *Leistung nach Art und Zeitpunkt* bereits *vertraglich bestimmt,* Höhe und Zeitpunkt der *Zahlung* aber stehen *noch nicht* fest. Zu nennen sind insbesondere:
– Vertraglich vereinbarte Lieferungen des Unternehmens
– Vertraglich vereinbarte Abnahme von Roh-, Hilfs- und Betriebsstoffen
– Vertraglich vereinbarte Abnahme von unfertigen Erzeugnissen
– Vertraglich vereinbarte Abnahme von fertigen Erzeugnissen und Waren
– Kaufverträge für Grundstücke und Gebäude
– Vertraglich vereinbarte Abnahme von Maschinen und anderen Anlagen.

Eine pragmatische Finanzplanung kann auf einem Formular wie in *Abb. 22* aufbauen. Es ist Grundlage für die nach Ausgaben und Einnahmen zu differenzierende Prognose von Zahlungsströmen, für die Abschätzung der Liquiditätsreserve und für die Gestaltung von Informationsanforderungen an einzelne Bereiche des Unternehmens.

Bedeutung pragmatische Verfahren

Bei konsequent pragmatischer Vorgehensweise werden die Ursprungsdaten durch auf *Erfahrungswerten* beruhenden Schätzungen in Planausgaben und Planeinnahmen transformiert. Die Treffsicherheit derartiger Voraussagen

---

[20] Vgl. zur grundsätzlichen Problematik: LÜCKE, W.: Finanzplanung und Unsicherheit, in: HWF, Sp. 567–580.

Zahlungsart:	Planungszeitraum:			
	Voraussichtliche Entwicklung der Zahlungsströme			
	I Vertraglich vereinbarte Zahlungen	II Vertraglich vereinbarte Leistungen	III Beabsichtigte Maßnahmen	IV Marktabhängige Entwicklung
Wahrscheinliche Zahlungshöhe				
Relativer Anteil am Gesamtvolumen				
Erwartete Schwankungsbreite				
Errechnete Schwankungsbreite des Gesamtsaldos				

Abb. 22: Struktur der pragmatischen Finanzplanung

kann erstaunlich hoch sein und ist *als Ergänzung statistischer Verfahren* unerläßlich:
- Sofern das eingesetzte Verfahren die Veränderungen von zahlungsbeeinflussenden Ereignissen berücksichtigt, können diese Ereignisse selbst (z. B. der Ausgang von kommenden Tarifverhandlungen) häufig nicht mit Hilfe statistischer Verfahren prognostiziert werden.
- Alle statistischen Verfahren verlangen grundsätzlich die *Großzahligkeit* von Ereignissen in der Vergangenheit und der Zukunft. Prognostiziert wird, soweit die Bedingung der Großzahligkeit überhaupt erfüllt ist, der „Normalfall" mit entsprechenden „normalen Abweichungen".

> **Übungsaufgabe 3.11**
> Welche wichtige Voraussetzung muß erfüllt sein, damit statistische Verfahren der Finanzprognose angewendet werden können?

2.2.2 Statistische Verfahren

Im Gegensatz zu den überwiegend heuristischen Verfahren der pragmatischen Prognose handelt es sich bei **Extrapolationen** um mathematisch formalisierte Prognosetechniken. Bei allen Verfahren der leicht zu handhabenden Extrapolation werden *Vergangenheitswerte (Zeitreihen)* mathematisch geglättet und ohne Berücksichtigung kausaler Beziehungen in die Zukunft projiziert. Man schließt von bekannten Zahlungsbewegungen der Vergangenheit direkt auf Zahlungsbewegungen der Zukunft.

Extrapolierende Techniken

Zeitreihen

Welche Anforderungen an eine Zeitreihe im einzelnen gestellt werden, hängt in starkem Maße von dem jeweiligen Extrapolationsverfahren ab. Es ist aber möglich, Zeitreihen durch drei Komponenten zu beschreiben:

– *die Trendkomponente*
– *die zyklische Komponente*
– *die Zufallskomponente.*

Mathematisch läßt sich dieser Zusammenhang in folgender Funktion darstellen:

$$x_t = f(g_t, z_t, r_t)$$

Die Zeitreihe (x_t) erscheint als Funktion der glatten Trendkomponente (g_t), der zyklischen Komponente (z_t) und der Zufallskomponente (r_t).

Trendkomponente

– Die **Trendkomponente** spiegelt die *dominante Entwicklung einer Zeitreihe* im Verlauf mehrerer Perioden wider. Es handelt sich um monotone Verläufe, die entweder ansteigen oder fallen. Dementsprechend spricht man von einem steigenden oder fallenden Trend. Ist weder ein steigender noch ein fallender Trend zu beobachten, liegt eine Zeitreihe ohne Trend vor. Die glatte Komponente (g_t) entfällt.

Zyklische Komponente

– Die **zyklische Komponente** drückt sich in einer *periodischen Oszillation* um einen Grundwert aus, der allerdings auch einer trendförmigen Entwicklung folgen kann. In Abhängigkeit von der Periodizität werden dabei (langfristige) Konjunkturschwankungen und (kurzfristige) Saisonschwankungen unterschieden.

Zufallskomponente

– Die **Zufallskomponente** repräsentiert den in der Regel *nicht erklärbaren Einfluß* auf den Verlauf einer Zeitreihe.

Diese Komponenten sind Ausdruck statistischer *Gesetzmäßigkeiten, von denen die Entwicklung einer Zeitreihe in der Vergangenheit geprägt wurde.* Sie bestimmen unter Konstanz der Umweltbedingungen auch deren zukünftigen Verlauf. Die einzelnen Komponenten einer Zeitreihe müssen bekannt sein, da nur dann ein geeignetes Prognoseverfahren ausgewählt werden kann.[21]

Vorteile der extrapolierenden Techniken

Der besondere Vorteil dieser Verfahren liegt darin, daß sie – bereits optisch anhand der graphischen Darstellung – eine Abschätzung der Prognosefehler zulassen. Im Gegensatz zu pragmatischen Prognosen, deren Ergebnis meist nicht nachvollziehbar ist, kann hier die wahrscheinliche Abweichung der Prognosewerte von den Ist-Werten bestimmt werden. Die Verfahren ermöglichen also eine (näherungsweise) quantitative Bestimmung der notwendigen Höhe der Liquiditätsreserve.

Anwendungsbereiche extrapolierender Techniken

Nachteilig ist, daß extrapolierende Verfahren die *Stabilität der Umweltbedingungen voraussetzen*. Ihre Anwendung empfiehlt sich daher insbesondere dann, wenn der Finanzplaner ausschließlich auf Daten der Vergangenheit angewiesen ist. Die notwendigen Informationen zur Verfeinerung der Prognose sind in diesem Falle häufig nicht oder nur mit großer Mühe beschaffbar, so daß auch große Prognosefehler hingenommen werden müssen.

---

[21] Vgl. hierzu WITTE/KLEIN, Finanzplanung, a.a.O., S. 73 ff.

Einen möglichen zweiten Anwendungsbereich stellt insbesondere die Transformation von güterwirtschaftlichen bzw. erfolgswirtschaftlichen Vorinformationen in Zahlungsbewegungen dar. Da angenommen werden kann, daß die Zahlungsgewohnheiten der Kunden stark mit konjunkturellen Zyklen zusammenhängen, kann bei Einsatz des entsprechenden Extrapolationsverfahrens mit guten Ergebnissen gerechnet werden.

> **Übungsaufgabe 3.12**
> Durch welche Komponenten läßt sich eine Zeitreihe beschreiben?

Kausale Verfahren der Finanzprognose berücksichtigen im Gegensatz zu extrapolierenden Techniken *explizit Ursache-Wirkungs-Beziehungen*. Der bekannteste – für die Praxis entwickelte – Ansatz, der die Ursache-Wirkungsbeziehung zudem als zeitliche Abfolge darstellt, dieser Art stammt von Langen.[22] Ausgangspunkt ist die Analyse der *logischen Abfolge* von Zahlungen auslösenden Ereignissen. Ein Beispiel wird in *Abb. 9* wiedergegeben.

Kausale Prognose

Bei der Identifizierung von Ereignissen und Tätigkeiten kommt es dabei *nicht* darauf an, *alle* prozeßprägenden Ereignisse darzustellen. Man konzentriert sich *vielmehr auf die für einen Prozeß charakteristische* Folge von Ereignissen.

Neben der zwischen einzelnen Ereignissen *verstreichenden Zeit* stützt sich das Prognoseverfahren vor allem auf die *Aufeinanderfolge einzelner Ereignisse*. Zwar kann im isolierten Einzelfall nicht zwingend davon ausgegangen werden, daß ein bestimmtes Anfangsereignis in ein Folgeereignis übergeht, da z. B. eingehende Aufträge stroniert werden können. Bei großzahliger Betrachtung hingegen unterliegt die Ursache-Wirkungs-Verknüpfung von Ereignissen stochastischen Gesetzmäßigkeiten.

Zeitliche Abfolge von Ereignissen

Die Transformation von „Anfangsereignissen" in „Folgeereignisse" kann mathematisch in „Übergangsfunktionen" abgebildet werden. Sind Anfangsereignisse und Übergangsfunktionen bekannt, lassen sich Folgeereignisse prognostizieren. Damit liegt ein Verfahren vor, das zur Prognose beliebiger, kausal verknüpfter Ereignisfolgen herangezogen werden kann. Aus dem bereits bekannten Zusammenhang von Güterströmen und Geldströmen ergibt sich, daß sich mit diesem Verfahren vor allem auch Zahlungsbewegungen prognostizieren lassen.

Übergangsfunktionen

Der mathematische Kern des Prognoseverfahrens besteht in der „Übergangsfunktion" zwischen zwei Ereignissen, wobei *Verweilzeitverteilungen eine spezielle Klasse von Übergangsfunktionen darstellen.* „Verweilzeitverteilungen sagen aus, wieviel Prozent der Ereignisse gleichen Typs nach einer ganz bestimmten Zeit ein anderes Ereignis hervorrufen."[23] Will man beispielsweise aus Umsätzen die dazugehörigen Umsatzeinnahmen vorhersagen, so muß bekannt sein, wieviel Prozent der Umsätze einer Periode nach einer bestimm-

Verweilzeitverteilungen

---

[22] Vgl. LANGEN H. / EDIN R. / KOCKELKORN, G. / SCHMITT, H. / WEINTHALER, F.: Unternehmensplanung mit Verweilzeitverteilungen, Eine Anleitung für Praktiker, Berlin 1971.
[23] LANGEN, Verweilzeitverteilungen, a.a.O., S. 19.

ten Zeit in Umsatzeinnahmen übergegangen sind. Da der Übergang von Ereignissen von unternehmensindividuellen Faktoren abhängt, setzt das Prognoseverfahren voraus, daß *Verweilzeitverteilungen für jede Ereignisfolge empirisch ermittelt* werden.

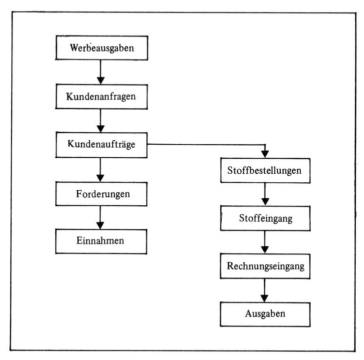

Abb. 23: *Ereignisfolgen in Güterprozessen*[24]

Anwendbarkeit des kausalen Ansatzes

Die Anwendbarkeit dieser Methode hängt also vor allem von *drei Voraussetzungen* ab:
- Die *kausale, logische Kette* spiegelt die *tatsächlichen Verhältnisse* im Unternehmen wider.
- *Diese Verhältnisse ändern sich auch in Zukunft nicht grundlegend.* Das Unternehmen geht z. B. nicht dazu über, größere Mengen eines Produkts herzustellen (Stoffausgaben!), bevor die entsprechende Werbeaktion (Werbeausgaben!) erfolgt ist.
- Es gilt das *Gesetz der großen Zahl*. Die Prognoseleistung ist nicht unabhängig von der Zahl der empirischen Beobachtungen, auf denen die Verweilzeitschätzung aufbaut, sowie von der Zahl der Ereignisse, die geschätzt werden. Ein einmaliger Auftrag kann z. B. völlig andere kausale Ketten von Ausgaben und Einnahmen hervorrufen, als die „Normalfälle", auf denen die Schätzfunktionen basieren.

---

[24] Vgl. LANGEN, Verweilzeitverteilungen, a.a.O., S. 13.

Streng kausale Prognosemethoden haben sich bisher in der Praxis kaum durchgesetzt. Zu finden sind Versuche, aus der Analyse von Ausgaben- und Einnahmenreihen Rückschlüsse auf die durchschnittliche zeitliche Verzögerung zwischen Ausgaben und Einnahmen zu ziehen und damit einer exakten Bestimmung der Kapitalbindung näherzukommen.

Im nächsten Abschnitt wird behandelt, wie das Unternehmen die mit Hilfe geeigneter Prognoseverfahren gewonnenen Planinformationen verwerten kann.

> **Übungsaufgabe 3.13**
> Überlegen Sie bitte, welche Alternative zur Ermittlung von Verweilzeiten besteht, wenn aus geplanten Umsatzerlösen zukünftige Umsatzeinnahmen abgeleitet werden sollen.

Abb. 24 faßt die bisher vollzogenen Schritte des Planungsprozesses zusammen.

Prozeßschritt	Tätigkeiten	
	Ist-Daten	Plan-Daten
Informations-gewinnung	Ableitung von Ausgaben und Einnahmen aus dem Rechnungswesen	Prüfung, welche Vorpläne vorliegen und welche Informationen zusätzlich angefordert werden können
Informations-analyse	Identifikation der (relativ) wichtigsten Zahlungsströme Ermittlung der kritischen Zahlungsströme	Prüfung der Qualität von Planinformationen Ermittlung von systematischen Fehlern und von fehlerhaften Einschätzungen der Zukunft Feststellung der kritischen Prognosegrößen
Einsatz von Prognosetechniken	Extrapolation der Ist-Daten	Pragmatische Ermittlung der Eintrittswahrscheinlichkeit von Zahlungsströmen Transformation von güterwirtschaftlichen Informationen in Zahlungsströme mit Hilfe extrapolierender Verfahren Einsatz kausaler Prognoseverfahren

Abb. 24: Arbeitsschritte im Planungsprozeß

3. Informationsverwertung

Die Verwertung der in der dargestellten Weise gewonnenen Plandaten orientiert sich am Informations- und Steuerungsbedarf des Finanzleiters:

Globaler Ausgaben- und Einnahmenplan
– Die Aufgabe der Liquiditätssicherung verlangt zunächst einen **umfassenden Plan der Ausgaben und Einnahmen,** der den zukünftigen *Finanzierungsbedarf* im Unternehmen und die erforderliche Höhe der *Liquiditätsreserve* erkennen läßt.

Liquiditätsstellenrechnung
– Sowohl die Steuerung mit Verrechnungsausgaben als auch die *Budgetierung* machen die Zurechnung der Zahlungsarten auf die Zahlungen verursachende Stelle notwendig. Es besteht daher Bedarf an einer **Liquiditätsstellenrechnung.**

Liquiditätsträgerrechnung
– Eine Beeinflussung von *Produktentscheidungen*, die das Unternehmen langfristig festlegen, ist nur möglich, wenn geeignete finanzwirtschaftliche Informationen vorliegen. Die Informationsverwertung umschließt daher auch eine **Liquiditätsträgerrechnung.**

3.1 Globaler Ausgaben- und Einnahmenplan

Ein an die Finanzbuchhaltung angelehnter Ausgaben- und Einnahmenplan[25] greift auf folgende Einzelpositionen zurück:

Finanz-plan	Bezeichnung	Industrie-konten-rahmen
1	AUSGABEN	
11	Ausgaben im Leistungsbereich	
111	Ausgaben für Material	
	(1) Ausgaben für Roh-, Hilfs- und Betriebsstoffe	20
	(2) Ausgaben für unfertige Erzeugnisse	21
	(3) Ausgaben für fertige Erzeugnisse und Waren	22
	(4) Sonstige Ausgaben für Material	75
112	Ausgaben für Personal	
	(1) Ausgaben für Löhne	620
	(2) Ausgaben für Gehälter	621
	(3) Ausgaben für gesetzliche Sozialabgaben	63
	(4) Ausgaben für Altersversorgung und Unterstützung	64,38 65

---

[25] Vgl. *Tab. 9,* die in *Tab. 12* aufgeführten Kontennummern kennzeichnen das die Zahlungsursache widerspiegelnde Konto.

Finanz-plan	Bezeichnung	Industrie-kontenrahmen
113	(5) Sonstige Ausgaben für Personal Ausgaben für Leistungen Dritter (1) Ausgaben für Werbung (2) Ausgaben für Mieten und Leasing (3) Ausgaben für Versicherungen (4) Ausgaben für Lizenzen (5) Ausgaben für Reparaturen (6) Sonstige Ausgaben für Leistungen Dritter	 77 78 78 76 78
114	Ausgaben für Steuern (1) Steuern vom Einkommen, vom Ertrag und vom Vermögen (2) Sonstige Steuern, insb. MWSt.	 71 72 (bzw. 27, 48)
115	Sonstige Ausgaben im Leistungsbereich	75–77
12	Ausgaben für Investitionen im Leistungsbereich (1) Für Grundstücke mit Geschäftsbauten (2) Für Grundstücke mit Wohnbauten (3) Für Grundstücke ohne Bauten (4) Für Bauten (5) Für Maschinen und maschinelle Anlagen (6) Ausgaben für Betriebs- und Geschäftsausstattung (7) Ausgaben für immaterielles Anlagevermögen (Konzessionen, Schutzrechte) und sonstige Ausgaben	 01 02 03 04 05 06 07, 09
13	Ausgaben im Neutralen Bereich. Hier werden betriebsindividuell alle Einnahmen aufgeführt, die weder dem Leistungsbereich noch dem Finanzbereich zuzuordnen sind.	
14	Ausgaben im Finanzbereich	
141	Ausgaben für Kapitaltilgung (1) Rückzahlung von Eigenkapital (2) Rückzahlung von Fremdkapital	 30 40–42, 45, 47, 48
142	Ausgaben für Investitionen im Finanzbereich (1) Ausgaben für Finanz-Anlagen (2) Ausgaben für Ausleihungen (3) Sonstige Ausgaben	 10, 11, 17 12
143	Ausgaben für Finanzierungsaufwendungen (1) Zinsen für ähnliche Ausgaben (2) Sonstige Ausgaben	 70
2	EINNAHMEN	
21	Einnahmen im Leistungsbereich	
211	Umsatz-Einnahmen	50
212	Einnahmen aus der Liquidation von Sachvermögen (1) Grundstücke mit Geschäftsbauten (2) Grundstücke mit Wohnbauten (3) Grundstücke ohne Bauten (4) Bauten (5) Maschinen und maschinelle Anlagen (6) Betriebs- und Geschäftsausstattung (7) Sonstige Liquidations-Einnahmen	 01 02 03 04 05 06 07, 09

Finanz-plan	Bezeichnung	Industrie-konten-rahmen
213	Sonstige Einnahmen (1) Aus der Veräußerung von Patenten (2) Aus dem Verkauf von Abfallstoffen (3) Aus Vermietung (4) Aus Steuererstattungen (5) Aus abgeschriebenen Forderungen	59
22	Einnahmen im Neutralen Bereich. Hier werden betriebs-individuell alle Einnahmen aufgeführt, die weder dem Leistungsbereich noch dem Finanzbereich zuzuordnen sind.	
23	Einnahmen im Finanzbereich	

231	Einnahmen aus Kapitalaufnahme
	(1) Einnahmen aus Eigenkapital
	(2) Einnahmen aus Fremdkapital
	   (21) Aus Anleihen
	   (22) Aus langfristigen Bankkrediten
	   (23) Aus sonstigen langfristigen Krediten
	   (24) Aus kurzfristigen Bankkrediten
	   (25) Aus sonstigem Fremdkapital
		3
		4
		40
		41
		42
		45
		48

232	Einnahmen aus Desinvestition von Finanzvermögen (1) Aus dem Verkauf von Beteiligungen (2) Aus dem Verkauf von Wertpapieren des Anlagevermögens (3) Aus dem Verkauf von Wertpapieren des Umlaufvermögens (4) Aus der Tilgung langfristiger Ausleihungen (5) Aus der Desinvestition sonstigen Finanzvermögens	10 11 17 12
233	Einnahmen aus Finanzierungserträgen (1) Einnahmen aus Gewinngemeinschaften (2) Einnahmen aus Beteiligungen (3) Einnahmen aus Finanzanlagen (4) Zinseinnahmen und Sonstige Einnahmen	530 531 532 54

Tab. 11: Gliederung des globalen Ausgaben- und Einnahmeplanes

Für Dispositionszwecke werden diese Ausgangsdaten stark verdichtet und zu den Positionen zusammengefaßt, wie sie in dem Planungsformular ausgewiesen sind, das im Abschnitt 3.3 des 2. Kapitels dargestellt ist.

Dieser an der Finanzbuchhaltung orientierte Ausgaben- und Einnahmenplan weist zwei wichtige *Vorteile* auf:

- Die *Erhebung* von Ist-Daten und die *Kontrolle* der Plandaten wird *erheblich erleichtert*, wenn Planungsrechnung und Finanzbuchhaltung aufeinander abgestimmt sind.
- Das vorgeschlagene Gliederungsschema kann ohne Schwierigkeiten *auf die spezifischen Verhältnisse im Unternehmen abgestimmt werden*, da die Finanzbuchhaltung in der Regel bereits in geeigneter Weise angepaßt ist.

Gerade aus der Tatsache, daß der Finanzplan in Anlehnung an die Finanzbuchhaltung aufgebaut ist, ergeben sich aber *Grenzen seiner Aussagekraft:*
- Die Bilanz und die Gewinn- und Verlustrechnung zeigen zwar den Globalerfolg des Unternehmens während einer Periode. Die hochaggregierten Daten lassen aber weder eine differenzierte, unternehmensinterne Schwachstellenanalyse noch eine marktgerechte Produkt- und Preispolitik (von Ein-Produkt-Unternehmen abgesehen) zu. Daher wird in der Praxis *ergänzend die Kostenrechnung* als Informationsinstrument herangezogen.
- Diese Argumentation gilt sinngemäß auch für die Finanzplanung. Der Globalplan gibt keine Auskunft darüber, wodurch Zahlungen verursacht werden und wo ausgabensenkende oder einnahmensteigernde Maßnahmen möglich sind.

Übungsaufgabe 3.14
Welche Aufgaben soll der globale Ausgaben- und Einnahmenplan erfüllen?

Übungsaufgabe 3.15
Welche Gründe sprechen für eine Trennung der Zahlungen des Leistungsbereichs von den Zahlungen des Finanzbereichs?

Übungsaufgabe 3.16
Welche Vorteile hat ein an der Finanzbuchhaltung orientierter Finanzplan?

3.2 Liquiditätsstellenrechnung

In Anlehnung an das *Vorbild der Kostenrechnung* kann im Unternehmen auch eine Liquiditätsstellenrechnung durchgeführt werden. Sie erfordert die verursachungsgerechte Zurechnung von Ausgabenarten und Einnahmenarten auf die organisatorische Einheit (Liquiditätsstelle).

Betriebsabrechnungsbogen

In *Tab. 12* ist das Beispiel eines – kostenrechnerischen – *Betriebsabrechnungsbogens* wiedergegeben. Ersetzt man alle Kostenarten durch die korrespondierenden Ausgabenarten (z. B. „kalkulatorische Zinsen" durch „Zinsausgaben", „kalkulatorische Abschreibungen" durch „Investitionsausgaben"), scheint das Zurechnungsproblem auf den ersten Blick bereits gelöst.

In der Finanzrechnung entstehen aber zwei *Probleme,* die in der Kostenrechnung nicht auftreten können:
- *Die Zahlungen veranlassende Stelle ist in der Regel nicht identisch mit der Zahlungen verursachenden Stelle.* Personalausgaben z. B. werden zum Teil durch den Produktionsbereich verursacht, für die effektive Ausführung und Überwachung der Ausgaben ist aber häufig die Personalabteilung verantwortlich. Materialausgaben werden zwar durch die Produktionsstellen verursacht, die Bestellungen für Material und häufig auch die Zahlungen für Material werden aber von der Beschaffungsstelle veranlaßt.

Zahlungen veranlassende Stelle
Zahlungen verursachende Stelle

3. Kapitel: Technik der Finanzplanung

Zeitpunkt der Leistung
Zeitpunkt der Zahlung

– *Das im kostenrechnerischen Sinne Zahlungen auslösende Ereignis erfolgt häufig vor oder nach der Zahlung selbst.* Hiermit ist nicht nur das bereits mehrfach erwähnte Problem angesprochen, daß zwischen dem Zeitpunkt der beschafften oder abgesetzten Leistung und dem Zahlungszeitpunkt zeitliche Unterschiede auftreten können. Ein noch größeres Problem wird durch die *Lagerfähigkeit von Gütern* ausgelöst. Zwischen der Beschaffung eines Gutes und dem Zeitpunkt, zu dem es in die Produktion eingeht, können Wochen, Monate oder Jahre verstreichen. Die Ausgabe für Fertigungsmaterial kann also bereits in der Vorperiode erfolgt sein und darf nicht in die zukunftsgerichtete Liquiditätsstellenrechnung aufgenommen werden. Die erfolgte Ausgabe wird im Rahmen der Reservenplanung durch den entsprechend niedrigeren Bestand an liquiden Mitteln zu Beginn der Planperiode erfaßt.

Spalten →	1	2	3	4	5	6	7	8	9
Zeilen \ Kostenstellen → Kostenarten ↓	Zahlen der Kostenartenrechnung	Vorkostenstellen			Endkostenstellen				
		Allgemeine (Hilfs-) Kostenstellen		Fertigungshilfsstellen	Materialstellen	Fertigungshauptstellen		Verwaltungsstellen	Vertriebsstellen
		I	II			A	B		
I Erfassung der primären Kostenarten (Zeilen 1-10)									
1 Gemeinkostenlöhne	4 000	400	500	1 000	800	200	200	600	300
2 Gehälter	7 500	400	300	300	1 200	500	300	2 500	2 000
3 Gesetzl. Sozialleistungen	1 150	80	80	130	200	70	50	310	230
4 Gemeinkostenmaterial	3 000	400	200	400	200	500	600	400	300
5 Instandhaltung	250	10	20	40	20	60	70	20	10
6 Fremdstrom	180	20	10	20	20	40	40	20	10
7 Miete	400	20	30	30	40	60	50	100	70
8 Versicherungen	140	10	10	20	10	30	40	10	10
9 Kalkulatorische Abschreibungen	500	30	50	60	60	100	110	50	40
10 Kalkulatorische Zinsen	130	10	20	20	10	30	20	10	10
11 Summe der primären Kostenarten (Zeilen 1-10)	17 250	1 380	1 220	2 020	2 560	1 590	1 480	4 020	2 980
II. Umlage der Allgemeinen (Hilfs-) Kostenstellen (Zeilen 12-15)									
12 Umlage Stelle I (Spalte 2)		1 380							
13				+100	+300	+400	+200	+200	+100	+80
14 Umlage Stelle II (Spalte 3)			1 320						
15					+200	+300	+200	+220	+300	+100
16 Zwischensumme	17 250	0	0	2 520	3 260	1 990	1 900	4 420	3 160
17 **III. Umlage der Fertigungs-Hilfsstellen (Zeilen 17 + 18)**				2 520					
18						+1 500	+1 020		
19 Gesamtkosten der Endkostenstellen	17 250		0		3 260	3 490	2 920	4 420	3 160

Tab. 12: Beispiel für einen Betriebsabrechnungsbogen[26]

---

[26] Quelle: HUMMEL, S. / MÄNNEL, W.: Kostenrechnung, Bd. 1, Grundlagen, Aufbau und Anwendung, Bd. 2, Moderne Verfahren und Systeme, Wiesbaden 1978, S. 106.

Das angesprochene Problem muß im Zusammenhang mit der kostenrechnerischen Diskussion über Voll- und Teikostenrechnungssysteme gesehen werden. Die folgenden Ausführungen von PAUL RIEBEL verdeutlichen das Zurechnungsproblem:

„... eine Kontrolle (ist) nur an der Stelle sinnvoll, wo die zu überwachenden Tatbestände auch tatsächlich beeinflußt werden. Eine Kostenrechnung, die ausschließlich dem Zwecke der Betriebskontrolle dient, braucht nur beeinflußbare Kostenarten zu erfassen und nur für diejenigen Verantwortungsbereiche (Kostenstellen) auszuweisen, in denen sie unmittelbar beeinflußt werden. Unter dem Gesichtspunkt der Betriebskontrolle ist daher die übliche Umlegung der Gemeinkosten auf Kostenstellen und Kostenträger sinnlos und überflüssig. Außerdem ist sie abzulehnen, weil Gemeinkosten nicht ohne sachliche Willkür verrechnet werden können und infolge der formellen Scheingenauigkeit die Gefahr der Irreführung und Fehlinterpretation besteht. Jede Kostenart hat irgendwo den Charakter von Einzelkosten, entweder beim einzelnen Auftrag, beim einzelnen Erzeugnis oder einer Erzeugnisgruppe als Kostenträger, oder bei irgendeiner Kostenstelle, sei es nun eine Fertigungsstelle, ein Hilfsbetrieb oder eine Verwaltungsstelle. Nur dort, wo der Einzelkostencharakter zur Geltung kommt, kann und soll eine Kostenart kontrolliert werden."[27]

Die Kostenrechnung folgt hier exakt dem für die Finanzplanung besonders wichtigen Erfordernis, daß der Liquiditätsstelle nur die Ausgaben und Einnahmen zugerechnet werden sollen, die sie kontrollieren kann. Da bei pagatorischer Kostenrechnung alle Kosten und Leistungen mit Ausgaben und Einnahmen irgendeiner Periode korrespondieren, sind bei mittelfristiger Betrachtung die Kostenstellen des Unternehmens mit den Liquiditätsstellen identisch.

Unterschiede ergeben sich bei kurzfristiger Betrachtung durch die besondere Bedeutung des Zeitaspektes für die Finanzrechnung. Z. B. können Materialausgaben vorübergehend gesenkt werden, wenn Beschaffungsmaßnahmen zurückgestellt oder Zahlungsziele stärker als bisher in Anspruch genommen werden. Aus dem Beispiel ist zu erkennen, *daß bei kurzfristiger Betrachtung Liquiditätsstellen dadurch gekennzeichnet sind, daß sie den direkten Kontakt zu den verschiedenen Beschaffungs- und Absatzmärkten des Unternehmens unterhalten und zu kurzfristigen, Höhe und Zeitpunkt von Zahlungen beeinflussenden Entscheidungen befugt sind.*

Hieraus folgt zum Beispiel, daß dem Produktionsbereich zwar die von ihm veranlaßten Ausgaben für Investitionen, nicht aber die Ausgaben für Material unmittelbar zugerechnet werden dürfen. Wann und in welcher Höhe Materialausgaben erfolgen, und wie lange Güter gelagert werden, muß primär im Beschaffungsbereich verantwortet werden. Auch Personalausgaben sind bei der häufig anzutreffenden Regelung zunächst der Personalabteilung zu belasten.

---

[27] RIEBEL, P.: Einzelkosten- und Deckungsbeitragsrechnung, Grundfragen einer markt- und entscheidungsorientierten Unternehmerrechnung, Wiesbaden 1972, S. 12–13.

Nur die Ausgaben veranlassende Stelle kann bei finanzwirtschaftlich begründeter Kritik unmittelbar zur Verantwortung gezogen werden. Dies ist von besonderer Bedeutung, wenn dem Unternehmen eine kurzfristige finanzielle Krise droht. Durch geeignete Maßnahmen der Zahlungen veranlassenden Stellen kann ein wichtiger Beitrag zur Bewältigung der Krise geleistet werden.

Darüber hinaus kann durch die Kontrolle der Liquiditätsstellen eine dauerhafte Kapitalfreisetzung oder Kapitalbindung erzielt werden, wenn die Zeitpunkte der Güterbewegungen oder der Zahlungsbewegungen langfristig-revolvierend verschoben werden können. Erfolgen z. B. Materialausgaben in einem Unternehmen nicht wie bisher sofort bei Rechnungseingang, sondern nach Monatsfrist, werden einmalig und dauerhaft Ausgaben in Höhe der monatlichen Materialeingänge vermieden. Derselbe Effekt kann bei unveränderten Zahlungsgewohnheiten erreicht werden, indem Beschaffungen um jeweils einen Monat verzögert werden. In diesem Falle jedoch werden die Lagerbestände entsprechend vermindert. Maßnahmen, die den Güterbereich tangieren, sind daher grundsätzlich nur möglich, wenn die Zahlungen verursachende Stelle – hier der Produktionsbereich – in die Betrachtung einbezogen wird, um Beeinträchtigungen der laufenden Produktion und des Absatzes zu vermeiden.

Ausgaben verursachende Stellen

Es liegt nahe, als nächsten Schritt der Liquiditätsträgerrechnung Ausgaben und Einnahmen auf die Zahlungen verursachenden Bereiche weiter zu verrechnen. Allerdings ist nur eine begrenzte Verbesserung der finanzwirtschaftlichen Steuerungsmöglichkeiten zu erwarten. Die Ausgaben verursachenden Bereiche haben naturgemäß die Zeitpunkte der Ausgaben nicht zu vertreten. Eine Verantwortlichkeit besteht nur hinsichtlich der Gesamthöhe der jeweiligen Zahlungen.

Läßt man aber den Zeitaspekt außer acht, entsprechen – in der pagatorischen Kostenrechnung – die erfaßten Kosten der Höhe nach exakt den korrespondierenden Ausgaben, so daß unter diesem Aspekt kein Bedürfnis nach einer zusätzlichen Kontrollrechnung festgestellt werden kann.

Zusammenfassend kann somit festgestellt werden, daß die Liquiditätsstellenrechnung ein geeignetes Instrument zur kurzfristigen Überwachung und Steuerung der Zahlungen veranlassenden Stellen im Unternehmen ist. Mittelfristig hingegen wird die Funktion, die Zahlungshöhe zu kontrollieren, bereits von der Kostenstellenrechnung wahrgenommen.

Übungsaufgabe 3.17
Welchen Zwecken dient die Liquiditätsstellenrechnung?

Übungsaufgabe 3.18
Prüfen Sie bitte, ob der Begriff Kosten an jeder Stelle des auf Seite 125 wiedergegebenen Zitats sinnvoll durch den Begriff Ausgabe ersetzt werden kann.

3.3 Liquiditätsträgerrechnung

Im Gegensatz zur Liquiditätsstellenrechnung, die die Kontrolle des Ausgabenverhaltens im Unternehmen ermöglichen soll, dient die Liquiditätsträgerrechnung als finanzrechnerisches Äquivalent zur kostenrechnerischen **Beurteilung von Entscheidungsalternativen der Produktpolitik.**

Sie erfordert die verursachungsgerechte Zurechnung von Ausgaben und Einnahmen auf den Liquiditätsträger, das Produkt oder die Produktserie.
In welcher Weise die Zurechnung zu erfolgen hat, hängt von der jeweils zu treffenden Entscheidung ab. Es können zwei unterschiedlich zu beantwortende Fragen differenziert werden:
– Welches Produkt leistet den größten Liquiditätsbeitrag?
– Welche Zahlungen werden durch die Produktserie verursacht?

Verursachungsgerechte Zurechnung

Zur Ermittlung des Liquiditätsbeitrages eines einzelnen Produkts müssen alle Einnahmen und Ausgaben verursachungs- und valutagerecht auf das Produkt zugerechnet werden. Von entscheidender Bedeutung ist, wann jeweils Einnahmen und Ausgaben verursacht werden, wie das folgende Beispiel zeigt:
– Zwei Produkte verursachen Ausgaben in identischer Höhe. Sie unterscheiden sich nur dadurch, daß das zweite Produkt eine längere Fertigungszeit aufweist, die Ausgaben also jeweils früher erfolgen müssen als bei dem anderen Produkt. Ein Vergleich des Liquiditätsbeitrages – der erzielbare Marktpreis wird als identisch unterstellt – ist also nur möglich, wenn die Zeit als Variable berücksichtigt wird.

Liquiditätsbeitrag des einzelnen Produkts

Dieser erforderliche Terminbezug kann hergestellt werden, indem wie in den bekannten Investitionsrechnungsverfahren die Ausgaben zum Einnahmenzeitpunkt aufgezinst und dem Verkaufspreis gegenübergestellt werden. Im obigen Beispiel ergäbe sich, daß das erste Produkt einen höheren Liquiditätsbeitrag liefert. Dieses Verfahren ist zu einer allgemeinen finanzwirtschaftlichen Beurteilung von Alternativen der Produktpolitik geeignet. Es läßt aber keine Aussagen darüber zu, welche Einnahmen und Ausgaben konkret in den Planperioden zu erwarten sind.

Aufzinsung von Ausgaben

Hierzu müssen die aus dem Finanzplan abgeleiteten Zahlungen direkt den Produkten zugerechnet werden. *Zahlungen vergangener Perioden sind bereits abgeschlossen und per Saldo durch die Höhe der vorhandenen finanziellen Reserven erfaßt.* Tab. 13 zeigt stark vereinfacht für drei Zahlungsarten den Vorgang der zeitlichen Zuordnung.

Zurechnung von Zahlungen nach der Verursachung

Ausgaben vergangener Perioden	Ausgaben der Planperiode
Ausgaben für Fertigungsmaterial	Ausgaben für Fertigungslöhne
Investitionsausgaben	

Tab. 13: Zeitliche Zuordnung von Zahlungsströmen in der Liquiditätsträgerrechnung

128   3. Kapitel: Technik der Finanzplanung

Im Beispielsfalle werden der laufenden Produktion nur die Fertigungslöhne als Ausgaben der Planperiode zugerechnet. Die Entnahme von Fertigungsmaterial aus dem Lager löst keine Zahlung aus. Die korrespondierenden Ausgaben lagen in der vergangenen Periode. Die Investitionsausgaben, die notwendig waren, um die Produktion dieses Produktes zu ermöglichen, lagen in vergangenen Perioden. Eventuell beabsichtigte Investitionsausgaben dürfen erst in späteren Perioden jenen Produkten zugerechnet werden, zu deren Produktion sie notwendig sind.

Im Beispielsfalle zeigt die Liquiditätsträgerrechnung des einzelnen Produktes korrekt, daß bei völliger Einstellung der Produktion nur die Ausgaben für Fertigungslöhne entfallen. Die Liquiditätsträgerrechnung kann somit die finanzielle Führung vor Irrtümern bei der Bekämpfung finanzieller Krisen durch Eingriffe in die Produktpolitik schützen.

Die im Beispielsfalle vermiedenen Ausgaben zeigen exakt die durch das Produkt verursachte Kapitalbindung. Es kann auf diese Weise also wie im besprochenen Aufzinsungsverfahren ermittelt werden, welches Produkt den größten Liquiditätsbeitrag liefert.

Liquiditätsbeitrag der Produktserie

Diese Betrachtungsweise ist aber irreführend, wenn man fragt, welche Ausgaben zur Aufrechterhaltung der Produktion im Unternehmen erforderlich sind. Der Produktserie müssen z. B. alle laufenden Ausgaben der Periode für Fertigungsmaterial zugerechnet werden, da ständige Auffüllung des Lagers Voraussetzung für die reibungslose Fortsetzung der Produktion ist. Entsprechend sind gegebenenfalls beabsichtigte Investitionsausgaben der Produktserie im Planungszeitraum zu belasten.

Hier nähert man sich stark der kostenrechnerischen Sichtweise. Eine Kostenträgerrechnung mit Wiederbeschaffungskosten zum Umsatztage würde bereits nahezu alle Ausgaben entsprechend den Bedürfnissen der finanziellen Führung erfassen. Ein wesentlicher Unterschied ergibt sich allerdings bei allen Ausgaben, die erst in späteren Perioden zu Kosten führen, insbesondere also bei dem wichtigen Block der Investitionsausgaben. Sie müssen in jedem Falle in der Planperiode der Produktserie zugerechnet werden. Sie dürfen entsprechend in späteren Perioden nicht mehr berücksichtigt werden.

Die hier nur angedeutete Gedankenführung zeigt, daß die Liquiditätsträgerrechnung die Möglichkeiten finanzieller Steuerung deutlich verbessern kann. Ihre konkrete Ausgestaltung hängt von der jeweiligen Fragestellung ab. Gerade sie verdient es, in Zukunft verstärkt in Forschung und Praxis diskutiert zu werden.

Übungsaufgabe 3.19
Welche Aufgabe hat die Liquiditätsträgerrechnung?

Übungsaufgabe 3.20
Welche Bedeutung hat der zeitliche Zusammenhang zwischen Güterbewegungen und Zahlungsbewegungen für die Liquiditätsträgerrechnung?

4. Kapitel

JÜRGEN HAUSCHILDT

Finanzkontrolle

Lehrziele und Studienhinweise

Wenn Sie dieses Kapitel durchgearbeitet haben, dann sollten Sie
- begründen können, welchen *Zwecken* die Finanzkontrolle dient,
- *Finanzkontrolle* von den übrigen Kontrollaktivitäten in der Unternehmung *unterscheiden* können,
- die *Ansatzpunkte* und die *Sektoren* für die Finanzkontrolle kennen,
- wissen, welche *informatorischen Voraussetzungen* erfüllt sein müssen, um die Realisationswerte so zu ermitteln, daß sie den Planansätzen entsprechen,
- die *Abweichungen* zwischen Plan und Realität sachgerecht *ermitteln* können,
- in der Lage sein, *systematisch* nach den *Ursachen für die Abweichungen* zu fragen,
- die Ergebnisse der Finanzkontrolle mit den *Ergebnissen anderer Kontrollen* verbinden können,
- wissen, wie die *Kontrollergebnisse aufbereitet* und weitergeleitet werden müssen, um zukünftiges Handeln zielgerecht zu beeinflussen.

Literaturhinweise

Als Begleitlektüre wird empfohlen:

WITTE, E./KLEIN, H.: Finanzplanung der Unternehmung – Prognose und Disposition, Reinbek bei Hamburg 1974, insbes. die Seiten 139 bis 154.

Eine ausführliche Liste von Kontrollfragen findet sich bei

MILLER, E. C.: Objectives and Standards of Performance in financial Management, AMA Research Study 87, o. O., 1968.

1. Bedeutung der Finanzkontrolle

Jeder Handlungsablauf läßt sich unter dem sog. *„Phasen-Kriterium"* in die Teilphasen *„Planung"*, *„Realisation"* und *„Kontrolle"* zerlegen. Ist Planung dabei geistiger Vor-Vollzug der Realisation, so ist Kontrolle ihr kritischer Nach-Vollzug. Angewandt auf die finanzielle Führung bedeutet dies:

Finanzkontrolle ist systematischer, regelmäßiger und institutionalisierter Vergleich von geplanten mit realisierten Zahlungsmittelbeständen und -bewegungen.

<small>Definition der Finanzkontrolle</small>

Sie ist **systematisch:**

Sie folgt einem einheitlichen Konzept, das erlaubt, die Bestands- und Bewegungsgrößen *vollständig, überschneidungsfrei* und *zielentsprechend,* d. h. mit Blick auf ein zuvor bestimmtes Aussageziel hin, zu überprüfen.

Sie ist **regelmäßig:**

Sie erfolgt in einem *festen Rhythmus,* dessen Takte so kurzfristig sein müssen, daß sie eine gewünschte Verhaltenssteuerung bewirken. Dieser feste Rhythmus schließt aber nicht aus, daß Sonderkontrollen in unregelmäßigen Abständen zusätzlich erfolgen.

Sie ist **institutionalisiert:**

Sie erfolgt *in einer festen Form:* schriftlich, formularisiert, durch zuvor bestimmte Instanzen vollzogen, nach bestimmten Regeln ausgewertet und weiterverarbeitet.

Jedes dieser Kriterien soll im folgenden näher erläutert werden. Es ist danach

<small>Ausblick auf die weitere Problembehandlung</small>

- zunächst die Zielsetzung der Finanzkontrolle zu zeigen,
- sodann aus ihr die Teilaufgaben der Finanzkontrolle abzuleiten,
- weiterhin der Rhythmus und die Gegenstände der Finanzkontrolle vorzustellen und
- schließlich die institutionellen Vorkehrungen der Finanzkontrolle zu beschreiben.

Zuvor ist der Zusammenhang zwischen Kontrolle und Planung darzustellen, um die Bedeutung der Kontrolle verständlich werden zu lassen.

1.1 Finanzkontrolle im Regelkreis der finanziellen Führung

Im *Regelkreis der finanziellen Führung* hat die Finanzkontrolle folgenden Standort:

132 4. Kapitel: Finanzkontrolle

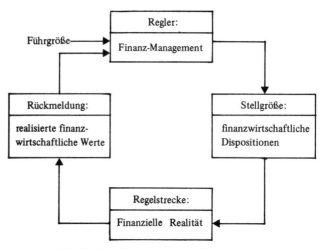

Abb. 25: Regelkreis der finanziellen Führung

Erste Kontrollaufgabe: Erfassung der Ist-Werte

Wir nehmen zunächst ohne weitere Erläuterungen als **Führgröße** die Aufgabe *„Erhaltung der Liquidität zu möglichst niedrigen Kosten"* an. Ausgehend von dieser Führgröße trifft das Finanzmanagement seine Dispositionen. Die Ergebnisse der Umsetzung dieser Dispositionen in Realität werden erfaßt und an das Finanzmanagement zurückgemeldet. Damit zeigt sich die *erste Aufgabe* der Finanzkontrolle: Erfassung der realisierten Werte, Feststellung des sog. *„Ist"*.

Tätigkeiten des Reglers

Um die weiteren Teilaufgaben zu bestimmen, haben wir uns die Aktivitäten des **Reglers** näher anzusehen. Die Aufgabe „Erhaltung der Liquidität zu möglichst niedrigen Kosten" ist in dieser Form noch nicht operational. Die Oberaufgabe wird daher zunächst in Teilaufgaben zerlegt[1]:
- Situative, kurzfristige Liquiditätssicherung,
- Haltung und Einsatz der Liquiditätsreserve,
- Finanzierung,
- strukturelle, langfristige Liquiditätssicherung,
- Liquiditätspolitik im Krisenfalle.

Für jede dieser Teilaufgaben sind Dispositionen (Entscheidungen und Anweisungen) zu treffen. Diese Dispositionen folgen einem Plansatz, d. h. der Regler
- detailliert die Oberaufgabe zu *Teilaufgaben,*
- stellt für jeden der Teilbereiche Pläne auf (fixiert also *Soll-Werte*) und
- setzt die Planvorstellung in einzelne *Entscheidungen und Anweisungen* um:

---

[1] Vgl. Kapitel 1 Abschnitt 2.2.

1. Bedeutung der Finanzkontrolle

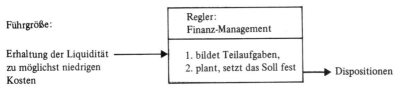

Abb. 26: *Dispositionen 1 des Reglers*

Schauen wir uns diese Tätigkeit des Reglers erneut an, wenn aus der Realität die Ist-Werte rückgemeldet werden. Es ergeben sich damit weitere Aufgaben für das Finanzmanagement:

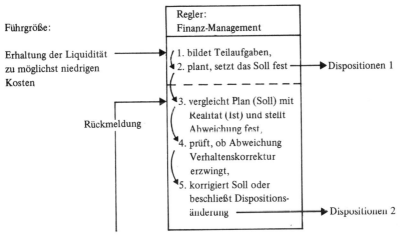

Abb. 27: *Dispositionen 1 und 2 des Reglers*

Damit lassen sich die weiteren Teilaufgaben der Finanzkontrolle ableiten:
- *Abweichungsfeststellung:* Ermittlung und Bewußtmachung der Unterschiede zwischen Gewolltem (Soll) und Realisiertem (Ist). Das setzt voraus, daß die Werte formal in Struktur und Dimension gleich sind.
- *Abweichungsbewertung:* Prüfung, ob die Abweichung so geartet oder so groß ist, daß eine Verhaltensänderung nötig wird, das muß z. B. bei positiven Planüberschreitungen nicht der Fall sein.
- *Verhaltenskorrektur:* Analyse, worauf die Unterschiede zwischen Soll und Ist zurückzuführen sind und Variation der Dispositionen.

Weitere Teilaufgaben der Finanzkontrolle: Abweichungsfeststellung und ...
... Bewertung

Verhaltenskorrektur

Der zuletzt genannte Aufgabenbereich erfordert vertiefende Betrachtung, wenn es gilt, die Teilaufgaben der Kontrolle genau zu bestimmen. Soll und Ist sind – jedes für sich – Ausdruck und Ergebnis menschlichen Verhaltens. Jedes hat sich daher die kritischen Fragen der Kontrolle gefallen zu lassen:

1. *Das Soll ist Ausdruck der Zielbildung,* nennt den ursprünglich als wünschenswert angestrebten Zustand einer Realität. In diese Sollbestimmung sind alle Informationen und Werturteile eingeflossen, die der Entscheidungsträger zum Zeitpunkt der ursprünglichen Planung hatte. Waren diese Vorstellungen

Soll-Kritik

aber realistisch? Waren sie zu niedrig oder waren sie zu hoch gespannt? Waren sie eine bequeme Anpassung an das Mögliche oder übersahen sie die Grenzen des „Machbaren"?

So zu fragen, heißt, das Soll selbst in Frage zu stellen. Dieses ist eine zwingende Teilaufgabe jeder Kontrolltätigkeit: *Jede Kontrolle hat auch Kontrolle des Solls, der Plansätze, zu sein.*

| Ist-Kritik | 2. *Das Ist ist Ausdruck der Anstrengungen, das Soll gegen die Widerstände und Störgrößen der Realität tatsächlich zu erreichen.* Üblicherweise wird in der Praxis das Soll als das Ideale, als das Optimale, angesehen, das es auf jeden Fall zu erreichen gilt. Abweichungen des Ist vom Soll sind – so gesehen – Ausdruck der Unvollkommenheit, sich gegen die Widerstände der Realität durchzusetzen oder die Störungen der Umwelt zu beherrschen. Die Korrektur des Verhaltens muß nach dieser Lesart an der Änderung der Realisationsaktivitäten ansetzen. *Dieses ist die traditionelle Aufgabe der Kontrolle, durch kritische Überprüfung des Ist die Realisierungsanstrengungen zu erhöhen.* |

Zusammenfassung

Fassen wir zusammen:

Die Finanzkontrolle umfaßt die folgenden Teilaufgaben:
- **Erfassung der realisierten Ist-Werte** in der Weise, daß sie mit den ursprünglich angestrebten Sollwerten formal in Struktur und Dimension vergleichbar sind,
- **Vergleich der realisierten Ist-Werte mit den ursprünglich angesetzten Sollwerten,**
- **Kritik der Soll-Werte und Kritik der Ist-Werte** in der Absicht, eine Verhaltenskorrektur herbeizuführen.

1.2 Ziele der Finanzkontrolle

Zur Gewinnung des systematischen Ansatzes, dem die Kontrolle folgen soll, muß Klarheit über die Kontrollziele bestehen. Wir hatten im vorausgehenden Abschnitt als Führgröße des Finanzmanagements „Erhaltung der Liquidität bei möglichst niedrigen Kosten" angenommen. Diese Zielsetzung ist für die Kontrolltätigkeit jetzt *näher zu erläutern* und um ein weiteres Teilziel *zu ergänzen.*

1.2.1 Erhaltung der Liquidität

Beziehungen zwischen Finanzplanung und . . .

. . . Finanzkontrolle

Der hohen Bedeutung der Liquidität entspricht es, daß die Unternehmung ihre Finanzbestände und -bewegungen systematisch plant. Treffsicherheit und Verläßlichkeit der Pläne werden aber nur durch ihre nachträgliche Kontrolle einschätzbar. *Finanzkontrolle ist daher die notwendige Ergänzung der Finanzplanung.* Die Bedeutung der Finanzplanung und ihrer Kontrolle ist dann besonders hoch, wenn die Unternehmung an die Grenzen ihrer Finanzierung gelangt ist und wenn weitere finanzielle Reserven erschöpft sind. Ihre Bedeutung ist geringer, wenn diese Verhaltensspielräume nicht so eng sind. Dies zu erkennen, ist aber ohne Finanzplanung und Finanzkontrolle nicht möglich – *mag auch die Finanzkontrolle in Zeiten einer finanziellen Entspannung nicht so bedeutsam sein – sie ist auch dann nicht entbehrlich.*

1.2.2 Kostensenkung

Die Strenge der Liquiditätsbedingung wäre allein Grund genug, ein System der Finanzplanung und Finanzkontrolle aufzubauen und nachdrücklich zu betreiben. Aber darüber hinaus steht die Finanzkontrolle *auch im Dienste der erfolgswirtschaftlichen Zielsetzung der Unternehmung.* Um diesen Effekt zu verstehen, wollen wir zwei Unternehmen vergleichen:
– eine Unternehmung A mit einer treffsicheren Finanzplanung mit
– einer Unternehmung B mit einer wenig verläßlichen Finanzplanung.

Finanzkontrolle...

Unternehmung B muß *höhere Reserven* unterhalten, um für den Notfall gerüstet zu sein, kann diese Mittel also nicht im normalen Produktionsprozeß einsetzen.

...erspart Reserven,

Unternehmung B wird gelegentlich *Sonderfinanzierungen* vornehmen müssen, weil sie auf Sonderbelastungen nicht vorbereitet war. Sonderfinanzierungen, unter Zeitdruck eingeleitet, sind teurer als rechtzeitig vorbereitete Finanzierungsaktionen.

...verhindert Sonderfinanzierung unter Zeitdruck

Unternehmung B kann finanzielle Überschüsse weniger terminsicher festlegen und muß sich mit *niedrigeren Habenzinsen* begnügen.

...ermöglicht zinsgünstigere Anlage...

Es entstehen der Unternehmung B somit höhere Finanzierungskosten, sei es in der Form höherer Zinsen oder in der Form entgangener Gewinne (Opportunitätskosten), vergleicht man sie mit der Unternehmung A.

1.2.3 Deliktvermeidung

Durch Finanzkontrollen sollen schießlich alle die *Delikte* aufgedeckt werden, die *beim Umgang mit barem Gelde* naheliegen. Die Finanzkontrolle hat alle Stellen zu erfassen, die Kassen verwalten, Barzahlungen leisten oder entgegennehmen. Betrug, Unterschlagung und Diebstahl sind festzustellen, Täter zu ermitteln. Fahrlässigkeit, Systemfehler oder andere Ansatzpunkte für die kriminellen Handlungen sind aufzudecken.

...soll Betrug, Unterschlagung und Diebstahl aufdecken...

Der eigentliche Zweck der Finanzkontrolle ist indessen **präventiv: regelmäßige Kontrollen sollen derartigen Delikten vorbeugen.**

...und verhindern

> **Übungsaufgabe 4.1**
> Bitte studieren Sie den 4. Teil des Aktiengesetzes (Verfassung der Aktiengesellschaft) unter der Frage, ob dort Aussagen getroffen sind, die eine Pflicht der Aktiengesellschaft begründen können, systematisch Liquidität und Finanzen zu kontrollieren.

1.3 Institutionalisierung der Finanzkontrolle

Zwang zur Institutionalisierung der Finanzkontrolle

Der hohen Bedeutung der Finanzkontrolle entspricht es, sie *nicht ad hoc*, „aus gegebener Veranlassung" durchzuführen, sondern sie zu institutionalisieren. Diese Organisation der Kontrolltätigkeit folgt dem Kriterium, das für jede Organisation gilt: Je dauerhafter die Aufgabe, desto größer die Organisationsbedürftigkeit. Finanzkontrolle folgt der Finanzplanung. Das gilt auch für ihre Organisation. Fragen wir uns demnach:

institutionelle Eigenschaften

– Wie ist die Finanzplanung *untergliedert*?
– In welchem *Rhythmus* wird geplant?
– Welches ist die *Dimension* und die *Struktur* der Plandaten?

Aus den Antworten auf diese Fragen ergeben sich auch die Antworten auf die Frage nach der Institutionalisierung der Finanzkontrolle.

Wir folgen dem Abschnitt 3 des 2. Kapitels, wenn wir die Finanzplanung als ein dreistufiges Planungssystem begreifen, deren Teile sich durch ihre Planungshorizonte, durch ihre Datenstruktur, durch die Häufigkeit ihrer Wiederholung und durch das Ausmaß der Beteiligung von nicht-finanzwirtschaftlichen Instanzen unterscheiden. Folgende Aspekte sind dabei für die Kontrolle bedeutsam:

Tägliche Finanzdisposition und tägliche Kontrolle

(1) Die **tägliche Finanzdisposition** greift einen oder wenige Tage in die Zukunft, führt alle Kassen und Konten und dient der täglichen Überprüfung der Liquidität, der Lenkung der Zahlungsströme, dem Ausgleich von Kassen und Konten sowie der Übersicht über die Liquiditätsreserve. Der Informationsprozeß beschränkt sich auf den *Instanzenzug der finanziellen Führung*.

laufende kurzfristige Finanzplanung und laufende Finanzkontrolle

(2) Die Planungs- und Kontrollinformationen zur **laufenden, kurzfristigen Finanzplanung** reichen wenigstens drei Monate, oft auch bis zu einem Jahr in die Zukunft, beziehen sich auf alle Einnahmen und alle Ausgaben während des Planungszeitraums sowie auf die Konten- und Kassenbestände zum jeweiligen Planungsultimo. Diese Rechnung wird in monatlichem Rhythmus wiederholt. Die Daten basieren auf Primärinformationen der *operativen Bereiche* (Absatz, Produktion, Beschaffung, Lagerung). Sie müssen für Finanzzwecke speziell transformiert werden. Die Kontrollmeldungen laufen teilweise auch in diese Bereiche zurück.

Kapitalbindungsrechnung und Investitionskontrolle

(3) Die Planungs- und Kontrollinformationen zur **langfristigen Kapitalbindung** greifen mehrere Jahre in die Zukunft, sind jährlich unterteilt und werden wenigstens einmal pro Jahr überarbeitet. Die Kapitalbindungsrechnung erfaßt nicht alle Zahlungsströme, sondern nur ihre Residuen, die sich in Bestandspositionen der Bilanzen niederschlagen. Die Informationen sind das Ergebnis eines Planungsprozesses, der die *gesamte Unternehmung* berührt, sie stammen aus allen Unternehmenssektoren. Die Investitionskontrolle, d. h. die Kontrolle, ob die geplanten Daten auch realisiert wurden, laufen in diese Bereiche zurück. Wegen ihrer hohen ökonomi-

1. Bedeutung der Finanzkontrolle

schen Bedeutung handelt es sich um Informationen, die in allen Zweifelsfällen *über den Gesamtvorstand* laufen.

Das Verfahren der Investitionskontrolle ist der hohen Relevanz des Problems entsprechend hoch formalisiert. Die Kontrolle der Kontrolleure erfolgt automatisch dadurch, daß die betroffenen operativen Instanzen erfahrungsgemäß von sich aus aktiv werden, wenn man ihre Zahlungsmittelanforderungen zurückweist. Nur der Fall der stillschweigend geduldeten Budgetüberziehung ist weniger auffällig.

Jeder dieser drei Sektoren stellt arteigene Kontrollprobleme, die in den folgenden Abschnitten gründlich erörtert werden sollen. Die bisherige Betrachtung zur Institutionalisierung der Finanzkontrolle läßt sich aber auch schon in erste *Kontrollfragen* umsetzen: Sie fragen danach, *ob der Finanzbereich überhaupt systematisch kontrolliert wird,* stehen also im Dienste einer **Systemkontrolle**. Die Kontrollfragen werden fortlaufend zugleich sachlich unterteilt numeriert, um letztlich eine **ausführliche Check-Liste für die Finanzkontrolle** zu liefern:

Systemkontrolle

1.1 Ist das Finanzplanungssystem so aufgebaut und geführt, daß es *überhaupt einer Kontrolle zugänglich* ist?

1.2 Ist jeweils eine bestimmte *Instanz* zuständig für Durchführung und Bewertung der Kontrolle? Wer berichtet ihr? Wem berichtet sie? Wer kontrolliert die Kontrolleure?

1.3 Wird *regelmäßig* kontrolliert? In welchen zeitlichen Abständen? Werden die regelmäßigen Kontrollen durch *außerordentliche* Kontrollen ergänzt?

1.4 Gibt es schriftliche Anweisungen für das *ordnungsgemäße Führen von Kassen?* Sind diese Anweisungen eindeutig, lückenlos und aktuell? Wird die Einhaltung dieser Anweisungen systematisch kontrolliert? Durch wen? Werden bei Nicht-Befolgung wirksame und exemplarische Sanktionen erteilt?

1.5 Was wird getan, um systematisch *Lernprozesse* einzuleiten?

> **Übungsaufgabe 4.2**
> Stellen Sie die institutionellen Eigenschaften der Kontrollen getrennt für jeden Sektor der Finanzplanung in einer Matrix zusammen.

2. Kontrolle der täglichen Finanzdisposition

2.1 Kontrolle der Bestandspositionen

Kontrollproblem bei fehlendem Soll?

Ein Kontrollproblem der täglichen Finanzdisposition scheint auf den ersten Blick überhaupt nicht zu bestehen, kann man doch annehmen, daß die Liquidität der Unternehmung sich täglich *gleichsam automatisch* als Summe aller Kassen- und Kontenbestände aus den Auszügen der Bankkonten ablesen läßt. Es gibt danach kein Soll, nur ein Ist. Wo liegt das Kontrollproblem?

In der Tat muß das, was man als **Soll** bezeichnet, näher bestimmt werden: Es ist zum einen ein *Planansatz,* eine explizite Planzahl. Es ist zum anderen oft nur eine *generelle Norm,* die sich nicht in einer Zahl konkretisiert, sondern einen komplexen Zustand vorschreibt.

(1) Nun ist bei der eingangs gestellten Frage unterstellt, daß tatsächlich bis zum Dispositionszeitpunkt (das ist zwischen 10 und 11 Uhr) die Auszüge aller Bankkonten vom Vortage und alle Kassenberichte vorliegen oder doch wenigstens telefonisch erfragbar sind. Das ist allerdings oft nicht der Fall. In dieser Situation hat die planende Unternehmung intern eine eigene Kontoführung vorzunehmen, d. h. die Bestände auf der Basis bestimmter Annahmen fortzuschreiben. Diese Bestandsfortschreibung muß im Zweifel für jedes einzelne Bankkonto vorgenommen werden. Sobald dann die tatsächlich realisierten Bestände vorliegen, ist diese Bestandsfortschreibung zu korrigieren – das kann bei Auslandskonten oftmals erst mit einer Verzögerung von einer Woche oder gar mehr ermöglicht werden.

interne Bestandsfortschreibung

Das in Abschnitt 3.1 des 2. Kapitels entwickelte Formular zur täglichen „Finanz-Disposition" *(Abb. 13)* ist so aufgebaut, daß neben den Sollwerten die Istwerte eingetragen werden. Die Kontrolle erfaßt die Differenz zwischen diesen Soll- und Ist-Werten und stellt folgende, unter Liquiditätsaspekten maßgebliche („finanzwirtschaftliche") Fragen:

2.1 Wurden tatsächlich *alle* Gutschriften, die im Lastschriftverfahren vereinbart waren, durchgeführt? Wurden einzelne ausgelassen? Wenn ja, warum?

2.2 Wurden *alle* eingereichten Schecks nach der vereinbarten Frist (hier: nach 3 Tagen) gutgeschrieben? Wenn nein, warum?

2.3 Wurden *alle* auf dieses Konto vom Disponenten gezogenen Schecks nach dem Erfahrungszeitraum (hier im Beispiel: 5 Tage) auch tatsächlich belastet? Wenn später oder früher, ist das institutsspezifisch?

tatsächliche Daten

In der Regel versucht man indessen, die tatsächlichen, *durch Auszüge bestätigten Salden der Konten* vom Buchungsschnitt des Vortages der Finanzdisposition zugrunde zu legen. In diesem Falle werden die oben gestellten Kontrollfragen (2.1 bis 2.3) nicht etwa entbehrlich. Es ist unter Liquiditätsaspekten – aber auch unter dem Kostenkriterium – keinesfalls gleichgültig, nach wieviel

Tagen Schecks, die auf dieses Konto gezogen wurden, der Firma tatsächlich belastet werden. Man mache sich das am folgenden Beispiel klar:

Das Einkaufsvolumen des Kaufhauses K betrage 72 Millionen DM pro Jahr. Gezahlt werde prinzipiell durch Schecks. Die durchschnittliche Schecklaufzeit betrage 4 Tage. Der Kredit werde mit einem Zinsfuß von 8% p.a. bewertet. Wie hoch ist die „Zinsersparnis", die dadurch entsteht, daß die Postlaufzeit der Schecks um einen Tag verlängert wird?

Antwort: DM 16 000,–

Berechnung: $(72 \text{ Mio} \times \frac{8}{100}) \times (\frac{5}{360} - \frac{4}{360})$

Derartige Kontrollen lassen sich allerdings genauer mithilfe *spezieller Erhebungen* durchführen als anhand des oben gezeigten Dispositionsblattes.

(2) Die täglichen Bestandsmeldungen aller laufenden Konten und Kassen werden zu einem Sammelblatt, der *„täglichen Kontenübersicht"* zusammengestellt. Man beachte, daß es sich nur um die laufenden Konten handelt, Festgeldkonten oder nicht bewegte Sonderkonten werden erst im nächsten Arbeitsschritt hinzugenommen.

<small>Erfassung des Ist in der täglichen Kontenübersicht</small>

Die tägliche Kontenübersicht hat den im Abschnitt 3.1 des 2. Kapitels entwickelten Aufbau *(Abb. 15).*

Die Kontrolle prüft unter finanzwirtschaftlichem Aspekt:

<small>Verschuldungskontrolle</small>

2.4 Erreicht die *Verschuldung* bei einer der Banken (oder bei mehreren) die *Kreditlinie?* Zusatzinformation (nicht aus diesem Blatt ersichtlich): seit *wie lange* schon?

2.5 *Überschreitet* die Verschuldung die Kreditlinie? Um welchen Betrag, seit wie lange? Wie tolerant ist die Bank gegenüber Überschreitungen? Wurde die Überschreitung „umgeschichtet", d. h. zeitweise auf andere Banken verlagert?

Unter erfolgswirtschaftlichem Gesichtspunkt wird gefragt:

2.6 Sind die *Kontenstände untereinander ausgeglichen:* Bestehen etwa bei einer Bank Guthaben, während bei einer anderen Bank Schulden auftreten?

2.7 Erfolgt die *Verschuldung zunächst* bei den Banken mit den günstigeren Konditionen?

(3) Zu den Beständen auf den laufenden Konten und Kassen sind diejenigen hinzuzurechnen, deren Disposition sowohl von *Reservierungsabsichten* (= finanzwirtschaftlicher Zweck) als auch von *Anlagegesichtspunkten* (= erfolgswirtschaftlicher Zweck) bestimmt ist:

<small>Kontrolle der Reservetitel</small>

– Scheck- und Wechselbestände,
– Festgeldbestände,
– Wertpapierbestände.

Zusammen mit den Guthaben und den uneingeschränkt verfügbaren Krediten ergeben sie das kurzfristig mobilisierbare Zahlungspotential, die **„Zahlungskraft"** im Sinne WITTES[2].

---

[2] WITTE, a.a.O., S. 2 f., siehe auch STRAUB, a.a.O., S. 16 ff.

Die Bestände sollen eingesetzt werden, wenn sich Risiken realisieren, d. h. wenn zusätzliche, ursprünglich nicht vorhergesehene Zahlungen zu leisten sind oder Einnahmen ausfallen. Man geht bei der Reservierung von der Erwartung aus, derartige Bestände müßten sich

- zu einem bestimmten *Mindestbetrag,*
- in einer bestimmten *Mindestdauer*

andersartiges Kontrollkonzept

am Markt verwerten lassen. Diese Vorstellung liefert das Soll, dessen Realität durch ständiges, kritisches Fragen zu überprüfen ist. Man beachte, daß hier nicht das Soll durch die tatsächlich realisierten Ist-Werte geprüft wird – das könnte zu spät sein – sondern daß dieses *Soll durch ein fingiertes Ist kontrolliert* wird:

2.8 Warum sind *überhaupt Schecks im Bestand?* Wenn es sich dabei um vordatierte Schecks handelt, sind sie überhaupt verwertbar?

2.9 Sind die *Wechsel im Bestand mobilisierbar?* Hat unser maximales Wechselobligo bei den Banken noch entsprechende Spielräume? Welches ist der Diskontierungsbetrag? Haben die Wechsel Eigenschaften, die eine Diskontierung verhindern (z. B. Laufzeit über 90 Tage, keine drei guten Unterschriften)?

2.10 Wann sind die *Festgelder fällig?* Wurden sie mit Blick auf bestimmte (in Volumen und Realisationstermin bekannte) Bedürfnisse angelegt? Wenn ja, entsprechen sie noch diesen Bedürfnissen? Wurde ggf. eine kürzere Anlagefrist gewählt? Wenn ja, warum? Welche Vorschußzinsen sind bei vorzeitiger Kündigung zu zahlen? Was bedeutet vorzeitige Kündigung für unsere Kreditwürdigkeit?

2.11 Die gleichen Fragen wie unter 2.10 stellen sich *analog für Wertpapierbestände.* Hinzu kommt: Welchen Realisationsbetrag wird der Markt am geplanten Verkaufstermin gewähren? Ist Lombardierung oder Pensionsgeschäft möglich? Mit welchen Partnern? Zu welchen Realisationsbeträgen?

Wahl zwischen Ertrag und Risiko

Die voranstehenden Fragen sind rein *finanzwirtschaftliche.* Aus der Fülle der *erfolgswirtschaftlich* bedeutsamen Fragen seien unter dem Einfluß der Literatur zum **„Portfolio-Management"** die folgenden herausgegriffen:

2.12 Wurden *„effiziente" Lösungen* realisiert, d. h. kann man mit anderen Anlagen oder Anlagenmischungen höhere Erträge bei gleichem (Ertragsschwankungs-)Risiko realisieren? Oder umgekehrt: Kann man bei gleichem Ertrag Anlageformen mit niedrigerem Risiko finden?

2.13 Wurde zwischen Risiko (der Ertragsschwankung) und Erträgen *überhaupt abgewogen?* War dem Entscheidungsträger das Wahlproblem überhaupt bewußt? Hat er wenigstens Mindest-Erträge oder Höchst-Risiken festgelegt?

kostenminimale Irrtumskorrektur

Ein weiteres Problem betrifft die *kostenminimale Irrtumskorrektur*[3].

Gesetzt den Fall, der Disponent habe finanzielle Mittel auf 90 Tage gebunden. Nun träte ein Risiko ein, dessen Abdeckung eine Mittelanforderung stellt, die

---

[3] Dieses Problem ist gründlich bei STRAUB, a.a.O., S. 122 ff. und ab S. 180 mit Hilfe eines Simulationsansatzes (DISPOS) behandelt.

auf jeden Fall vor Ablauf dieser 90 Tage, sicherlich aber nur für eine Frist von ca. 20 Tagen benötigt wird.

Soll der Disponent die Anlage – bei entsprechenden Opportunitätskosten – auflösen oder kurzfristig eine Sonderfinanzierung, eventuell zu höherem Zinssatz, vornehmen?

Die Kontrolle fragt:

2.14 Wurde ein *sachgerechter Kalkül* angestellt? Wurde unter Berücksichtigung absoluter Beträge entschieden? Oder orientierte man sich fälschlicherweise an den nominellen Zinssätzen ohne Berücksichtigung der Zeitdauer und der sonstigen Kostenelemente?

2.2 Kontrolle der Zahlungsdisposition

Zahlungsdisposition ist Veranlassung von Zahlungseingängen und -ausgängen. In Ergänzung der Bestandshaltung richtet sich die Disposition auf die *Strömungsgrößen*. Die Kontrollaktivitäten erfassen insbesondere die *Zahlungsträger und die Zahlungswege*.

Unter finanzwirtschaftlichen Kriterien fragt die Kontrolle zunächst nach der *Valutierung oder Wertstellung*. Es handelt sich dabei um den Zeitpunkt, zu dem eine Buchung auf einem Konto zinswirksam wird. Das finanzwirtschaftliche Dispositionsproblem geht mit seiner Frage nach der Information und mit der frühestmöglichen Verfügbarkeit über die valutierten Beträge noch darüber hinaus. Machen wir uns das Problem am Beispiel einer Überweisung des A an den B klar:

Kontrolle der Valutierung

– A übergibt seine Überweisung seiner Bank am 1. 8.
– A wird belastet zum 1. 8.
– Die Bank transferiert den Betrag über die Gironetze.
– B erhält die Gutschrift auf seinem Konto am 6. 8.
– B wird durch Auszug informiert am 7. 8.
– B kann daraufhin frühestens disponieren zum 8. 8.

Sowohl A als auch B haben ein Interesse an der Beschleunigung des Prozesses. B möchte über den Betrag möglichst früh verfügen. A möchte entweder den effektiven Zahlungstermin (= seine Belastung) hinauszögern oder doch wenigstens dem B gegenüber als pünktlicher Zahler erscheinen.

Die Bank teilt die Interessen von A und B nicht. Für sie bedeutet die Verzögerung der Wertstellung und der Information einen zinslosen Kredit.

Nun ist dieser Verzögerungseffekt keinesfalls zwingend: Auch *über die Valutierungstermine* kann man mit Banken *verhandeln*. Zumindest kann man die Bank oder die Bankengruppe ausfindig machen, bei der die Verzögerung minimal ist. Auf jeden Fall hat die Kontrolle der täglichen Finanzdisposition folgende Fragen zu stellen:

2.15 *Wie lange* dauert die durchschnittliche Überweisung innerhalb eines Gironetzes, festgestellt für jedes Bankensystem? Wie lange bei Einschaltung eines weiteren Gironetzes? Ist über Valutierungszeitpunkte verhandelt worden? Um wieviel schneller erfolgt Valutierung, wenn von der Fakultativ-Klausel (siehe Frage 2.17) Gebrauch gemacht wurde? Zu welchen Konditionen bieten die Banken Eilüberweisungen an?

Valutierung von Schecks

Bedeutsamer noch ist die *Valutierung der Schecks*. Es gehört zu den Kennzeichen eines effizienten Finanzmanagements, Valutierung unmittelbar „bei Einreichung" in Verhandlungen mit den Banken durchzusetzen. Zumindest wird eine bestimmte, möglichst kurze Frist nach Einreichung angestrebt. Die Kontrolle prüft:

2.16 Bestehen überhaupt *Abmachungen über den Zeitpunkt der Scheck-Valutierung* oder wird nach Allgemeinen Geschäftsbedingungen verfahren? Wenn Abmachungen getroffen werden, auf welche Fristen lauten Sie? Halten die Banken diese Fristen auch tatsächlich ein?

Fakultativ-Klausel

Es ist für die Finanzdisposition nicht allein wichtig zu wissen, *wann* sie über einen Betrag verfügen kann, sondern auch, *auf welchem ihrer Konten* der Betrag zu erwarten ist. Das ist keinesfalls selbstverständlich:

Der Kunde X wurde mehrfach gemahnt, endlich zu zahlen. Er avisiert am 3. 8. die Zahlung auf unser Konto bei der D-Bank. Im Vertrauen auf diese Zusage zieht der Finanzdisponent auf dieses Konto mehrere Schecks. Am 6. 8. erhält er die Auszüge und muß feststellen, daß der Betrag nicht auf das Konto bei der D-Bank, sondern auf unser Konto bei der V-Bank überwiesen wurde. Das D-Bank-Konto weist am folgenden Tage wegen der Scheckziehung einen unerwartet hohen Soll-Saldo auf, der durch Umbuchung vom V-Konto erst einen Tag später ausgeglichen wurde. Zusätzliche Arbeit und Zinsverlust waren entstanden.

Was war geschehen?

Die V-Bank hatte von der sog. *„Fakultativ-Klausel"* Gebrauch gemacht. Der Kunde X hatte auf dem Überweisungsformular den Zusatz „... oder ein anderes Konto des Empfängers" nicht gestrichen. Die Bank des X (dem gleichen Gironetz wie die V-Bank angehörig) hatte daraufhin die Zahlung innerhalb ihres Netzes auf unser Konto der ihr näher stehenden V-Bank geleitet[4].

Die finanzwirtschaftliche Kontrolle der Finanzdisposition hat zu prüfen:

2.17 Werden in eigenen Überweisungen die *Fakultativklauseln gestrichen*? Wurde mit den Banken über die Anwendung bzw. Nicht-Anwendung der Fakultativ-Klausel verhandelt? Welche Vorteile bringt die Anwendung der Fakultativ-Klauseln mit Blick auf die Geschwindigkeit von Überweisungen? Wurde mit wichtigen Kunden Streichung der Fakultativ-Klausel vereinbart?

Kosten der Zahlungsdisposition

Unter erfolgswirtschaftlichen Kriterien hat die Kontrolle der Finanzdisposition zu prüfen:

2.18 Werden *kostenminimale Zahlungswege und -träger* gewählt? Wie bewußt sind die Kosten des Zahlungsverkehrs? Werden Gebühren, Provisionen und

---

[4] Vgl. auch Deppe, H. D.: Betriebswirtschaftliche Grundlagen der Geldwirtschaft, Bd. 1: Einführung und Zahlungsverkehr, Stuttgart 1973, S. 271 f.

2. Kontrolle der täglichen Finanzdisposition

sonstige Auslagen pro Zahlungsvorgang erfaßt oder begnügt man sich mit der Überprüfung der Quartalsabrechnungen?

Wurden Sondergebühren wegen Eilüberweisungen belastet? Wenn ja, warum waren sie nötig? Wurden Kostenvergleiche angestellt?

2.19 Werden *Gesamtkosten einer Bankverbindung zusammengefaßt* gesehen? Wird einseitig auf Zinssätze geachtet und die sonstigen Konditionen übersehen?

2.20 Wurden mit den Banken Verhandlungen über die *Rationalisierung des Zahlungsverkehrs* geführt (z. B. Datenträgeraustausch)?

Übungsaufgabe 4.3
Nach der empirischen Untersuchung von Straub werden nicht alle Bestandteile der täglichen Finanzdisposition auch täglich kontrolliert. Bitte sehen Sie unsere Check-Liste zur Finanzdisposition (Fragen 2.1 bis 2.20) nochmals durch und prüfen Sie, welche Kontrollen Sie *täglich*, welche *wöchentlich*, welche *monatlich* und welche Sie *noch seltener* vornehmen würden. Begründen Sie bitte ihre Entscheidungen.

3. Kontrolle der laufenden Finanzplanung

3.1 Der Kontrollgegenstand

3.1.1 Die Kontrollpositionen

Definition der kurzfristigen Finanzplanung und -kontrolle

Unter „kurzfristiger Finanzplanung" verstehen wir die laufende, monatlich unterteilte und revidierte, höchstens ein Jahr in die Zukunft greifende Prognose aller Einnahmen und Ausgaben einer Unternehmung. Sie weist als Ergebnis einen *„Dispositionsbetrag"* jeweils zum Monatsultimo aus, d. h. einen *Überschuß,* der der Anlage harrt, oder einen *Fehlbetrag,* der nach Deckung verlangt. Diese Bestandsgröße ist der Saldo aus folgenden Positionen:
- Summe der *Zahlungsmittelbestände,* der Guthaben (evtl. auch der diskontierbaren Wechsel), abzüglich der Sollsalden der Bankkonten zum Vormonats-Ultimo („Kontenstand") *plus*
- erwartete *Einnahmen* während des Monats (Barzuflüsse und Gutschriften auf Zahlungskonten) *minus*
- erwartete *Ausgaben* während des Monats (Barabflüsse und Belastungen von Zahlungskonten).

3.1.2 Abgrenzung zur kurzfristigen Erfolgskontrolle

Verhältnis Finanzkontrolle zu Erfolgskontrolle

Die kurzfristige Finanzplanung ist das Pendant zur kurzfristigen Erfolgsrechnung. Die Finanzplanung bestimmt folgende Entscheidungen:
- kurz- und mittelfristige *Finanzanlage-Entscheidungen,*
- Entscheidungen über *Kreditabruf oder Kreditverhandlung,*
- *liquiditätspolitische Anpassungsentscheidungen,* wenn sich Liquiditätsengpässe zeigen (z. B. Investitionsstop, Einkaufsstop, Sonderverkäufe, Effekten-Liquidation etc.).

Wir gehen im folgenden davon aus, daß die Finanzplanung und -kontrolle *neben* einer kurzfristigen Erfolgsplanung und -kontrolle durchgeführt wird. Beide Planungs- und Kontrollrechnungen *ergänzen sich systematisch,* d. h. jede prüft einen speziellen Sektor unternehmenspolitischen Handelns, keine prüft indessen Aspekte, die die jeweils andere Kontrolle erfaßt. Das schließt nicht aus, daß die Finanzkontrolle auf Befunde der Erfolgskontrolle zurückgreift.

Die kurzfristige *Erfolgskontrolle* richtet sich auf die erfolgswirtschaftlichen Größen *„Aufwand/Ertrag"* oder *„Kosten/Erlöse".* Sie bezieht auch die vorgelagerten *Mengenbewegungen* in ihre Betrachtung ein:
- Mengenverbrauch, -beschaffung, -lagerung von Produktionsfaktoren,
- Mengenausbringung, -lagerung, -versand, -bestellung von Produkten.

3. Kontrolle der laufenden Finanzplanung 145

Sie will *Begründungen* finden, warum ein geplanter *Gewinn nicht erreicht* wurde.

Demgegenüber beschränkt und konzentriert sich die Kontrolle der Finanzplanung auf die spezifisch finanzwirtschaftlichen Aspekte betrieblicher Planungen und Handlungen. Konkret: Die Kontrolle der Finanzplanung prüft nicht, ob das Marketing-Management die geplanten Absatzmengen und -preise realisiert oder ob das Betriebs- und Einkaufsmanagement mit Blick auf Beschäftigung, Verbrauch, Mengen- oder Wertkomponenten optimal disponiert hat. *Das eigentlich finanzwirtschaftliche Kontrollinteresse gilt allen Verhaltensweisen, die die finanzielle Umsetzung der erfolgswirtschaftlichen Handlungen betreffen.*

Darüber hinaus hat die Kontrolle der Finanzplanung traditionell die Funktion, alle Zahlungen des „*reinen Verwaltungsbereichs*" zu überwachen, die nicht durch gesonderte Kostenkontrollen erfaßt werden. Erfahrungsgemäß ergeben sich die bedeutsamsten Kontrollprobleme in folgenden Bereichen der kurzfristigen Finanzplanung:

Es gilt Fehlprognosen bzw. Realisationsmängel aufzudecken, die auftreten
1. bei der Ableitung von Einnahmen aus Erträgen, die also das Inkasso der Umsätze betreffen *(„Inkasso- und Kundenkreditkontrolle")*, — Inkasso und Kundenkreditkontrolle
2. bei der Ableitung von Ausgaben aus Aufwendungen (oder Kosten), namentlich die Vereinbarung und Inanspruchnahme von Zahlungszielen bei der Beschaffung von Rohstoffen, Materialien und Investitionsgütern *(„Lieferantenkredit- und Zahlungsziel-Kontrolle")*, — Lieferantenkredit und Zahlungszielkontrolle
3. bei rein finanzwirksamen Zahlungen, d. h. bei allen Kreditbewegungen und Gewinnverwendungen *(„Kontrolle der reinen Finanzbewegungen")*, — Kontrolle der reinen Finanzbewegung
4. bei Zahlungen des reinen Verwaltungsbereichs, die von den eher marketing- und betriebsorientierten Kontrollen der Erfolgsplanung nicht primär analysiert werden: Steuer-, Versicherungs- und Mietzahlungen *(„Kontrolle der Verwaltungszahlungen")*. — Kontrolle der Verwaltungszahlungen

Es mag auffallen, daß die finanziell nicht unbedeutenden Personalausgaben nicht im Zentrum finanzwirtschaftlicher Kontrolle stehen. Sie stellen in der Tat nur geringe finanzwirtschaftliche Kontrollprobleme. Soweit Planung und Realisation der Personalkosten erheblich voneinander abweichen, wird das bereits durch die kurzfristige Erfolgskontrolle erfaßt. Eine zusätzliche Analyse derartiger Abweichungen unter Zahlungsgesichtspunkten erbringt kaum neue Erkenntnisse. Diese Behandlung der Personalkosten bzw. -ausgaben zeigt eindringlich, wie sich Erfolgs- und Finanzkontrolle zu ergänzen haben.

Übungsaufgabe 4.4
Welche der folgenden Kontrollen sind der kurzfristigen *Erfolgskontrolle*, welche der kurzfristigen *Finanzkontrolle* zuzurechnen?

1. Kontrolle auf Zeitüberschreitung bei der Fertigstellung der Aufträge 03/2205 bis 03/2355,

2. Kontrolle auf Einhaltung des Zahlungsziels der Kundengruppe „Großhandel, Bereich Südwest",

3. Kontrolle auf Rabattgewährung für Lieferungen des Produktes ARIMAX während des 1. Quartals 1981,

4. Kontrolle der Höhe der Skontoabzüge für alle Zahlungen im Januar 1981,

5. Kontrolle der Beschäftigungsabweichung im Betrieb Köln im Januar 1981,

6. Kontrolle der Einkaufsdisposition im 1. Quartal 1978 unter der Frage, ob die optimalen Beschaffungsmengen bei Rohstoffeinkauf realisiert wurden,

7. Kontrolle des Verkaufsbezirks Nord unter der Frage, warum der Umsatzanstieg im März 1978 unter dem Soll lag,

8. Kontrolle der Zinserträge unter der Frage, warum der erwartete Wert für März 1981 um mehr als 10% unterschritten wurde,

9. Kontrolle der Tilgung von Darlehen, die an Mitarbeiter gewährt wurden,

10. Kontrolle der Zahlungen an den Lieferanten TREMAG unter der Frage, warum sie schon im Januar und nicht erst – wie ursprünglich angenommen – im April fällig wurden.

Falls Sie eine Kontrollaktivität sowohl der Erfolgs- als auch der Finanzkontrolle zuordnen wollen, bitten wir Sie um eine Begründung.

3.2 Die Kontrollvoraussetzungen

3.2.1 Daten-Kompatibilität

Zusätzliche Sachkontierung der Zahlungsbelege

Erste Voraussetzung der Kontrolle ist *Kompatibilität* von Soll- und Ist-Daten *der Art und der Zeit nach.*[5] Das traditionelle Rechnungswesen liefert die benötigten Kontrolldaten nicht, da es Zahlungsvorgänge mit der Person oder Institution des *Zahlungspartners, nicht* aber mit dem *Zahlungszweck* verknüpft. Nach derartigen Zahlungszwecken (nach Einnahme- und Ausgabe-Arten) ist aber der Finanzplan gegliedert. Es wird also eine *zusätzliche Kontierung der Zahlungen nach den Zahlungszwecken* (= den Nummern der Zeilen im Finanzplan) benötigt. Ein *Beispiel* möge das erläutern.

Der Finanzkontrolleur will die Position „Material- und Energieausgaben" überprüfen. Aus dem Archiv der Finanzbuchhaltung werden ihm Zahlungsbelege und Rechnungen vorgelegt, die auf Buchungssätze der folgenden Art hinauslaufen:

Per I.D. Flügger an Dresdener Bank   DM   1 100,–
Per RWE an Postscheckkonto   DM   32 500,–

---

[5] Vgl. Abschnitt 1.1.1 im 3. Kapitel, S. 94 ff.

Per Siemens AG an Deutsche Bank   DM 112 400,–
usw.

Er benötigt zusätzliche Angaben, nämlich daß die Rechnungen

- von I.D. Flügger für das Hilfsmaterial „Lack" (= Materialausgaben),
- vom RWE für elektrischen Strom (= Energieausgaben),
- von Siemens teilweise für Reparaturen (= sonstige laufende Ausgaben), teilweise für Kabel (= Materialausgaben), teilweise für ein Schaltelement eines Transformators des Neubauobjektes 0533 (= Investitionen)

ausgestellt sind. Jede dieser Rechnungen, ggf. jede einzelne der bezahlten Positionen sind durch eine zusätzliche Sach-*Nummerierung mit den Ordnungsziffern des Finanzplans* sachlich zu kennzeichnen, z. B.

Per Siemens für
(A. II. a) Materialausgaben   DM 8 200,–
(A. II. e) sonstige laufende Ausgaben   DM 21 400,–
(B. II. a) / 0533 Investitionen   DM 82 800,–
                                     ─────────
                                     DM 112 400,–
an Deutsche Bank.

Die manuelle Erfassung dieser sachlichen Verwendung der Ausgaben ist recht aufwendig. Hier liegt ein Anwendungsgebiet für die *automatisierte Datenverarbeitung*. Sie sortiert alle Zahlungsbelege nach den Zahlungszwecken und ordnet die Summen den einzelnen Positionen des Finanzplans zu.

Übungsaufgabe 4.5
Überlegen Sie bitte, ob derartige Sachzuordnungsprobleme sich auch im Bereich der Einnahmen stellen.

Ein besonderes Problem wird durch den **Zeitschnitt der Planung** aufgeworfen. Die Valutierungstermine (= zinswirksame Konto-Gutschrift oder -Belastung) weichen von den Dispositionsterminen (= Einreichung bei der Bank oder Scheck-Übersendung an Lieferanten) oft beträchtlich ab. Zeitdifferenzen von einer Woche sind üblich, „Postläufe" von 10 Tagen nicht selten. Da die Terminschnitte der Planung sehr präzise sind und recht schnell, nämlich im 30-Tage-Abstand, aufeinander folgen, besteht Gefahr, daß Abweichungen zwischen Soll und Ist dramatisiert werden, die lediglich aufgrund mangelnder Beherrschbarkeit der Valutierungstermine entstehen. Um Fehlinterpretationen zu begegnen, wird daher in vielen Finanzabteilungen *auf die Abstimmung der laufenden, kurzfristigen Finanzplanung mit den Zahlungskonten verzichtet.* Stattdessen wird im Ausgabensektor lediglich mit den Zahlungen gearbeitet, die den eigenen Dispositionen entsprechen. D. h.: Ein Scheck wird schon in dem Monat als Ausgabe angesehen, in dem er an den Lieferanten ausgehändigt wird, gleichgültig, wann er dem Bankkonto belastet wird. Anders bei der Erfassung der Einnahmen: Hier ist der Zeitpunkt der Gutschrift auf dem Zahlungskonto maßgeblich. Es gilt also auch im Bereich der Finanzplanung ein *Imparitätsprinzip*.

Diese Orientierung an den selbst disponierten Zahlungen und damit an ihren Belegen hat einen weiteren Vorzug: Sie sichert, daß die *Kontrolle rechnerisch*

Behandlung des Zeit-Schnittes

abgestimmt werden kann. Die Summen der durch Zahlungsbelege dokumentierten Einnahmen und Ausgaben pro Monat sind identisch mit den Brutto-Zahlen des Finanzplanungs- und Kontrollbogens.

3.2.2 Daten-Aktualität

kurze feedback-Dauer

Zweite Voraussetzung der Kontrolle ist die **Aktualität der Kontrolldaten.** Die Abweichungsanalyse soll *Lernprozesse* einleiten und dadurch langfristig das Verhalten steuern. Die Abweichungsursachen müssen daher dem Handelnden noch *bewußt* sein, er muß sein Verhalten noch reproduzieren können. Prüfen Sie sich bitte selbstkritisch, ob Sie noch in der Lage sind, Details von Entscheidungen zu erinnern, die Sie vor 30, 45 oder 60 Tagen getroffen haben. Sie mögen sich darüber hinaus fragen, ob Sie sich an Details von Planungen erinnern, die sich auf diese Entscheidungen beziehen, und jeweils wenigstens noch einmal 30 Tage früher getroffen werden.

Nach Meinung erfahrener Finanzleiter muß die Kontrolle der Finanzplanung wenigstens *14 Tage nach Monats-Ultimo* abgeschlossen sein. Geht sie darüber hinaus, provoziert sie die Produktion von Aktennotizen und Memoranden der Rechtfertigung, des Vorbehalts und der Entschuldigung.

3.3 Die Meßwerte der Kontrolle

Die Kontrolle setzt an den Abweichungen des Ist vom Soll an.

Quantifizierung der Abweichung

(1) Die **Abweichungen** werden zunächst *absolut,* sodann *relativ* (in v. H. vom Sollwert) ausgewiesen. Es ist empfehlenswert, weitere Erklärungsspalten im Formular vorzusehen. Formal hat das Kontroll-Design folgende Struktur – wir beschränken uns auf einen Auszug aus dem vorgeschlagenen Formular des Finanzplanes aus Abschnitt 3.3 des 2. Kapitels, vgl. *Abb. 17, S. 86.*

Kontrolle des kurzfristigen Finanzplans für den Monat September						
Position	Soll in TDM	Ist in TDM	Abweichung in TDM	Abweichung in v. H.	Bemerkungen Zeitschnitt-Abweichung in TDM	Sonstige
A.I.a.1 Umsatz-Einnahmen aus abgeschl. Verträgen	550	506	− 44	− 8,0	12	
A.II.e. Sonstige laufende Ausgaben	140	126	+ 14	+ 10,0		

Abb. 28: Kontrolle des kurzfristigen Finanzplans

3. Kontrolle der laufenden Finanzplanung

(2) Zunächst zu den Daten: Bei der laufend revidierten, sog. *„rollenden"* *Planung* werden die Solldaten mehrmals (je nach Häufigkeit der Plan-Überarbeitung) geschätzt. Üblich ist eine monatliche, ein Quartal in die Zukunft greifende Plan-Überarbeitung. Der hier betrachtete Monat September würde danach zum ersten Male im Monat Juni geplant, die Planzahlen sodann in den Monaten Juli und August überarbeitet. Die folgende Abbildung zeigt das Vorrücken der rollenden Planung:

Welche Soll-Werte bei rollender Planung?

Juni	Juli	August	September	Oktober
······──────────────────────▶ 1				
	······───────────────▶ 2 ────────			
		······──────▶ 3 ────────		

Abb. 29: *Vorrücken der rollenden Planung*

Es stehen somit *drei Sollwerte für die Kontrolle* der laufenden Finanzplanung zur Verfügung. Für die *Praxis* ist es unzweifelhaft, daß der im August (also mit minimaler Plandistanz) geschätzte Wert zum Vergleich mit dem Ist herangezogen wird. Tatsächlich lohnt es sich darüber nachzudenken, ob nicht auch die zuvor geschätzten Planwerte einer Beachtung wert sind. Immerhin geben sie einen sehr brauchbaren Hinweis, *wie treffsicher die Planung schon zwei oder drei Monate vor der Realisation* die Ist-Werte vorhersagen konnte – eine für die Kredit- und Anlagedisposition sicherlich wichtige Aussage.

Ein *Beispiel* möge das erläutern: Die in *Abb. 28* genannten Werte für Umsatzeinnahmen aus abgeschlossenen Verträgen mögen zu unterschiedlichen zeitlichen Abständen vor dem Realisationszeitraum folgendermaßen geschätzt worden sein:

	Schätzzeitpunkte im			Realisationszeitraum	Differenz
	Juni	Juli	August	September	
1. Schätzung	530				− 24
2. Schätzung		510			− 4
3. Schätzung			550		− 44
Realisiert				506	

Abb. 30: *Treffsicherheit der Prognose in Abhängigkeit vom Prognosetermin*

Das Beispiel zeigt, daß die zweite Schätzung, die zwei Monate vor Realisation aufgestellt wurde, den tatsächlich realisierten Zustand wesentlich besser getroffen hat, als die Schätzung, die einen Monat vor Realisierung angestellt wurde. Das mag unterschiedliche Gründe haben, die Änderung des Irrtums mag auch Zufall sein. *Auf jeden Fall muß der Kontrolleur nach den Ursachen der Veränderung der Prognose-Treffsicherheit fragen.* Nur so kann er Systemfehlern bei der Planung auf die Spur kommen. Nur so kann er dem Planer Hilfen für zukünftige Planungsrunden geben. So wird schließlich erkennbar, welche Bereiche mit solcher *Unsicherheit* behaftet sind, daß gesonderte Maßnahmen der *Risikopolitik* gefordert werden müssen.

Aussonderung der Zeitschnitt-Abweichung

(3) Angesichts der vorn erwähnten Schwierigkeit, Zahlungseingänge wegen der Valutierungsunsicherheit noch (oder schon) im betrachteten Monat zu berücksichtigen, empfiehlt es sich, die Abweichungen zunächst um eine *„Zeitschnittabweichung"* zu bereinigen. Es handelt sich um die Zahlungen, die *eigentlich noch dem Planmonat zuzurechnen* sind, die aber erst in der dem Stichtag folgenden Woche eingegangen sind. Man erspart sich umfängliche Recherchen und konfliktträchtige Diskussionen, wenn derartige extern zu verantwortende Abweichungen ausgewiesen, aber dann vernachlässigt werden.

Übungsaufgabe 4.6
Der Finanzkontrolleur überprüft die Veränderung der Treffsicherheit der Prognose anhand der Veränderung der Erstschätzung gegenüber Zweit-, Drittschätzung und Istdaten im System der rollenden Finanzplanung. Er macht folgende Beobachtungen:
a. Im Sektor der Materialausgaben ist die Erstschätzung regelmäßig erheblich niedriger als die Drittschätzung und zugleich niedriger als die Istwerte.
b. Im Sektor der Einnahmen aus Umsätzen ist die Zweitschätzung regelmäßig genauer als die Drittschätzung, gemessen an den Istwerten.
Deuten diese Beobachtungen auf Fehler im Planungssystem oder auf systematische Änderungen im Planungsverhalten hin?

3.4 Die Kontrollfragen

3.4.1 Der systematische Ansatz

Der Feststellung der Planabweichung folgt die Frage nach den Ursachen. Positive wie negative Abweichungen werden bei der Analyse gleichgewichtig behandelt: **Wie kommt es, daß Prognose und Realität nicht übereinstimmen?**

Der Plan ist so aufgebaut, daß er eine *systematische Fehlerlokalisierung* ermöglicht. Die Kontrolle setzt zunächst am Dispositionsbetrag an und fragt, ob seine Nicht-Erreichung auf Fehlprognosen oder Realisierungsmängel stärker
– im *ordentlichen* Zahlungsbereich (Saldo A),
– im *außerordentlichen* Zahlungsbereich (Saldo B),
– im *Kreditbereich* (Saldo C)

begründet ist. Je nach Ausmaß der Abweichungen forscht sie im jeweiligen Plansektor solange weiter, bis sie die wichtigsten Abweichungsursachen lokalisiert hat. Der Planaufbau verweist sie dabei zielstrebig an die einzelnen *Verantwortungsbereiche:* an das *Marketing-Management* zur Einnahmenkontrolle, an das *Beschaffungs-Management* zur Kontrolle der Material-, Rohstoff- und Investitionszahlungen, an den *Leiter der Allgemeinen Verwaltung* zu den allgemeinen Verwaltungszahlungen, an die *Betriebsleitung* zu allen Fragen, in denen Zahlungen von den Betrieben direkt veranlaßt werden, sowie schließlich an das *Finanz-Management* selbst, das für eine Fülle von Zahlungen des reinen Finanzbereichs unmittelbar verantwortlich ist.

3. Kontrolle der laufenden Finanzplanung 151

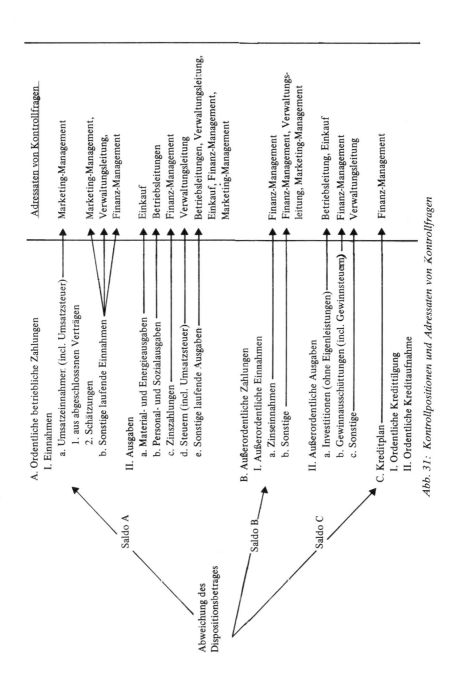

Abb. 31: Kontrollpositionen und Adressaten von Kontrollfragen

Abb. 31 auf S. 151 zeigt die Verzweigung der Kontrollfragen und ihre Adressaten. Naturgemäß kann diese Darstellung keine Allgemeingültigkeit beanspruchen, da die organisatorischen Verhältnisse von Betrieb zu Betrieb verschieden sind. Sie gibt aber die Orientierung, in welchen Kompetenzbereichen am ehesten Aufklärung erlangt werden kann, wenn sich Abweichungen zeigen, die einer vertiefenden Analyse wert sind.

Die Kontrollfragen lassen sich in **„spezielle"** und **„generelle"** unterteilen. Die speziellen Kontrollfragen wenden sich mit *inhaltlich unterschiedlichen, fachspezifischen Auskunftsbegehren an die einzelnen Ressorts* des Betriebes, die an der Veranlassung der Zahlungen oder an der Bestimmung der Plansätze mitgewirkt haben. Die generellen Kontrollfragen sind *Fragen gleichen Inhalts an die unterschiedlichen Ressorts*. Wir behandeln zunächst die speziellen, sodann die generellen Kontrollfragen.

3.4.2 Spezielle Kontrollfragen

Adressat: Marketing-Management

(1) Die speziellen finanzwirtschaftlichen Kontrollfragen an das **Marketing-Management** lauten:

3.1 Zu welchem Anteil ist die Planabweichung auf *falsche Einschätzung des Zahlungsverhaltens der Kunden* zurückzuführen? Zahlen die Kunden früher oder später als geplant? Zahlten sie unter anderen Konditionen, als ursprünglich geplant (früher, dafür unter Abzug von Skonto oder später, dafür „netto Kasse")?

3.2 Wurden *andere Konditionen* mit den Kunden vereinbart, ohne daß die Finanzabteilung informiert wurde?

3.3 Bei Überdeckung: Hat man bei der Planung alle potentiellen Zahler *vollständig* erfaßt?

3.4 Wurden fehlerhafte Annahmen über Teil- oder *Totalausfall* einzelner Kunden getroffen?

3.5 Welche Ursachen hat eine Änderung der bisherigen *Zahlungsgewohnheiten* der Kunden? Handelt es sich um ein generelles (z. B. konjunkturell bedingtes), um ein branchenspezifisches oder um ein kundenindividuelles Problem?

3.6 Wurden Einzelpositionen der „sonstigen laufenden Einnahmen" nicht oder (betraglich oder terminlich) falsch erfaßt (Dienstleistungen, Kostenerstattungen im Kundendienst)?

3.7 Desgl. für Einzelpositionen der „sonstigen laufenden Ausgaben" (Werbung, Verpackung, Beratung, Messen-Beschickung etc.)?

Die folgenden Kontrollfragen lassen sich auch aus einer laufenden Erfolgskontrolle beantworten. Fehlt eine solche, so muß der Finanzkontrolleur sie stellen:

3.8 Beruhte die Planabweichung auf *Fehlprognosen des Umsatzes*? Irrte sich der Planer in bezug auf den *Termin* oder auf den *Betrag*? Bei Betragsirrtum: Ist dieser auf Fehlplanung des Sortiments, der *Mengen* oder der *Preise* (incl. der Rabatte) zurückzuführen?

3. Kontrolle der laufenden Finanzplanung

(2) Die speziellen finanzwirtschaftlichen Kontrollfragen an das **Beschaffungsmanagement** lauten:

Adressat: Beschaffungs-Management

3.9 Wurden *andere Konditionen* mit den Lieferanten vereinbart, als der Finanzplaner bei seinen Schätzungen zugrunde legte? Wenn ja, warum wurde er nicht informiert?

3.10 Wurden die *Lieferanten gewechselt*, so daß andersartige Konditionen zur Anwendung kamen?

3.11 Wurden *andersartige Güter* bei anderen Lieferanten zu anderen Konditionen bestellt, als der Finanzplaner bei seinen Schätzungen annahm?

3.12 Ist die Abweichung vom Finanzplan auf vorzeitige Bestellung zurückzuführen? Warum war diese *Terminabweichung* angezeigt?

Die folgenden Fragen sind wiederum eigentlich der Erfolgskontrolle zuzuordnen, die Finanzkontrolle greift auf diese Informationen zurück:

3.13 Wurden eventuell *größere Mengen* (kostengünstiger) bestellt als geplant? Wurden bestimmte Lieferanten wegen ihrer Preise positiv oder negativ ausgewählt, ohne daß dabei auf die Zahlungsbedingungen geachtet wurde?

3.14 Wurden substitutive Roh-, Hilfs- und Betriebsstoffe beschafft?

3.15 Wurden andere Transportwege, -mittel, -distanzen gewählt als ursprünglich veranschlagt?

(3) Die speziellen finanzwirtschaftlichen Kontrollfragen an die **Betriebsleitungen** lauten:

Adressat: Betriebsleitung

3.16 Erfolgte Umstellung der Personalausgaben auf andere Zahlungstermine (wöchentlich, monatlich, halbjährlich, jährlich, stichtagsbezogen, aus besonderer Veranlassung)?

3.17 Wurden *Eil- oder Notbeschaffungen* veranlaßt, um die Stetigkeit des Produktionsflusses zu erhalten?

3.18 Wurden externe Dienstleistungen (z. B. Reparaturen, Kontrollen) nicht oder falsch erfaßt?

Diese Fragen werden durch folgende Fragen der Erfolgskontrolle mit beachtlicher finanzwirtschaftlicher Auswirkung ergänzt:

3.19 Sind Irrtümer bei der Schätzung der Personalausgaben auf *ungeplante Überstunden, Neueinstellungen, Beschäftigung von Aushilfskräften, Änderung von Eingruppierungen, Zahlung von Prämien, von Akkordbeträgen, von Gefahren-, Schmutz- und Lärmzulagen* zurückzuführen?

3.20 Sind Einzelpositionen der „sonstigen laufenden Ausgaben" nicht oder falsch geschätzt worden?

(4) Die speziellen finanzwirtschaftlichen Kontrollfragen an den **Leiter der Allgemeinen Verwaltung** lauten:

Adressat: Leiter der Allgemeinen Verwaltung

3.21 Sind Einzelpositionen der „sonstigen laufenden Einnahmen" nicht oder falsch geschätzt worden (Lizenzeinnahmen, Mieteinnahmen, Pachten, Nebenumsätze, Entgelt von Dienstleistungen etc.)?

3.22 Desgl. für „Steuern", insbesondere bei Nachzahlungen,

3.23 Desgl. für „sonstige laufende Ausgaben" (Amtliche Gebühren, Beiträge, Versicherungsprämien, Mietzahlungen, Pachten, Leasing-Raten, Dienstleistungen, insbes. Beratung, Prüfung sowie für Lizenz- und Patentgebühren, Ausgaben für Büromaterial),

3.24 Desgl. für „sonstige außerordentliche Einnahmen" (Verkäufe von Gegenständen des Sachanlagevermögens außerhalb des normalen Umsatzprozesses).

Adressat: Finanz-Management

(5) Die finanzwirtschaftlichen Kontrollfragen an das **Finanzmanagement** lauten:

3.25 Sind Einzelpositionen der „sonstigen laufenden Einnahmen" (Dividenden, Gewinnabführungen an uns) nicht oder falsch geschätzt worden?

3.26 Desgl. für die „sonstigen außerordentlichen Einnahmen", soweit sie den Finanzbereich betreffen (Verkauf von Effekten des Finanzanlagevermögens und des Umlaufvermögens),

3.27 Desgl. für „Zinseinnahmen", } Irrtümer im *Kapitalbetrag,*
  im *Zinssatz,*
3.28 Desgl. für „Zinszahlungen", } im *Zahlungstermin*

3.29 Desgl. für „sonstige laufende Ausgaben" (Gebühren und Provisionen im Zahlungsverkehr, im Effektenumsatz etc.),

3.30 Desgl. für alle Positionen des Kreditplans.

3.4.3 Generelle Kontrollfragen

kritische Würdigung der Wirkung von Planabweichungen

Die erste Gruppe von generellen Kontrollfragen befaßt sich kritisch mit einer allzu schnell formulierten Negativ-Bewertung der Planabweichungen schlechthin:

3.31 Ist das Ausmaß der *Planverfehlung überhaupt bedeutsam?*

3.32 Wurden durch die Planverfehlung möglicherweise *schädliche Neben- oder Folgewirkungen verhindert?*

3.33 Wurden trotz der Planverfehlung möglicherweise *günstige Neben- oder Folgewirkungen erreicht?*

Planabweichung und Verantwortung

Üblicherweise – so auch die Vermutung der Praxis – wird der Plan als das Anstrebenswerte angesehen, die Planverfehlung gilt als Mangel der Realisation, nicht als der Prognose. Dieser Vorstellung entsprechen die folgenden Kontrollfragen, die den *Einwirkungen des Verantwortlichen auf die Ist-Werte* nachspüren, also der Frage nachgehen, für welche Verhaltensweisen er sich zu rechtfertigen hat.

3.34 Handelte er anders, als er *selbst* geplant hatte?

3.35 Inwieweit war eine derartige Abweichung vom ursprünglichen Handlungskonzept durch *externe Einflüsse,* möglicherweise durch *höhere Gewalt* erzwungen?

3.36 Hat er das ursprüngliche Handlungskonzept fälschlicherweise, *wider bessere Einsicht,* weiterverfolgt?

3.37 Hat er sorgfältig *delegiert:* Hat er die Ziele klar bestimmt, hat er die Personalauswahl sorgfältig getroffen, hat er seine Untergebenen umsichtig eingewiesen, hat er sie kontrolliert?

3.38 Ist ihm *Nicht-Handeln* zur Last zu legen?

Es ist die Crux plangesteuerten Verhaltens, daß der *Plan* als solcher bei der Kontrolle *viel zu selten zur Kritik* gestellt wird. Ein Manager, der sich von Kritik freihalten will, wird anstreben, schon den Planansatz so zu beeinflussen, daß es ihm leicht fällt, ihn auch zu realisieren. Die Abweichung wird dann gegen Null tendieren, die Wahrscheinlichkeit kritischer Diskussion ist gering. Daher ist prinzipiell auch zu durchleuchten, wie der Plan entstanden ist. Es gehört zur Routine erfahrener Kontrolleure, gerade diejenigen Plansektoren kritisch zu untersuchen, bei denen die Abweichungen nachhaltig niedrig sind. Der Kontrolle der Einwirkung des Kontrollierten auf das Soll dienen die folgenden Fragen:

Verhinderung der Planabweichung durch uneffiziente Planansätze

3.39 Plant der Kontrollierte *realistisch* oder neigt er tendenziell zu optimistischen oder pessimistischen Prognosen?

3.40 Erfolgte Informations-Nachfrage und Informations-Beschaffung mit *Umsicht* (Breite) und *Sorgfalt* (Tiefe)?

3.41 Irrte sich der Kontrollierte bei der Erfassung und *Prognose externer Einflüsse?*

3.42 Hat er es unterlassen, wichtige *Informationen* abzugeben oder weiterzuleiten, hat er sie *verzerrt* oder *verzögert?*

3.43 Erfolgten derartige Prognose- und Kommunikationsfehler *vorsätzlich* oder *fahrlässig?*

3.44 Ist Vorsatz aus *berechtigten* oder vermeintlichen *Abteilungsinteressen* verständlich?

Übungsaufgabe 4.7
Wir haben mehrfach darauf hingewiesen, daß Erfolgs- und Finanzkontrolle einander sinnvoll zu ergänzen haben, aber in ihrer Aufgabenstellung auch bewußt unterschieden sind. Gehen Sie nochmals die Kontrollfragen 3.1 bis 3.30 durch und
a) prüfen Sie, ob die Ergebnisse der Erfolgs- und Finanzkontrolle geeignet sind und dazu verwendet werden sollten, Prämien oder negative Sanktionen für die verantwortlichen Entscheidungsträger zu begründen,
b) zeigen Sie am Beispiel der Kontrolle des Marketing- und des Beschaffungsmanagements, wie eine erfolgswirtschaftlich positive Beurteilung möglicherweise durch finanzwirtschaftlich bedenkliche Maßnahmen erreicht wurde, die von der Finanzkontrolle aufgedeckt werden.

4. Finanzwirtschaftliche Investitionskontrolle

4.1 Die Kontrollbereiche

Investitionen aus finanzwirtschaftlicher Perspektive

Investition ist Bindung finanzieller Mittel auf längere Zeit. Dabei ist aus finanzwirtschaftlicher Perspektive gleichgültig, ob die Investition in das Sachanlagevermögen (*materielle* Investition) oder in Werbung, Ausbildung, Forschung und Entwicklung (*immaterielle* Investitionen) erfolgt. Die finanzwirtschaftlichen Beiträge zur Investitionstätigkeit der Unternehmung sind die folgenden:

(1) *im investitionspolitischen Entscheidungsprozeß:*
 – Bestimmung und Durchsetzung der Grenzen der langfristigen Finanzierung,
 – Durchsetzung der Fristenkongruenz von Investitionen und Finanzierungsmaßnahmen.

Das Ergebnis dieses Beitrages schlägt sich im *Kapitalbindungsplan* nieder. Der Kapitalbindungsplan wird üblicherweise in Einzelbudgets aufgeteilt, d. h.
– bestimmten Instanzen wird
– ein begrenzter Geldbetrag
– für eine bestimmte Verfügungsperiode,
– für einen definierten Investitionszweck
auf Abruf bereitgestellt.

(2) *im Realisationsprozeß der Investition:*
 – Bereitstellung der finanziellen Mittel mit fortschreitender Investitionstätigkeit nach Abruf durch die berechtigten Instanzen,
 – gegebenenfalls Zwischenfinanzierung.

Die finanzwirtschaftliche Kontrolle der betrieblichen Investitionstätigkeit folgt diesen Aufgabenstellungen. Wir greifen die wichtigsten Aspekte heraus und unterscheiden in der folgenden Betrachtung
 – die Kontrolle der Abstimmung von Mittelherkunft und -verwendung unter dem Fristenkriterium (**„Kapitalbindungskontrolle"**),
 – die Kontrolle der Verfügungen über die Budgets (**„Budgetkontrolle"**).

4.2 Kapitalbindungskontrolle

Norm: Fristenkongruenz im langfristigen Bereich

Maßgeblich für die Abstimmung von Mittelherkunft und -verwendung ist die Norm, daß langfristig nutzbare Investitionen auch langfristig finanziert sein sollen. Oder umgekehrt: Es wird **verboten, Investitionen kurzfristig zu finanzieren.**

4. Finanzwirtschaftliche Investitionskontrolle

Die Abstimmung wird mit Hilfe einer *Prognose-Bewegungsbilanz* vorgenommen. Die Kontrollrechnung verwendet das gleiche systematische Konzept und stellt die geplanten den realisierten Daten gegenüber, wie sie sich aus der zu veröffentlichenden Bilanz entnehmen lassen. Die *Abb. 16* im Abschnitt 3.2 des 2. Kapitels zeigt die Gegenüberstellung von Soll und Ist.

Die Kapitalbindungskontrolle fragt:

4.1 Besteht *innerhalb der Schichten Deckung?* Genauer: Entspricht oder übertrifft die langfristige Finanzierung die Investitionssummen (Vergleich der Zwischensummen 1)? Konnte der kurzfristig revolvierende Finanzbedarf durch eine entsprechende Finanzierung gedeckt werden (Vergleich der Zwischensummen 2)?

Die folgenden **Einwände** relativieren die Kontrollbefunde:

(1) *Die Datenqualität ist niedrig,* denn die Bilanzpositionen sind hoch aggregiert: in sehr umfassenden Sachgruppen und in sehr groben Fristenbündeln. Es handelt sich nicht um reine Strömungsgrößen, sondern um komparativ-statistische Differenzen. Die Bestandsgrößen, aus denen diese Differenzgrößen abgeleitet sind, werden nicht betrachtet. Die Daten sind bewertungsabhängig und für den externen Ausweis bewußt gestaltet.

Einwände:

geringe Datenqualität

(2) *Die Möglichkeiten, das Verhalten aufgrund der Kontrollbefunde noch zu verändern, sind gering.* Die Daten sind nicht mehr aktuell. Investitionen und Finanzierungsmaßnahmen sind i. d. R. irreversibel realisiert oder doch soweit fortgeschritten, daß ihre Änderung erhebliche Aufwendungen verursachen würde.

geringe Chancen einer Verhaltenskorrektur

(3) *Die Kontrollnorm ist unscharf.* Wie ist Fristenkongruenz definiert? Welche Fristen werden als gleichartig angesehen? Welche Abweichung von der Volldeckung ist noch tolerierbar?

unscharfe Kontrollnorm

Fazit: *Datenqualität, Korrekturmöglichkeiten und Kontrollnorm legen nahe, die Bedeutung der Kapitalbindungskontrolle nicht allzu hoch zu veranschlagen,* zumal wenn sie auf Daten zurückgreift, die zur Publikation bestimmt sind. Ihre Bedeutung steigt, wenn wir sie als *Teilaktivität im bilanzpolitischen Entscheidungsprozeß* sehen. Sie überprüft dann die alternativen Möglichkeiten der Bilanzierung und gibt Impulse für bilanzpolitische Maßnahmen, durch die man versucht, dem angestrebten Ausweis einer Fristenkongruenz näherzukommen, z. B. durch Wahrnehmung von Freiheitsgraden bei der Einordnung von Anteilspapieren in das Anlage- oder in das Umlaufvermögen, desgl. für langfristige Leistungsforderungen, bei der Aktivierung von Vermögensgütern, die im Finanzierungs-Leasing gemietet werden, beim Wertansatz für selbsterstellte Anlagen, bei der Aktivierung von Anschaffungsnebenkosten.

Kapitalbindungskontrolle als Teil der Bilanzpolitik

158 4. Kapitel: Finanzkontrolle

4.3 Budgetkontrolle

4.3.1 Laufende finanzwirtschaftliche Budgetkontrolle

Formalisierte Verfügung

Budgetkontrolle ist laufend, d. h. bei jeder Verfügung eines berechtigten Ressorts, zu vollziehen. Eine derartige Verfügung ist die Aufforderung eines berechtigten Ressorts, die Finanzabteilung möge einen bestimmten Betrag an einen externen Vertragspartner zahlen und diesen Betrag von dem zugewiesenen Budget abbuchen. Derartige Verfügungen bedienen sich normalerweise bestimmter Formulare, die so aufgebaut sind, daß die Kontrolle der Budgetverfügung sachgerecht und schnellstmöglich vollzogen werden kann.

Antrag auf Budgetverfügung

Absender/Stellen-Nummer ....

An die Finanzabteilung
über
    Vorgesetzten
    technische Abteilung

                                            Datum ....

Bitte weisen Sie aus unserem Budget Nr. ....
die folgenden, durch beigefügte Rechnungen / durch besondere Begründung belegte Zahlungen an:

Vertragspartner	für (hier Angabe des Zwecks oder der Projekt-Nummer)
1	
2	
3	
⋮	

Bei Rückfragen wenden Sie sich bitte an ....

                                                                    Unterschrift..........................

Sachlich richtig:	Kontrolle durch ....
Vorgesetzter	Budget gedeckt: Sonderzuweisung? abgebucht am ....
technische Abteilung	Budget-Rest: .... Unterschrift: ....

Abb. 32: Antrag auf Budgetverfügung

Die finanzwirtschaftliche Kontrolle der Budgetverfügung stellt dann folgende Fragen:

persönlich

4.2 Ist der Verfügende zum Abruf berechtigt? Stimmt Unterschrift und Stellen-Nummer? Falls „i. A." oder „i. V." gezeichnet wurde, lag Auftrag oder Vertretungsfall vor? Sind ggf. Gegenzeichnungen notwendig? Stimmt die Reihenfolge der Gegenzeichnungen?

4.3 *Ist die Verfügung sachlich gerechtfertigt?* Bezieht sie sich auf das Projekt oder den Verwendungszweck, für den das Budget zugewiesen wurde? Ist dieser Zweckbezug – namentlich bei technischen Investitionen – durch technische Kontrolle bestätigt? Geht die Zweckbezogenheit bei immateriellen Investitionen aus vorliegenden Rechnungen oder anderen Belegen eindeutig hervor? Werden die übrigen Budget-Restriktionen eingehalten, namentlich die Nichtübertragbarkeit von Sach- auf Personalausgaben? *— sachlich*

4.4 *Ist die Verfügung betraglich gerechtfertigt?* Hält sie sich innerhalb der Betragsgrenzen des Budgets? Waren Überziehungen zuvor bewilligt worden? Welche Argumente werden bei Überziehungswünschen vorgetragen? Sind diese Argumente durch eine neutrale Stelle bestätigt? *— betraglich*

4.5 *Ist die Verfügung zeitlich gerechtfertigt?* Betrifft sie einen Verwendungszweck, dessen Realisation auch tatsächlich für diesen Budget-Zeitraum beschlossen wurde? Ist sie ein Nachtrag zu einem Projekt, das bereits im Vorjahr als abgeschlossen gemeldet wurde? Ist sie gar ein ungerechtfertiger Vorgriff auf ein Projekt, das überhaupt noch nicht beschlossen wurde? Welche (terminlichen) Begründungen liegen vor, wenn die Verfügungszeit sich verschiebt? *— zeitlich*

Diese Kontrollen setzen eine *ständige Zusammenarbeit* zwischen dem Finanz-Management und den Instanzen voraus, *— Einschaltung weiterer Instanzen in den Kontrollprozeß*

– die für die Vorbereitung oder das Treffen der Investitionsentscheidung zuständig sind, im Zweifel der Vorstand oder ein besonderer Investitionsausschuß,

– die für die technische Durchführung der Sachinvestitionen zuständig sind.

Diese Instanzen haben in allen Fällen, in denen die Budget-Restriktionen verletzt werden, eine besondere Bewilligung gegenüber der Finanzabteilung auszusprechen und in den Fällen, in denen technische Aspekte der Investitionsabwicklung berührt werden, die Verantwortung für die sachliche Richtigkeit zu übernehmen.

4.3.2 Besondere erfolgswirtschaftliche Budgetkontrolle

Während sich die finanzwirtschaftliche Budgetkontrolle nur um die Ordnungsmäßigkeit (in Stelle, Zweck, Betrag und Zeit) der Budgetverfügung zu kümmern hat, geht die erfolgswirtschaftliche Budgetkontrolle einen Schritt weiter: *Sie fragt, ob die Budgets „wirtschaftlich" eingesetzt wurden.* Das bedeutet zweierlei: Wird ein bestimmter Effekt oder Zweck mit *möglichst sparsamem Mitteleinsatz* erreicht oder wird mit dem gegebenen Budget-Betrag tatsächlich der *höchstmögliche Effekt* erreicht? Streng genommen ist diese Kontrolle nicht mehr zur Finanzkontrolle zu rechnen, ist indessen mit ihr untrennbar verbunden. *— Ziel: Wirtschaftlichkeitskontrolle*

Nun kann der Effekt oder der Zweck, für den die Mittel eingesetzt werden, oftmals *nicht gut gemessen* oder nicht unmittelbar auf die Ausgaben zurückgeführt werden. Man mache sich das am Beispiel der Ausbildungsausgaben klar: *— Meßproblematik und Zurechnungsproblematik . . .*

4. Kapitel: Finanzkontrolle

Wie ist der Erfolg der Ausbildung zweifelsfrei zu messen? Keinesfalls ist der Ausbildungserfolg – wie immer er gemessen werde – ausschließlich auf das Geld-Ausgeben zurückzuführen.

... verhindern Wirtschaftlichkeitskontrolle

Wenn somit die Beziehung zwischen Ausgabe und Effekt nicht eindeutig ist, so ist auch die Kontrolle dieser Budgets für immaterielle Investitionen problematisch. Kontrolle auf „wirtschaftliche" Verwendung dieser Budgets ist daher auch in der Regel ein entnervender Austausch von schlecht gestützten Behauptungen, ein Argumentieren mit vagen Orientierungshilfen unter ständigem Rückgriff auf Tradition und Erfahrung. Selten gelingt der Nachweis echter Verschwendung, selten sind aber auch die Effekte der Budgetverfügungen unzweifelhaft nachweisbar.

Konfliktscheu begründet ...

In dieser Situation bürgert sich die *konfliktarme Verhaltensweise* ein, die *Budgets* für immaterielle Investitionen und für laufende Klein-Anschaffungen entweder *in festen Beträgen oder in festen Relationen* zu bestimmten Bezugsgrößen (z. B. in % vom Umsatz) jährlich zuzuweisen. Ein wichtiger Hinweis für den zukünftigen Bedarf ist dabei, ob die im Vorjahr zugewiesenen Mittel *auch tatsächlich verbraucht wurden*. Macht man gar die Neu-Bewilligung von der Ausschöpfung der bereits bewilligten Mittel abhängig, wird der Keim für

... budget-wasting

das sog. **„budget-wasting",** für die Budget-Verschwendung, gelegt. Es handelt sich um das Phänomen, daß die zugewiesenen Mittel am Ende des Budget-Zeitraumes eilig, gehäuft und offensichtlich nicht immer zwecksentsprechend ausgegeben werden. Die erfolgswirtschaftliche Budget-Kontrolle hat wenigstens gegen dieses budget-wasting vorzugehen. Ihre diesbezüglichen Fragen lauten:

4.6 In welcher *Stückelung* erfolgt die Budget-Verfügung? Häufen sich Großbeträge am Ende des Budget-Zeitraumes? Welche Begründungen werden dafür gegeben?

4.7 Desgl. mit Blick auf die *Zahl* der Anforderungen.

4.8 Werden lagerfähige Güter beschafft, wird also die Vorratshaltung von *Budget-Mitteln durch Vorratshaltung von realen Gütern ersetzt*? Wo werden diese Güter gelagert? Kann ihre tatsächliche Verwendung oder der Verbrauch überprüft werden?

4.9 Werden *Vorausrechnungen* von externen Partnern erstellt, d. h. werden Lieferungen und Leistungen noch im alten Jahr berechnet, die erst im neuen Jahr erbracht werden?

4.10 Liegen Anfragen von verfügungsberechtigten Stellen vor, „*Wieviel Geld steht uns noch zu*"? Erfolgen nach entsprechenden Auskünften entsprechende Verfügungen?

Übungsaufgabe 4.8

a) Zeigen Sie, welche Einflüsse verhindern, direkte Beziehungen zwischen den Verfügungen über das Werbebudget und den Werbeerfolg herzustellen.

b) Wie beurteilen Sie die Praxis, das Werbebudget in % des realisierten Umsatzes im Jahr der Budgetbewilligung zu bemessen?

5. Die Konsequenzen der Finanzkontrolle

(1) Wie schon angedeutet, eignet sich die Kontrolle der Finanzplanung *nicht, Prämien* für effizientes Verhalten zu begründen. Allenfalls kann sie fälschlich ausgesprochene Belohnungen korrigieren und die Nicht-Einhaltung der Grenzen von Kunden- und Lieferantenkredit-Konditionen sowie von Budget-Limits rügen. *Im Interesse der Finanzleitung liegt es vielmehr, in der Diskussion mit den kontrollierten Instanzen aus anderen Unternehmensbereichen für eine Planungsverbesserung zu werben.* Finanzkontrolle soll Lernprozesse einleiten, soll den kontrollierten Instanzen stets bewußt halten, die finanziellen Konsequenzen ihres erfolgswirtschaftlich motivierten Handelns zu bedenken. Im Idealfalle wird eine Diskussion von Finanzplanabweichungen deshalb *entbehrlich*, weil sich die operativen Instanzen im Ein- und Verkauf angewöhnt haben, den Finanzleiter schon bei Änderung ihres Verhaltens automatisch zu benachrichtigen und die kommenden Planabweichungen im Augenblick ihrer Entstehung zu begründen und nicht erst im Augenblick der Kontrolldiskussion.

Für Planverbesserung werben!

(2) Dieser positiv motivierenden Funktion der Finanzkontrolle hat die Verwertung der Kontrollergebnisse zu folgen. Das gilt zunächst für die Berichterstattung und sodann für die Abweichungsdiskussion. *In Bericht und Diskussion sind „Ursachen" für die Diskrepanz zwischen Soll und Ist zu ermitteln, nicht „Schuld" der Planungs- und Realisationsinstanzen.* Dem folgt, daß der Finanzbereich sich energisch dagegen wehren sollte, daß für das Erreichen von Finanzplänen irgendwelche, auch immaterielle Prämien versprochen werden. Das liegt dann umso näher, wenn Finanz- und Erfolgskontrolle allzu eng gekoppelt sind. Der Finanzabteilung kommt es ausschließlich darauf an, *möglichst realistische, ungeschönte Informationen* zu erhalten.

Ursachen: nicht den Schuldigen für Abweichungen suchen! Der Verselbständigung der Planung entgegenwirken!

Das bedeutet, daß sie sich dagegen wehren muß, dem Plan selbst eine überhöhte Bedeutung zu verleihen. Denn die Verselbständigung von Plandaten hat einen gewichtigen unternehmenspolitischen Nachteil: Die Plandaten gewinnen ein Eigenleben und stellen eine gewollte Wirklichkeit dar, die den handelnden Entscheidungsträger oft vor das Dilemma stellt, ob er den aus höherem Interesse abgeleiteten Plan verfolgen oder unter Nichtachtung des Planes Chancen des Augenblicks nutzen soll. *Falsch verstandene Planungssklaverei* kann auf diese Art und Weise ebenso zu unwirtschaftlichem Verhalten führen wie ein *ungebändigter kaufmännischer Unternehmungsdrang*. Die Kontrolle der Plandaten soll dieses Dilemma stets vor Augen haben und außerordentlich vorsichtig damit sein, an die Nichterfüllung eines Plans Strafen zu knüpfen. **Planabweichungen müssen prinzipiell erlaubt sein, wenn sie durch gute Gründe abgesichert werden können.**

gute Gründe rechtfertigen Planabweichung!

Kurz: In der Diskussion der Abweichungsursachen muß auch der Plan prinzipiell in Frage gestellt werden. Wir haben dieser Forderung dadurch Rechnung getragen, daß wir eine Fülle von Kontrollfragen in einer ganz bestimmten Weise formuliert haben: „Wurden die ... Positionen ... im Plan nicht oder falsch erfaßt?"

Die Finanzabteilung soll die Liquidität der Unternehmung sichern. Nachhaltig. Kostenminimal. Sie ist nicht dazu berufen, einen bestimmten Plan sklavisch zu realisieren, zumal nicht, wenn er in finanzielle Gefahr führt. Dies gilt es im Bewußtsein aller zu verankern, die Zahlungsströme in die und aus der Unternehmung auslösen. Sie sollen es als selbstverständlich empfinden, den Finanzleiter stets und unverzüglich zu informieren, wenn sie gute Gründe haben, ihr Verhalten zu ändern.

Hinweise zur Lösung der Übungsaufgaben

Übungsaufgabe 1.1

	Denkdimensionen	Zielaspekte
Finanzleiter	Ausgaben / Einnahmen Zahlungsmittelbestände	Erhaltung der Liquiditätsbedingung
Marketing-Manager	Absatzmengen, Umsätze, Auftragsbestände, Marktanteile	Maximierung der Zielgrößen bei Erreichen eines Mindestwertes
Lagerverwalter	Zugänge / Abgänge und Bestände in Stück, Tonnen, Liter, Meter etc.	Minimierung der Lagerkosten

Übungsaufgabe 1.2

a. Aufgaben im Normalfalle:

1. *Situative Liquiditätssicherung* (tägliche Finanzdisposition, Abstimmung von laufenden Ausgaben und Einnahmen, Fein-Abstimmung von Finanzierung)
2. *Haltung der Liquiditätsreserve* (zwischenzeitige Anlage zweckbestimmter Überschüsse und risikoorientierte Unterhaltung frei verfügbarer flüssiger Mittel)
3. *Finanzierung* (Beschaffung von Kapital bei Eigenkapitalgebern und Gläubigern, Feststellung und Aussonderung frei verfügbarer Mittel aus dem Umsatzprozeß zum Zwecke der Bindung im Unternehmen)
4. *Strukturelle Liquiditätssicherung* (Abstimmung der Investitionen auf die verfügbaren Finanzierungsmittel unter dem Kriterium der Fristenentsprechung)

b. Aufgaben im exzeptionellen Falle:

5. *Liquiditätspolitik in der Krisensituation* (Verschieben oder Senken von Ausgaben, Vorziehen oder Bewirken von Einnahmen in bewußter Abweichung von den bisherigen Planansätzen)

Übungsaufgabe 1.3

	Planung	Realisation	Kontrolle
1 Sit. Liqu. Sicherung	1,5	7,8	6,9
2 Haltung Liqu.-Reserve	4	7+	
3 Finanzierung	10	2	9++
4 Strukt. Liqu.-Sicherung	3		
5 Liqu.-Politik im Krisenfalle			

+ An sich Aufgabenbereich 1, wenn Wechsel aber zur Liquiditätsreserve gerechnet werden, dann auch Aufgabenbereich 2.

++ An sich als Problem des Zahlungsverkehrs zum Aufgabenbereich 1 zu rechnen, bei Vor-Valutierung allerdings Finanzierungsproblem.

Übungsaufgabe 1.4

Konfliktfeld 1: Wo liegt die Grenze zwischen kurzfristigen und langfristigen Entscheidungen? Vermutung, daß es zu Überschneidungen oder zu Lücken (etwa im mittelfristigen Bereich) kommt.

Konfliktfeld 2: Die Grenzen der Finanzierung sind teilweise unabhängig von der Fristenstruktur der Finanzierung. Oder anders: wenn man sich den Grenzen der Finanzierung nähert, konkurrieren zwei Instanzen derselben Unternehmung extern, d. h. mit Kreditinstituten um das knappe Gut Kredit. Die externen Kreditgeber können beide gegeneinander ausspielen.

Konfliktfeld 3: „Irgendwann" wird jede langfristige Finanzierungsentscheidung zu einem Problem des day-to-day-Management: bei der technischen Abwicklung der Finanzierungstransaktion, bei Zwischenfinanzierungen, bei Tilgungen. Wann und wie wird dann der für die kurzfristigen Dispositionen zuständige Finanzvorstand eingeschaltet? Wie wird verhindert, daß er die langfristigen Entscheidungen konterkariert?

Übungsaufgabe 1.5

1. Illiquidität bedeutet das Ende der Unternehmens-Existenz. Im Falle eines Liquiditätsengpasses muß die gesamte Unternehmenspolitik auf die Abwehr dieser Gefahr gerichtet sein. Alle bisherigen Pläne müssen grundsätzlich zur Disposition stehen *(Umkehr der Prioritäten)*.

2. Der Finanzvorstand muß in alle Unternehmensbereiche *schnell und wirksam intervenieren* können, die Einnahmen bewirken und Ausgaben auslösen (Begründung für Initiativ-, Informations- und Vetorecht).

3. Finanzielle Verfügungen und Belastungen müssen *zentral gesteuert* werden. Oder anders: Keine Instanz darf durch ihre Verfügungen den unter äußerster Anspannung stehenden Finanzbereich stören oder unwissend belasten (alleiniges Verfügungsrecht).

4. *Nur eine einzige Instanz* darf nach außen hin auftreten. Es muß gesichert sein, daß die Darstellung der finanziellen Lage nach einheitlicher Ausrichtung, nach einheitlichem Informationsstand und aus unangefochtener Autorität erfolgt (Repräsentations-Monopol).

Übungsaufgabe 1.6

Bei den sog. *Aufwandsausgaben,* das sind alle Aufwendungen, die in der gleichen Periode zugleich erfolgswirksam und finanzwirksam sind (entsprechend bei den *Ertragseinnahmen*) kann der Finanzleiter auf Daten der Erfolgsplanung zurückgreifen. Das sind im wesentlichen:
- Personalaufwand / -ausgaben,
- laufender Sachaufwand / -ausgaben,
- Zinsaufwand / -ausgaben,
- Gewinnsteuern,
- Barerträge.

Bei folgenden Positionen ist die *Umrechnungsproblematik* groß. Es werden wenigstens die in Klammern vermerkten Informationen zusätzlich benötigt:
- Investitionen (Anschaffungswerte, Zahlungsziele),
- Materialausgaben (Bestandsinformationen, Zahlungsziele der Verbindlichkeiten, Konditionen),
- Umsatzeinnahmen (Zahlungsziele der Kunden, Konditionen),
- Steuern mit zeitlichen Abgrenzungsproblemen,
- Sozialaufwand mit zeitlichen Abgrenzungsproblemen, z. B. Pensionszahlungen.

Übungsaufgabe 1.7

Linienfunktionen: 1, 2, 3, 4, 5, 10, 11

Stabsfunktionen: 6, 7, 8, 9

Übungsaufgabe 1.8

Die *Funktionen-Erweiterung* hat den entscheidenden Vorteil, daß die operativen Ressorts (insbes. Einkauf und Lagerhaltung) ohne Abstimmung mit anderen Vorstandsressorts liquiditätsorientiert gesteuert werden können. Voraussetzung ist allerdings, daß die Spitzeninstanz sich auch tatsächlich voll in den Dienst der Liquiditätssicherung stellt und in der Lage ist, die für Einkauf und Lagerhaltung normalerweise maßgeblichen Zielsetzungen zurückzustellen.

Übungsaufgabe 1.9

Für den Finanzplaner sind zwei Informationen bedeutsam:
1. *Terminaussage:* Wann wird dieses Material zu bezahlen sein?
2. *Betragsaussage:* Welcher Betrag wird fällig?

Um diese Fragen zu beantworten, muß er die erfolgswirtschaftliche Information über den geplanten Materialaufwand in die finanzwirtschaftliche Information über die Materialausgabe „übersetzen".

1. zur Terminaussage:
   Informationsbasis für die Aussage zum Materialaufwand sind:
   - die *Produktionsschätzung*, durch die die Menge des einzusetzenden Materials im 3. Quartal bestimmt wird.
   - Informationen aus dem *Lager- oder Einkaufssektor* über den Wert des eingesetzten Materials.

Das folgende Schaubild möge die Terminverschiebungen erläutern:

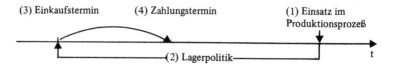

Aus der Produktionsschätzung (1) ist unter Berücksichtigung der vorhandenen Lagerbestände (2) der Einkaufstermin zu ermitteln (3). Unter Berücksichtigung des Zahlungsziels muß daraus der Zahlungstermin (4) abgeleitet werden.

2. zur Wertaussage:

Es ist zunächst zu überprüfen, ob der *Stückwert des Materialeinsatzes* mit dem zu zahlenden *Marktpreis* identisch ist, wenn nein, sind Korrekturen notwendig.

Es ist schließlich die Abhängigkeit des Wertansatzes von der *Zahlungsweise* zu berücksichtigen: Wenn für frühere Zahlung Skonto in Anspruch genommen wird, so ist sowohl die Wertaussage als auch die Terminaussage zu korrigieren.

Übungsaufgabe 1.10

Folgende Maßnahmen werden vorgeschlagen:
1. Für Realismus bei den Planansätzen immer wieder *werben*.
2. *Formulare* entwerfen, die nach jedem der bekannten Werterhöhungsgründe von vornherein fragen. Verantwortung für diese Auskünfte durch Unterschriften bestimmen.
3. Planansätze durch spezialisierte Instanzen *kritisch prüfen* lassen.
4. Intern (innerhalb der Finanzabteilung) *stillschweigend* die Planansätze *erhöhen*.
5. Nachbewilligungen über einen *speziellen Ausschuß* leiten, der Gründe für Nachforderungen kritisch prüft.

Übungsaufgabe 1.11

Dieses charakteristische Fehlverhalten ist darin begründet,
- daß die Neubewilligung von Budgets von der tatsächlichen Ausschöpfung *früherer* Bewilligungen abhängig gemacht wird,
- daß der *Erfolg* der Mittelverwendung vieler Budgets *nicht bestimmbar* ist. Sie erlangen damit gar nicht erst den Charakter von Investitionen, sondern werden als Geld für „Konsumzwecke" angesehen.

An der Änderung dieser Einstellung muß der Kampf gegen das budgetwasting ansetzen:
- Die Neubewilligung darf *prinzipiell nicht* von der Erschöpfung der Alt-Budgets abhängig sein, sondern
- ausschließlich von Argumenten, mit denen der Erfolg des Mitteleinsatzes *nachgewiesen* oder *wenigstens glaubhaft* gemacht werden kann.

Weitere Maßnahmen gegen das budget-wasting:
- überraschendes *Einfrieren* oder *Streichen* oder Herabsetzen aller Rest-Budgets zu einem Zeitpunkt, der vor dem erwarteten Beginn des budget-wasting liegt.
- Besondere scharfe *Kontrolle* von Bestellungen zum Jahresende.
- *Überprüfung* von Rechnungen zum Jahresende, ob es sich nicht um Schein-Rechnungen oder Vorausrechnungen handelt.

Hinweise zur Lösung der Übungsaufgaben 167

- Verfügung über Rest-Budgets nur auf *besonderen Antrag*.
- Erlaubnis der *Übertragung von Budgetresten* in das neue Jahr nach entsprechender Begründung.
- Durchführung regelmäßiger *Sparaktionen*, die sich über den gesamten Betrieb erstrecken.

Übungsaufgabe 2.1

Der Anwendung von Kennzahlen der *horizontalen Kapitalstruktur* liegt die Überlegung zugrunde, daß Investitionen fristenkongruent finanziert werden müssen, um die Liquidität des Unternehmens zu sichern. Das Anlagevermögen zum Beispiel bindet finanzielle Mittel auf Dauer. Daher wird gefordert, daß ihm auf der Passivseite der Bilanz Eigenkapital in entsprechender Höhe gegenüberstehen muß. Die *vertikale Bilanzstruktur* zeigt, in welchem Umfange Eigenkapital, das nicht laufende Zins- und Tilgungszahlungen erforderlich macht, zur Verfügung steht. Ein hoher Eigenkapitalanteil gilt daher als Indikator für geringe finanzwirtschaftliche Gefährdung des Unternehmens.

Übungsaufgabe 2.2

Der Analyse des *Eigenkapitalanteils* von Unternehmen liegt der Gedanke zugrunde, daß Eigenkapital ohne zeitliche Begrenzung zur Verfügung steht und nicht wie Fremdkapital zwingend laufende Zins- und Tilgungszahlungen notwendig macht. In Konzernen werden aber häufig die *Beteiligungen an Tochterunternehmen durch die Aufnahme von Fremdkapital finanziert*. Bei der Bilanzanalyse von Tochterunternehmen muß daher beachtet werden, daß das ausgewiesene *Eigenkapital de facto Fremdkapital* sein kann und unter Umständen nicht die gemeinte risikomindernde Funktion erfüllt.

Übungsaufgabe 2.3

Vergangenheitsorientierte Instrumente können zunächst nur über die Liquiditätslage des Unternehmens in der *Vergangenheit* informieren. Die Tatsache, daß das Unternehmen noch existent ist, beweist aber bereits, daß die Liquidität in der Vergangenheit gesichert war. Von Relevanz können daher nur Informationen sein, die Aufschlüsse über die *zukünftige Liquiditätslage* des Unternehmens geben.

Übungsaufgabe 2.4

Zur Beurteilung der finanziellen Lage des Unternehmens stützen sich externe Interessenten hauptsächlich auf den Jahresabschluß. Das Ergebnis der *Bilanzanalyse* hat großen Einfluß auf die Bereitschaft von Kapitalgebern, dem Unternehmen finanzielle Mittel zur Verfügung zu stellen. Es ist daher von großer Bedeutung für den Außenfinanzierungsspielraum des Unternehmens, daß die *Bilanzpolitik* nicht nur zur Gestaltung des Gewinnausweises, sondern auch zur Gestaltung finanzanalytisch bedeutsamer Positionen eingesetzt wird.

Übungsaufgabe 2.5

Liquidität bezeichnet die Fähigkeit des Unternehmens, alle Zahlungsverpflichtungen fristgerecht und betragsgenau zu erfüllen. Die *Liquiditätsreser-*

ve dient der Sicherung der Liquidität. Sie deckt alle finanzwirtschaftlichen Risiken ab, die durch mangelnde Prognosegenauigkeit in der Finanzplanung entstehen können. Insbesondere *liquide Mittel* können als Liquiditätsreserve dienen, da sie sofort verfügbar sind. Sie setzen sich aus Kassenbestand, Bank- und Postscheckguthaben zusammen.

Übungsaufgabe 2.6

Liquidität ist *punktuell* als Situation bestimmt, in der das Unternehmen allen Zahlungsverpflichtungen nachkommen kann. Es kann daher *weder "überliquide" noch "unterliquide"* sein. Der in der Praxis gebräuchliche Begriff *"Überliquidität"* kennzeichnet unscharf das Vorhandensein frei verfügbarer Mittel. *"Unterliquidität"* bezeichnet die Situation gefährdeter Liquidität.

Übungsaufgabe 2.7

Das Gesetz kennt grundsätzlich nur zwei Erscheinungsformen der *Insolvenz*, die *Zahlungsunfähigkeit* und die *Überschuldung*. Die einschlägigen Bestimmungen der Konkursordnung und der Vergleichsordnung nennen die Zahlungsunfähigkeit als Insolvenzursache für Unternehmen *aller* Rechtsformen und Einzelunternehmen. Die Überschuldung hingegen führt *nur bei Kapitalgesellschaften* und *Genossenschaften* zwingend in den Konkurs oder Vergleich. Insbesondere existieren spezielle, auch strafrechtlich relevante Prüfungs-, Offenlegungs- und Antragspflichten (vgl. § 92 AktG, § 64 GmbHG, §§ 99, 140 GenG, § 130b HGB).

Übungsaufgabe 2.8

Die Zahlungsunfähigkeit des Unternehmens kann *vorübergehend* oder *andauernd* sein. Die Zahlungseinstellung erfolgt erst, wenn das Unternehmen offensichtlich seinen Zahlungsverpflichtungen *dauerhaft* nicht nachkommen kann. Die nur vorübergehende Zahlungsunfähigkeit, die sogenannte *Zahlungsstockung*, führt nicht zwingend in den Konkurs oder Vergleich.

Übungsaufgabe 2.9

a) Da kurzfristig Einnahmenüberschüsse zu erwarten sind, wird der hohe Kassenbestand abgebaut und die ertragsbringende *Anlage in Termingeldern* gewählt.

b) Die bereits ins Auge gefaßte Eigenkapitalerhöhung wird nicht durchgeführt, da längerfristig die bestehenden *Kreditzusagen ausreichen*.

c) Die günstigen Konditionen am Kapitalmarkt werden ausgenutzt, um eine *Anleihe* zu plazieren. Der entsprechende Kapitalbedarf tritt erst in einem Jahr ein, wenn wesentlich ungünstigere Konditionen zu erwarten sind.

Übungsaufgabe 2.10

In der liquiditätsbedrohenden Situation muß das Unternehmen *jede* Maßnahme ergreifen, die einnahmenerhöhend oder ausgabensenkend wirkt. Kosten entstehen, wenn z. B. ungünstige Fremdfinanzierungsalternativen ergriffen oder Vermögensgegenstände unter Wert liquidiert werden müssen.

Übungsaufgabe 2.11

Das Prinzip der pretialen Lenkung fordert, daß den organisatorischen Teileinheiten des Unternehmens möglichst weitgehende Selbständigkeit gewährt wird. Nur besonders wichtige Entscheidungen bleiben der obersten Leitungsinstanz vorbehalten. Da die Teileinheiten bei Dezentralisation zur Verselbständigung tendieren, müssen die *Überwachungs*instanzen streng zentralistisch eingerichtet werden.

Wichtigstes Instrument der *Steuerung* der Gesamtunternehmung sind Verrechnungspreise für bezogene und abgegebene Leistungen der einzelnen Bereiche. Sie beeinflussen den Erfolg und damit global alle Maßnahmen in den Unternehmenseinheiten. Sie werden zentral bestimmt.

Übungsaufgabe 2.12

Der Begriff Verrechnungspreise entstammt der Diskussion um die *erfolgswirtschaftliche Führung* des Unternehmens. Verrechnungspreise bestimmen die Preiskomponente der Kostenarten und gegebenenfalls auch der Ertragsarten. Durch die Zurechnung der Kostenarten (Ertragsarten) auf organisatorische Einheiten entstehen „Profit-Center" mit individueller Erfolgsverantwortung. Nicht nur Kosten (Erträge), sondern auch Ausgaben (Einnahmen) können aber auf einzelne Bereiche zugerechnet werden. *Verrechnungsausgaben (Verrechnungseinnahmen)* bestimmen den finanziellen Beitrag des Bereiches *(Finance-Center)* zur finanziellen Lage der Gesamtunternehmung.

Übungsaufgabe 2.13

Das erfolgswirtschaftliche Ziel kann grundsätzlich als *Maximalziel* betrachtet werden. Jede organisatorische Einheit des Unternehmens kann davon ausgehen, daß ein verstärkter Beitrag zum Gewinn erwünscht ist und belohnt wird. Finanzwirtschaftliche Ziele hingegen sind *punktuelle* Ziele, d. h. sie werden erfüllt oder nicht erfüllt. Sie variieren in Abhängigkeit von der Situation des Unternehmens. Zum Beispiel können Ausgabenüberschüsse, die durch die Aufnahme günstiger Kredite ausgeglichen werden, erwünscht sein. Eine maximale Steigerung jedoch könnte das Unternehmen finanziell gefährden. Finanzwirtschaftliche Ziele sind daher in der Regel *weder Maximalziele noch ständig gleichgerichtet.*

Übungsaufgabe 2.14

Die strenge Bedingung der Liquidität muß stets für das *Gesamtunternehmen als rechtliche Einheit* beachtet werden. Eine völlige Eigenverantwortlichkeit der Teileinheiten ist daher nur denkbar, wenn sie zur individuellen Beachtung des Liquiditätspostulats verpflichtet werden können. Anderenfalls müssen mindestens Maximalgrenzen für Ausgabenüberschüsse verbindlich vorgeschrieben werden.

Übungsaufgabe 2.15

Im Konzern existieren *rechtlich selbständige Teileinheiten*, die jeweils *individuell* das Liquiditätspostulat beachten müssen. Es ist daher nicht wie in divisional organisierten Unternehmen möglich, intern die „Illiquidität" einzelner Bereiche zuzulassen. Von dieser Besonderheit abgesehen ist jedoch *de*

Übungsaufgabe 2.16

Sowohl der Vorschauplan als auch der Vorgabeplan haben Sollcharakter. Der *Vorschauplan* nimmt alle Ausgaben und Einnahmen mit ihrer größten Eintrittswahrscheinlichkeit auf. Die Prognose wird durch die Ist-Feststellung auf ihre Exaktheit überprüft und gegebenenfalls revidiert. Der *Vorgabeplan* hingegen ist Ausdruck des unternehmenspolitischen Willens und fordert imperativ die Einhaltung der Vorgaben. Hier hat sich also grundsätzlich nicht der Finanzplan dem tatsächlichen Ist, sondern das Ist dem Finanzplan anzupassen.

Übungsaufgabe 2.17

Die Spezialität des Budgets kann die Verwendung von Mitteln in *vierfacher Hinsicht* einschränken: hinsichtlich des *Betrages*, des *Verwendungszweckes*, des *Zeitpunktes oder Zeitraumes* und der zur Mittelverwendung befugten *Stelle*. Die Strenge der Spezialität hängt von der erwünschten oder notwendigen organisatorischen Flexibilität ab.

Übungsaufgabe 2.18

Das aus Sicht des Finanzleiters optimale Budget ist *starr*. Alle Ausgaben und Einnahmen sind der Höhe, dem Zweck, dem Zeitpunkt der Verwendung und der verantwortlichen Stelle nach exakt und verbindlich festgelegt.

Übungsaufgabe 2.19

Das *starre Budget* muß als *erfolgsfeindlich* betrachtet werden, da es den organisatorischen Einheiten nicht die Möglichkeit zur erfolgswirtschaftlich erwünschten Anpassung an veränderte Bedingungen gibt. Da die Erstellung realistischer Budgetansätze große Schwierigkeiten bereitet, wirkt starre Budgetierung häufig *nicht motivierend,* sondern frustrierend. Starre Budgetierung ist aber ein geeignetes Mittel zur Bekämpfung finanzieller Krisen im Unternehmen.

Übungsaufgabe 2.20

Steuerungsalternative	Vorteile
Lenkpreise	Entlastung der Leitungsorgane durch Dezentralisation, Erfolgsoptimale Steuerung
Verrechnungszahlungen	Organisatorische Verankerung des Ausgaben- und Einnahmendenkens, Einbeziehung aller Bereiche in die Liquiditätsverantwortung
Budgetierung	Weitgehende Eingriffsmöglichkeiten des Finanzleiters, Große finanzwirtschaftliche Sicherheit des Unternehmens

Hinweise zur Lösung der Übungsaufgaben 171

Übungsaufgabe 2.21

Inhaltliche Präzision bezeichnet die Forderung nach Vollständigkeit und Bruttoausweis aller im Finanzplan erfaßten Ausgaben und Einnahmen. Einzusetzen sind stets die wahrscheinlichsten Zahlungen, also weder pessimistische noch optimistische Ansätze. Da das Unternehmen an jedem einzelnen Tag in der Zukunft liquide sein muß, bedeutet *zeitliche Präzision* grundsätzlich tagesgenaue Planung. Der Zeithorizont der Planung muß soweit in die Zukunft reichen, daß Maßnahmen zur Sicherung der Liquidität noch rechtzeitig ergriffen werden können.

Übungsaufgabe 2.22

Das Risiko ungünstiger Ereignisse wird grundsätzlich *nicht im Finanzplan* berücksichtigt. Zur Abschätzung des Risikos dient der Alternativfinanzplan. Zur Abdeckung des Risikos dient die Liquiditätsreserve.

Übungsaufgabe 2.23

Die Finanzplanung kann *zu singulären Anlässen* (z. B. Projektfinanzplanung) oder *in regelmäßigen zeitlichen Abständen* (Standardfinanzplanung) erfolgen. Im Rahmen der Standardfinanzplanung besteht ein Bedürfnis nach drei Planungsinstrumenten:

Die *tägliche Finanzdispositionsrechnung* ist gegenwartsbezogen und unterstützt die täglich zu treffenden Entscheidungen über den Ausgleich der Bankkonten und die kurzfristige Geldanlage.

Der *kurzfristige Finanzplan* hat einen Planungshorizont von minimal 3 Monaten, maximal 1 Jahr. Er unterstützt die tägliche Finanzdisposition durch Vorschaudaten und ermöglicht rechtzeitige Maßnahmen zum Planausgleich. Er dient explizit der Liquiditätssicherung.

Der *Kapitalbindungsplan* ist das Instrument mit der größten zeitlichen Reichweite. Sein Zweck ist nicht die konkrete Liquiditätsvorsorge, sondern die Erhaltung des langfristigen finanziellen Gleichgewichtes des Unternehmens. Aufgrund seiner Informationen werden langfristige finanzpolitische Entscheidungen, z. B. über Eigenkapitalaufnahme, getroffen.

Übungsaufgabe 2.24

a) Zahlungskraft-*Anfangsbestand* (insbesondere Guthaben und eingeräumte Kreditlinien)
b) *Einnahmen* (insbesondere sichere und erwartete Einnahmen)
c) *Ausgaben* (insbesondere sichere und erwartete Ausgaben)
d) Zahlungskraft-*Endbestand*

Übungsaufgabe 2.25

Eine *Bewegungsbilanz* erhält man durch die Gegenüberstellung der Bilanzen zweier aufeinanderfolgender Stichtage. Die Zunahme einer Aktivposition wird als Investition, eine Abnahme als Desinvestition interpretiert. Analog stellt die Zunahme einer Passivposition Finanzierung, die Abnahme Definanzierung dar. Der *Kapitalbindungsplan* ist inhaltlich mit der Bewegungsbilanz identisch, *enthält aber Planwerte*. Man könnte ihn daher als Planbewegungsbilanz bezeichnen.

Übungsaufgabe 2.26
a) *Kapitalverwendung* (Investitionen und Definanzierungen)
b) *Kapitalherkunft* (Finanzierungsvorgänge und Desinvestitionen)

Übungsaufgabe 2.27
a) *Finanzielle Reserven* (insbesondere Guthaben, Vermögensreserven, nicht ausgeschöpfte Kreditlinien und Eigenkapitalreserven)
b) *Liquiditätsreserve*
c) *Freie Reserven*

Übungsaufgabe 2.28
Die *Reservenplanung* erfaßt alle in der Zukunft verfügbaren Vermögens- und Finanzierungsreserven des Unternehmens. Ihre zukünftige Höhe wird vor allem durch zwei Positionen des *Ausgaben- und Einnahmenplanes* beeinflußt: durch die Höhe zukünftiger Ausgaben- oder Einnahmenüberschüsse und durch die geplante Rückzahlung von Kapital. Von der Planungspräzision des Ausgaben- und Einnahmenplanes hängt es ab, welcher Teil der Reserven zukünftig als Liquiditätsreserve gebunden ist.

Übungsaufgabe 3.1
Beispiele:
Lohnaufwand
Zinsaufwand
Mietaufwand

Übungsaufgabe 3.2
Alle Zahlungen des sogenannten „*reinen Finanzbereichs*", insbesondere als Einnahmen aus der Aufnahme von Krediten und Ausgaben für die Tilgung von Krediten, führen nie zu Erfolgsbewegungen.

Übungsaufgabe 3.3
Die Bewertung des durch Aufwendungen erfaßten Werteverzehrs muß sich nach den handelsrechtlichen Vorschriften streng an tatsächlichen Ausgaben orientieren. Erfolgt die Ausgabe vor oder gleichzeitig mit dem Werteverzehr, darf die Höhe des erfaßten Aufwandes die Höhe der Ausgabe weder über- noch unterschreiten (Anschaffungswertprinzip). Ein vorverrechneter Aufwand (z. B. für Garantieleistungen der Zukunft) muß durch Erträge korrigiert werden, wenn die tatsächliche Ausgabe geringer als erwartet ist. Unter Berücksichtigung korrigierender Buchungen für zu hohe Aufwendungen müssen daher *Ausgaben und korrespondierende Aufwendungen betragsmäßig stets übereinstimmen.*

Übungsaufgabe 3.4
Im Gegensatz zu Aufwendungen sind Kosten nicht streng an korrespondierende Ausgaben gebunden. Sie können daher *der Höhe nach* von den entsprechenden Ausgaben abweichen (z. B. kalkulatorische Zinsen). Darüber

hinaus können Kosten erfaßt werden, die *nie* Ausgaben verursachen (z. B. kalkulatorischer Unternehmerlohn).

Übungsaufgabe 3.5

Alle erfolgten Zahlungen werden in den Konten Kasse, Bank und Postscheck zusammengefaßt. Es fehlen Gegenbuchungen auf Konten der *Zahlungsarten*, die über den Zahlungsgrund Auskunft geben können. Die Analyse von Zahlungsströmen muß daher auf die zu Zahlungsströmen korrespondierenden Buchungen von Bestandsveränderungen und Erfolgsbewegungen zurückgreifen.

Übungsaufgabe 3.6

Eine Zunahme (Soll) des Bestandskontos „Roh-, Hilfs- und Betriebsstoffe" spiegelt nicht unmittelbar Zahlungen wider. Die Zunahme ist zunächst um die *nicht ausgabewirksamen Vorgänge* „Erhöhung des Bestandes durch Eigenleistungen", „Erhaltene Skonti und Rabatte" zu vermindern. Eine *Erhöhung der Verbindlichkeiten* durch Inanspruchnahme von Zahlungszielen muß in Abzug gebracht werden. Eine *Abnahme der Verbindlichkeiten* aus fälligen Zahlungsverpflichtungen muß hinzuaddiert werden. Schließlich sind *geleistete Anzahlungen* zu berücksichtigen.

Übungsaufgabe 3.7

Vorteile	Nachteile
Wirtschaftlichkeit durch Verwendung gemeinsamer Ausgangsinformationen, Informationsmacht durch Konzentration der Datenerfassung, Erhöhte Realisierungschancen für Modelle der simultanen Optimierung, Verbesserte Kontrolle durch Verzicht auf Nebenrechnungen.	Geringe Realisationschancen durch hohe Komplexität, Keine klare Trennung von Erfolgsargument und Liquiditätsargument.

Übungsaufgabe 3.8

Die Finanzprognose kann durch die Einbeziehung von *Kenntnissen und Erfahrungen aus anderen Bereichen* verbessert werden. Die vom Finanzleiter nicht prognostizierbaren Absichten und Vorhaben anderer Abteilungen gehen in die Planansätze ein. Die Zahlungen verursachenden Bereiche im Unternehmen können identifiziert und kontrolliert werden.

Übungsaufgabe 3.9

Die Analyse der Istdaten ist *Ausgangspunkt* eines jeden Prognoseverfahrens. Es können z. B. Informationen über den *wechselseitigen Zusammenhang* von

Zahlungsströmen, *saisonale Schwankungen* der Zahlungen und den *zeitlichen Zusammenhang* von Güterströmen und Zahlungsströmen gewonnen werden.

Insbesondere kann die Istanalyse darüber Auskunft geben, auf *welche kritischen Zahlungsströme* die Prognosebemühungen konzentriert werden müssen.

Übungsaufgabe 3.10

Eine inhaltliche Prüfung der Planinformationen auf Vollständigkeit ist *grundsätzlich nicht möglich*. Es kann nur festgestellt werden, ob alle Ausgabenarten und Einnahmearten erfaßt wurden, sowie ob Planinformationen von allen organisatorischen Stellen vorliegen, die Zahlungen veranlassen. Für den nachträglichen Vergleich der Plandaten mit den Istdaten gilt, daß die inhaltliche Vollständigkeit nur festgestellt werden kann, wenn im Finanzplan alle Zahlungen verursachenden Vorgänge spezifiziert sind.

Übungsaufgabe 3.11

Alle statistischen Prognoseverfahren setzen grundsätzlich die *Großzahligkeit* der prognostizierten Ereignisse voraus. Es kann nur der „Normalfall" vorausgesagt werden. Die Anwendbarkeit statistischer Verfahren ist daher nur eingeschränkt möglich, wenn im Unternehmen überwiegend „Sonderfälle" (z. B. Großanlagenbau, Werftindustrie) auftreten.

Übungsaufgabe 3.12

Eine Zeitreihe läßt sich durch die *Trendkomponente* (dominante Entwicklung einer Zeitreihe), die *zyklische Komponente* (periodische Oszillation) und die *Zufallskomponente* (nicht erklärter Anteil der Schwankungen) beschreiben.

Übungsaufgabe 3.13

Ein in der Praxis häufig angewendetes Verfahren besteht darin, bei z. B. jahresgenauer Rechnung den durchschnittlichen Bestand an Forderungen aus Lieferungen und Leistungen (ggf. plus Wechsel- und Scheckbestand sowie Eireicherobligo) des Jahres mit der Anzahl der Tage des Jahres zu multiplizieren und durch den Jahresumsatz zu dividieren. Die aus der Finanzbuchhaltung ermittelte *Kennzahl* gibt über die mittlere Kreditfrist Auskunft und kann – wenn ein stabiles Verhalten der Kunden plausibel ist – der pragmatischen Ableitung von Umsatzeinnahmen aus zukünftigen Umsatzerlösen dienen.

Übungsaufgabe 3.14

Der globale Ausgaben- und Einnahmeplan zeigt durch die Gegenüberstellung von Ausgabenarten und Einnahmearten, wie hoch der zukünftige *Finanzierungsbedarf* des Unternehmens sein wird. Durch die Analyse der Schwankungsbreite einzelner Zahlungsarten und des Gesamtsaldos kann die erforderliche Höhe der *Liquiditätsreserve* bestimmt werden.

Hinweise zur Lösung der Übungsaufgaben 175

Übungsaufgabe 3.15

Zahlungen des Leistungsbereichs werden unmittelbar durch güterwirtschaftliche Vorgänge im Unternehmen verursacht. Sie können im Gegensatz zu *Zahlungen des Finanzbereichs* nur im begrenzten Umfange vom Finanzleiter disponiert werden. Darüber hinaus müssen die *Zahlungen des „reinen Finanzbereichs"* (Einnahmen aus Kapitalaufnahme und Ausgaben für Kapitaltilgung) gesondert erfaßt werden, da sie nicht zu Aufwendungen oder Erträgen führen.

Übungsaufgabe 3.16

Ein an der Finanzbuchhaltung orientierter Finanzplan *erleichtert die Kontrolle* der Plandaten, da Planungsrechnung und Finanzbuchhaltung analog aufgebaut sind. Da die Finanzbuchhaltung bereits auf die spezifischen Verhältnisse im Unternehmen abgestimmt ist, kann der Finanzplan *leichter der Situation des Unternehmens angepaßt* werden.

Übungsaufgabe 3.17

Mit Hilfe der Liquiditätsstellenrechnung können Ausgaben und Einnahmen den Zahlungen veranlassenden Stellen unmittelbar zugerechnet werden. *Die Liquiditätsstellenrechnung ermöglicht es daher, die organisatorischen Stellen unmittelbar in die Liquiditätsverantwortung zu nehmen.* Darüber hinaus werden durch interne Verrechnung der Ausgaben auch die Stellen, die die Zahlungen verursachen (wenn auch nicht unmittelbar veranlassen), in die Kontrolle einbezogen.

Übungsaufgabe 3.18

Ersetzt man den Begriff Kosten an jeder Stelle des Zitats durch den Begriff Ausgabe, können die Aussagen Riebels *unmittelbar auf die Finanzplanung im Unternehmen angewendet* werden. Das Beispiel zeigt, daß viele finanzplanerischen Probleme ähnlich wie in der Kosten- und Leistungsrechnung gelagert sind.

Übungsaufgabe 3.19

Die Liquiditätsträgerrechnung ermöglicht die *Ermittlung der von Produkten oder Produktserien ausgelösten Liquiditätsbelastung und Liquiditätsentlastung.* Sie kann daher die finanzwirtschaftliche Informationsgrundlage für Entscheidungen z. B. über die Einführung neuer Produkte oder die Einstellung der Produktion von bisherigen Produkten sein.

Übungsaufgabe 3.20

In die Liquiditätsträgerrechnung dürfen *nur zukünftige Zahlungsbewegungen* einbezogen werden, die ursächlich durch das jeweilige Produkt oder die jeweilige Produktserie hervorgerufen wurden. Hat z. B. die Produktion der Planperiode bereits in vergangenen Perioden Ausgaben verursacht, so dürfen diese Ausgaben nicht der Planperiode belastet werden. Sie rufen in der Zukunft keine Liquiditätsbelastung hervor und wurden bereits per Saldo durch die Höhe der finanziellen Reserven erfaßt.

Übungsaufgabe 4.1

Hinweise auf *Liquidität* in § 90, Hinweise auf Pflichten bei *Zahlungsunfähigkeit* in § 92, Abs. 3 und § 93, Absatz 3, Hinweise auf die *Gesellschaftskasse* in § 111, Absatz 1 und § 145, Absatz 1.

Übungsaufgabe 4.2

Institutionelle Eigenschaften	Tägliche Finanzdisposition	Laufende kurzfristige Finanzplanung	Kapitalbindungsplan
Planungshäufigkeit	täglich	monatlich	jährlich
Planungshorizont	wenige Tage	bis 1 Jahr	mehrere Jahre
Planungsgegenstand	alle Zahlungen, alle Konten und Kassen	alle Einnahmen und Ausgaben, Bestände zum Ultimo	Bestandsveränderungen aller Bilanzpositionen
Aufgabe	tägliche Überprüfung der Zahlungsfähigkeit, Lenkung der Zahlungen, Ausgleich der Konten, Reservenübersicht	Erkennen von Finanzierung, Anlage, Reserven und Liquiditätspolitik	strukturelle Abstimmung von Investition und Finanzierung
Informationsquellen	externe Partner: Banken, intern: Kassenmeldungen	Primäre Informationen aus operativen Bereichen	Zentrale Investitionsplanung
Planungsinstanz	Sachbearbeiter	Controller	Vorstand
Kontrollinstanz	Vorgesetzter	Vorstand	Gesamtvorstand

Übungsaufgabe 4.3

tägliche Kontrollen: 2.4, 2.5, 2.6, 2.7, 2.10
wöchentliche: 2.1, 2.18
monatliche: 2.2, 2.3, 2.8, 2.9, (2.10), 2.11
seltener als monatlich: 2.12, 2.13, 2.14, 2.15, 2.16, 2.17, 2.19, 2.20

Übungsaufgabe 4.4

kurzfristige *Erfolgs*kontrolle: 1, 3, 5, 6, 7
kurzfristige *Finanz*kontrolle: 2, 9, 10

Mehrfachzuordnungen:

4: Unter dem Zeitaspekt handelt es sich um ein finanzwirtschaftliches, unter dem Betragsaspekt um ein erfolgswirtschaftliches Problem.

8: Eigentlich ein rein erfolgswirtschaftliches Problem, das aber wegen der Zuständigkeit der Finanzabteilung für die finanzielle Anlagepolitik regelmäßig von der Finanzkontrolle erfaßt wird.

Übungsaufgabe 4.5

Die Sachzuordnung der Einnahmen bietet dann geringere Probleme, wenn die Beziehungen zu den Debitoren *ausschließlich* solche aus Lieferung oder Leistung sind. Das trifft aber in der Realität üblicherweise nur für eine Teilmenge der Debitoren zu. Wenn überdies – wie in unserem Finanzplan – zwischen Umsatzeinnahmen „aus abgeschlossenen Verträgen" und „Schätzungen" unterschieden wird, ist pro Einnahmeposition eine entsprechende Zuordnung erforderlich.

Übungsaufgabe 4.6

a. *Befundinterpretation:* Mit zunehmender Nähe zur Realisation steigt offenbar der Betragsansatz, ja er steigt im Realisationszeitraum nochmals.

Systemfehler: Möglicherweise werden in der Frühphase der Planung nicht alle Ausgabenpositionen bedacht und erfaßt – Verdacht der Unvollständigkeit.

Verhaltensfehler: Möglicherweise neigen die Planungsinstanzen zu unangemessenem Planungsoptimismus (Unterschätzung künftiger Ausgabenbeträge), sie korrigieren ihre Fehleinschätzung ungenügend.

b. *Befundinterpretation:* Zwischen dem Zweit- und Drittschätzungstermin werden vorhandene Informationen anders verarbeitet oder neue Informationen einbezogen – beide fälschlich.

Systemfehler: Die geringere zeitliche Distanz verführt zu einem vermeintlich exakteren Ansatz der Einzahlungstermine. Durch Zeitschnittbereinigung müßten sich diese Fehler erkennen lassen.

Verhaltensänderung: Vermutlich wird aufgrund der Zweitprognose eine neue, unrealisierbare Zielvorgabe in die Drittschätzung eingebaut, d. h. der Entscheidungsträger erhöht den Zweitansatz bewußt, um die Handelnden zu bestimmten Aktionen (hier vielleicht: zu härterem Inkasso) zu veranlassen. Wenn das regelmäßig geschieht, ist eine derartige Aktion unwirksam, indessen zeigt sich jener typische Effekt bei Betrachtung der Treffsicherheit und ihrer Veränderung.

Übungsaufgabe 4.7

a. Die *Erfolgskontrolle* prüft Einsatz, Kreativität, Durchsetzungsfähigkeit des Verantwortlichen für die Erzielung von Gewinn. Sie bestimmt Prämien und Sanktionen. Sie ist ein *Instrument der Motivation.*

Finanzplanung und -kontrolle sind hingegen Instrumente der Sicherung. Die Erfüllung oder Über-Erfüllung der Finanzplanansätze bringt keine

Prämien. Die Finanzkontrolle prüft die Fähigkeit der Verantwortlichen, eine bestimmte Konsequenz ihres Handelns, nämlich die monetär-finanzielle, in den Dimensionen „Geld" und „Zeit" realistisch zu schätzen.

b. Die Finanzkontrolle kann die *vermeintlich positive* Einschätzung der Erfolgskontrolle als nicht unproblematisch entlarven, wenn sie folgendes überprüft:

Sie kontrolliert das Marketing, ob die (unter Ertrags-Aspekten vielleicht als gut befundene) Umsatzleistung nicht etwa dadurch erbracht wurde, daß höhere oder limitüberschreitende Zahlungsfristen vereinbart oder toleriert oder gar Kunden ausgewählt wurden, deren Ausfall zu befürchten ist.

Sie kontrolliert den Einkauf, ob die (unter Kosten-Aspekten vielleicht als gut befundene) Beschaffungsleistung nicht etwa dadurch erreicht wurde, daß ungünstige Zahlungskonditionen akzeptiert werden mußten oder die Beschaffungsmenge die Zahlungsmöglichkeiten übermäßig beansprucht.

Bei diesen Kontrollkomplexen wertet und urteilt die Finanzkontrolle – sie korrigiert die Befunde der Erfolgskontrolle.

Übungsaufgabe 4.8

a. Zwischen einer Verfügung über das *Werbebudget* und dem als Umsatz definierten *Werbeerfolg* liegen folgende Zwischenstationen, wobei unsicher ist, ob ein Übergang entsprechend der Zielvorstellung erfolgt, weil die folgenden *Störeinflüsse* zu bedenken sind:

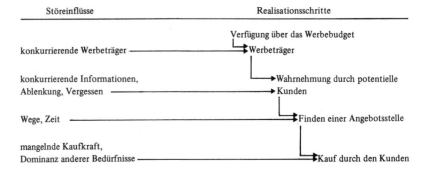

b. Eine derartige Bemessung ist *Resignation vor der Unmöglichkeit der Messung des Werbeerfolges*. Das zeigt sich sehr deutlich am Beispiel zyklischer Umsatzschwankungen: Sinkt der Umsatz, so wird die Werbung reduziert, obgleich sie gerade in dieser Situation verstärkt werden sollte, umgekehrt bei steigendem Umsatz. Werbung erfolgt pro-zyklisch.

Eine derartige Werbebudgetierung ist überdies im Zweifel konservativ, benachteiligt neue Produkte und fördert auslaufende Produkte unangemessen lange.

Literaturverzeichnis

ANGERMANN, ADOLF: Industrie-Kontenrahmen (IKR) und Gemeinschafts-Kontenrahmen (GKR) in der Praxis, Ein Systemvergleich mit einer Einführung in die Finanz- und Betriebsbuchhaltung nach dem IKR, 2. Aufl., Berlin 1975.

ARBEITSKREIS KRÄHE DER SCHMALENBACH-GESELLSCHAFT: Finanzorganisation – Finanzielle Unternehmensführung, Köln/Opladen 1964.

ARENS, EBERHARD; STRAUBE, WALDEMAR: Kaufmännische Buchführung, Kurzausgabe, Darmstadt 1968.

BÜSCHGEN, HANS E.: Grundlagen betrieblicher Finanzwirtschaft, Frankfurt/M. 1973.

CHMIELEWICZ, KLAUS: Integrierte Finanz- und Erfolgsplanung, Stuttgart 1972.

CHMIELEWICZ, KLAUS: Betriebliches Rechnungswesen, Band 1: Finanzrechnung und Bilanz, Band 2: Erfolgsrechnung, Reinbek bei Hamburg 1973.

CURTIS, EDWARD T.: Company Organization of the Finance Function, AMA-Research-Study 55, New York 1962.

CURTIS, EDWARD T: Company Organization of the Finance Function, in: The Financial Manager's Job (ed. E. MARTING / R. E. FINLEY) New York 1964, S. 9–36.

DEPPE, HANS-DIETER: Betriebswirtschaftliche Grundlagen der Geldwirtschaft, Bd. 1: Einführung und Zahlungsverkehr, Stuttgart 1973.

DEPPE, HANS-DIETER: Grundriß einer analytischen Finanzplanung, Göttingen 1975.

EICHHORN, PETER: Liquiditätsplanung und Gelddisposition in öffentlichen Haushalten, Frankfurt 1973.

ELGER, ERHARD: Fehler bei der langfristigen Finanzplanung, gezeigt an Beispielen aus der Industrie, in: Finanzierungs-Handbuch, Hrsg.: H. JANBERG, Wiesbaden 1964, S. 179–191.

FISCHER, OTFRIED; JANSEN, HELGE; MEYER, WERNER: Langfristige Finanzplanung deutscher Unternehmen, Hamburg 1975.

GAHSE, SIGFRID: Die neuen Techniken der Finanzplanung mit elektronischer Datenverarbeitung, München 1971.

GROCHLA, ERWIN: Finanzorganisation, in: Handwörterbuch der Finanzwirtschaft (HWF), Hrsg.: H. E. BÜSCHGEN, Stuttgart 1976, Sp. 526–539.

GROCHLA, ERWIN: Der Aufgabenbereich der betrieblichen Finanzwirtschaft, in: Geld, Kapital und Kredit, Festschrift für H. Rittershausen, Hrsg.: H. E. BÜSCHGEN, Stuttgart 1968, S. 401–416.

GUTENBERG, ERICH: Grundlagen der Betriebswirtschaftslehre, Band 1: Die Produktion, 32. Aufl., Berlin/Heidelberg/New York 1979.

HAHN, DIETGER: Hat sich das Konzept des Controllers in Unternehmungen der deutschen Industrie bewährt? in: Betriebswirtschaftliche Forschung und Praxis (BFuP), Jg. 30 (1978), S. 101–128.

HAMEL, WINFRIED: Operative Entscheidungssteuerung durch finanzwirtschaftliches Bewußtsein, in: Zeitschrift für Organisation, Jg. 45 (1976), S. 241–251.

HARMS, JENS E.: Die Steuerung der Auszahlungen in der betrieblichen Finanzplanung, Wiesbaden 1973.

HAUSCHILDT, JÜRGEN: Organisation der finanziellen Unternehmensführung – eine empirische Untersuchung, Stuttgart 1970.

HAUSCHILDT, JÜRGEN: Finanzvorstand, Treasurer, Controller – Das Finanzmanagement in der Stellenbeschreibung, in: ZfO, Jg. 41 (1972), S. 167–174.

HAUSCHILDT, JÜRGEN: Entwicklungsschritte auf dem Weg zu einer integrierten Erfolgs- und Finanzplanung, in: Schriftenreihe des Österreichischen Forschungsinstitutes für Sparkassenwesen, Heft 1, 1974, S. 3–16.

HEINEN, EDMUND: Betriebliche Zahlungsströme, in: Handwörterbuch der Finanzwirtschaft (HWF), Hrsg.: H. E. BÜSCHGEN, Stuttgart 1976, Sp. 143–159.

HENKE, KLAUS: Finanzplanung – Der Weg zur richtigen Kreditentscheidung, dg-Verlag, Wiesbaden 1978.

HÖHN, REINHARD, unter Mitarbeit von BÖHME, GISELA: Stellenbeschreibung und Führungsanweisung – Die organisatorische Aufgabe moderner Unternehmensführung, Bad Harzburg 1967.

HORVÁTH, PÉTER: Controlling, München 1979.

HUMMEL, SIEGFRIED; MÄNNEL, WOLFGANG: Kostenrechnung, Bd. 1, Grundlagen, Aufbau und Anwendung, Bd. 2, Moderne Verfahren und Systeme, Wiesbaden 1978.

KÄMMERER, WALTER: Inhalt und Technik der Kassenverkehrsprüfung, in: Praxis des Prüfungswesens, Hrsg.: K. VON WYSOCKI und J. HAGEST, München 1976.

KENT, RAYMOND P.: Corporate Financial Management, Homewood, Ill., 1960.

KIRSCH, WERNER; BAMBERGER, INGOLF: Entscheidungsprozesse, finanzwirtschaftliche, in: Handwörterbuch der Finanzwirtschaft (HWF), Hrsg.: H. E. BÜSCHGEN, Stuttgart 1976, Sp. 328–349.

KOSIOL, ERICH: Organisation der Unternehmung, Wiesbaden 1962.

KOSIOL, ERICH: Die Unternehmung als wirtschaftliches Aktionszentrum, Einführung in die Betriebswirtschaftslehre, Reinbek bei Hamburg 1972.

LANGEN, HEINZ; EDIN, ROBERT; KOCKELKORN, GÖTZ; SCHMITT, HERMANN; WEINTHALER, FRITZ: Unternehmensplanung mit Verweilzeitverteilungen, Eine Anleitung für Praktiker, Berlin 1971.

LÜCKE, WOLFGANG: Finanzplanung und Finanzkontrolle in der Industrie, Wiesbaden 1965.

LÜCKE, WOLFGANG: Finanzplanung und Unsicherheit, in: Handwörterbuch der Finanzwirtschaft (HWF), Hrsg.: H. E. BÜSCHGEN, Stuttgart 1976, Sp. 567–580.

MILLER, ERNEST C.: Objectives and Standards of Performance in Financial Management, AMA-Research-Study 87, o. O., 1968.

MIRBACH, OSWALD: Liquiditätssteuerung und Finanzdisposition im Industrieunternehmen, in: Zeitschrift für betriebswirtschaftliche Forschung, 1978, S. 63–69.

NIEBLING, HELMUT: Kurzfristige Finanzrechnung auf der Grundlage von Kosten- und Erlösmodellen, Wiesbaden 1973.

POENSGEN, OTTO H.: Geschäftsbereichsorganisation, Opladen 1973.

POTTHOFF, ERICH: Die Finanzfunktionen in der Unternehmensleitung, in: Der Betrieb, Jg. 17 (1964), S. 1 und 2.

REICHMANN, THOMAS: Finanzplanung, in: Handwörterbuch der Betriebswirtschaft, Hrsg.: E. GROCHLA und W. WITTMANN, Stuttgart 1974, Sp. 1477–1483.

RIEBEL, PAUL: Einzelkosten- und Deckungsbeitragsrechnung, Grundfragen einer markt- und entscheidungsorientierten Unternehmerrechnung, Wiesbaden 1972.

SARKOWSKI, LUZIAN: Der Prüfungsplan für die Prüfung des Geldverkehrs, in: Praxis des Prüfungswesens, Hrsg.: K. VON WYSOCKI und J. HAGEST, München 1976, S. 230–241.

SCHÄFER, HANS: Kontrolle der öffentlichen Finanzwirtschaft, in: Handbuch der Finanzwissenschaft, 3. Aufl., Hrsg.: F. NEUMARK, Tübingen 1976, S. 519–550.

SCHMALENBACH, EUGEN: Die Aufstellung von Finanzplänen, Leipzig 1939.

SCHMALENBACH, EUGEN: Pretiale Wirtschaftslenkung, Bd. 2, Pretiale Lenkung des Betriebes, Bremen-Horn 1948.

SCHMIDTKUNZ, H.-W.: Die Koordination betrieblicher Finanzentscheidungen, Wiesbaden 1970.

SEIBEL, JOHANNES J: Finanz-Mangement. Planung, Beschaffung, Sicherung, München 1971.

STRAUB, HUBERT: Optimale Finanzdisposition, Meisenheim am Glan 1974.

VEIT, THOMAS; STRAUB, WERNER: Investitions- und Finanzplanung, Heidelberg 1978.

VIEWEG, ROLF: Finanzplanung und Finanzdispositon. Moderne Methoden der Steuerung, Gütersloh und Berlin 1971.

WESTON, J. FRED: The Finance Function, in: The Journal of Finance, Vol. IX, No. 3, (September 1954), S. 265–282.

WITTE, EBERHARD: Die Liquiditätspolitik der Unternehmung, Tübingen 1963.

WITTE, EBERHARD, unter Mitwirkung von KLEIN, HERBERT: Finanzplanung der Unternehmung – Prognose und Disposition, Reinbek bei Hamburg 1974.

WYSOCKI, KLAUS V.: Kameralistisches Rechnungswesen, Stuttgart 1965.

O. V.: Praxis des Rechnungswesens, Buchführung, Bilanzierung, Betriebsabrechnung, Datenverarbeitung, Bd. 1 und 2; Freiburg im Breisgau (Loseblattsammlung).

Gesetze

Aktiengesetz (AktG)
Gesetz betreffend die Gesellschaften mit beschränkter Haftung (GmbHG)

Gesetz betreffend die Erwerbs- und Wirtschaftsgenossenschaften (GenG)
Handelsgesetzbuch (HGB)
Konkursordnung (KO)
Vergleichsordnung (VerglO)

Glossar

Annuität (Kreditannuität)
Summe der terminlich fixierten Zins- und Tilgungszahlungen eines Kreditnehmers an einen Kreditgeber.

Anschaffungsnebenkosten
Ausgaben, die zwingend bei einer Investition anfallen, aber nicht im Rechnungsbetrag des eigentlichen Investitionsobjektes enthalten sind.

Ausgabe, hier gleich: Auszahlung
Abfluß von Zahlungsmitteln, d. h. Aufgabe von Verfügungsmacht über Geld oder Geldsurrogate, soweit sie von ökonomischen Partnern der Unternehmung an Geldes statt akzeptiert werden.

Betriebsbuchhaltung
Die Betriebsbuchhaltung erfaßt Kosten und Leistungen im Unternehmen. Sie liefert die Ausgangsinformationen für Kostenstellenrechnungen und Kostenträgerrechnungen. Im Gegensatz zur → Finanzbuchhaltung ist sie nicht an gesetzliche Regelungen gebunden.

Buchungsschnitt
Zeitpunkt, bis zu dem eine Buchung einem bestimmten Tag zugeordnet wird.

Budget
generell: Finanzwirtschaftliche Vorgabe (→ Spezialität des Budgets), speziell (mit Blick auf Investitionen): Geldbetrag, über den eine Stelle i. d. R. in einer Zeiteinheit und/oder für einen bestimmten Zweck höchstens verfügen kann.

Check-Liste
Systematisch aufgebauter Prüfbogen, der einer Stelle die Pflicht auferlegt, zu jeder Prüffrage eine Antwort zu geben.

Controller
Leiter des Planungs- und Rechnungswesens, Träger der finanzwirtschaftlichen Rechnungsverantwortung.

Delegation
Übertragung von Aufgaben, i. d. R. von Vorgesetzten an Untergebene, zur selbständigen Erfüllung.

Einnahme, hier gleich: Einzahlung
Zufluß von Zahlungsmitteln, d. h. Gewinnung von Verfügungsmacht über Geld oder Geldsurrogate, soweit sie von der Unternehmung an Geldes statt akzeptiert werden.

erfolgswirtschaftlich
auf Aufwand und Ertrag gerichtet, an Gewinn- oder Verlustsalden orientiert.

Extrapolierende Prognoseverfahren
Prognoseverfahren, die Vergangenheitswerte (Zeitreihen) mathematisch glätten und in die Zukunft projizieren.

Fakultativ-Klausel
Zusatz „... oder auf ein anderes Konto des Empfängers" auf Überweisungsformularen. Wenn diese Klausel nicht gestrichen ist, ist die Bank berechtigt, die Zahlung auf ein anderes als das angegebene Konto des Empfängers zu leiten.

Festgeldkonto
Konto für befristete (Termin-)Einlagen, die bei Kreditinstituten auf eine vereinbarte Laufzeit, mindestens für einen Monat angelegt werden.

Finanzbuchhaltung
Die Finanzbuchhaltung dient der rechnerischen Erfassung von Aufwandsarten und von Ertragsarten sowie von Bestandsveränderungen des Vermögens und des Kapitals. Sie ist die Grundlage für die Erstellung des Jahresabschlusses.

Finanzierung
liegt vor, wenn der Unternehmung nicht-erfolgswirksame Zahlungsströme von Kreditgebern oder Eigenkapitalgebern zufließen (Außenfinanzierung) oder wenn erfolgswirksam realisierte Zahlungsmittelzuflüsse bestimmt werden, zwischenzeitig oder endgültig in der Unternehmung zu verbleiben (Innenfinanzierung).

Finanzierungs-Leasing
auch: financial-Leasing, Miete von Investitionsanlagen auf der Basis von Verträgen, in denen eine feste, i. d. R. unkündbare und so lange bemessene Grundmietzeit vereinbart wird, daß die Mieten eine volle Amortisation der Investition erbringen.

Finanzplan, laufender
Planungsinstrument mit einer zeitlichen Reichweite bis zu einem Jahr.

Finanzplanung
Vorschau- oder Vorgabeplanung zukünftiger Ausgaben und Einnahmen und der finanziellen → Reserven.

finanzwirtschaftlich
auf Ausgaben und Einnahmen gerichtet, an Zahlungsmittelbeständen orientiert.

Flußdiagramm
graphische Darstellung eines logischen Zusammenhanges, durch die insbesondere zeitliche Abfolgen unter Verwendung bestimmter graphischer Symbole zum Ausdruck gebracht werden.

Funktion
Anteil einer Stelle an der Erfüllung einer Aufgabe.

Gironetz
Institution des Zahlungsverkehrs mit systemintern gleicher, systemextern unterschiedlicher Struktur: Gironetz der Bundesbank, der Bundespost, des Sparkassenbereichs, der Genossenschaften, der Großbanken.

Hierarchie
Anordnung aller Stellen einer Unternehmung in Über- und Unterordnungsverhältnissen.

Illiquidität
Zustand der → Zahlungsunfähigkeit.

Imparitätsprinzip
ein (eigentlich bilanztechnisches) Prinzip, sich strukturell entsprechende Rechnungsgrößen im Ausweis unterschiedlich zu behandeln (z. B. Gewinne werden erst bei tatsächlicher Realisierung, Verluste schon bei Entstehungsvermutung ausgewiesen).

Initiative
Startimpuls für einen Entscheidungsprozeß.

Instanz
Stelle mit Anordnungsbefugnis.

Integrierte Finanz- und Erfolgsplanung
In integrierten Planungssystemen werden der Finanzplan und der Erfolgsplan aus identischen, zentral gewonnenen Ausgangsinformationen abgeleitet, den Mengenplänen, den Preisplänen und den Zahlungsplänen.

Interaktion
Wechselbeziehung zwischen Individuen, hier insbesondere die wechselseitige Beeinflussung der Aktionen eines Individuums durch die Aktionen eines anderen.

Investition
Bindung von Geld auf (längere) Zeit.

Kapitalbindungsplan
Planungsinstrument mit großer zeitlicher Reichweite (2 bis 12 Jahre). Keine echte Ausgaben- und Einnahmenrechnung, sondern eine Planung der Veränderung von Bilanzpositionen.

Kapitalstrukturregeln
In der Praxis gebräuchliche Regeln der Bilanzanalyse. Sie setzen Bilanzpositionen zueinander in Beziehung, um Liquidität und finanzielle Sicherung des Unternehmens zu beurteilen.

Kausale Prognoseverfahren
Prognoseverfahren, die zeitliche Abfolgen von Güterbewegungen und Zahlungsbewegungen aufgrund von bekannten Ursache-Wirkungs-Beziehungen berücksichtigen.

Kollegialität
Gemeinsamer Aufgabenvollzug durch mehrere i. d. R. gleichrangige – Stelleninhaber.

Kommunikation
Austausch von Informationen zwischen mindestens einem Adressaten und mindestens einem Absender.

Kompatibilität
strukturlogische, nicht inhaltliche Identität von Daten.

Kompetenz
Zuständigkeit: Recht und Pflicht, bestimmte Aufgaben selbständig zu erfüllen.

Kompetenz, substitutive
Recht (des Vorgesetzten), alle nicht ausdrücklich geregelten und delegierten Aufgaben selbständig zu erfüllen.

Konditionen
gleich: Vertragsbedingungen, im engeren Sammelbegriff für alle Zinsen,

Provisionen, Gebühren, die eine Bank mit ihren Kunden vereinbart. Dazu gehören auch Abmachungen über Disagio und Wertstellung.

Konkurs
Auflösung des Unternehmens im Konkursverfahren bei → Illiquidität oder Überschuldung. Gesetzlich in der Konkursordnung geregelt.

Kreditlinie
vertraglich vereinbarter Betrag, über den ein Konto durch den Kreditnehmer im Soll in Anspruch genommen werden kann.

Lastschriftverfahren und Einzugsverfahren
Lastschriftverfahren: Der Kunde beauftragt seine Bank, die von ihm eingereichten Lastschriften seinem Konto gutzuschreiben und die Beträge von dem jeweiligen Konto des Zahlungspflichtigen einzuziehen.
Einzugsverfahren: Auftrag eines Bankkunden an seine Bank, Rechnungen eines bestimmten Gläubigers durch Belastung seines Kontos einzulösen.

Lenkpreise
Verrechnungspreise für unternehmensinterne und -externe Leistungen zur Selbststeuerung von Teileinheiten.

Linienfunktion
Recht einer Instanz, für einen bestimmten Aufgabenbereich bindende Entscheidungen zu treffen.

Liquide Mittel
in der Praxis gebräuchliche Bezeichnung für den gegenwärtigen Kassenbestand sowie verfügbare Bank- und Postscheckguthaben.

Liquidität
Fähigkeit des Unternehmens, alle Zahlungsverpflichtungen fristgerecht und betragsgenau zu erfüllen.

Liquiditätsengpaß
erwartete, nicht realisierte Illiquidität: aus dem Finanzplan ersichtliche Unterdeckung der Ausgaben durch Einnahmen und Zahlungskraft. Dabei ist unterstellt, daß Liquiditätsreserven und Außenfinanzierung erschöpft sind.

Liquiditätsreserve
Teil der finanziellen → Reserve, der zur Abdeckung von finanzwirtschaftlichen Risiken dient. Ihre erforderliche Höhe hängt von der Prognosegenauigkeit der → Finanzplanung ab.

Liquiditätsstellenrechnung
Verursachungsgerechte Zurechnung von Zahlungsarten auf die organisatorischen Stellen, die die Zahlungen veranlassen (Liquiditätsstellen).

Liquiditätsträgerrechnung
Zurechnung von Zahlungsarten auf die sie verursachenden Produktarten (Liquiditätsträger).

Lombardierung
Verpfändung von Vermögensgegenständen an Kreditinstitute.

operative Stellen
Zusammenfassende Bezeichnung aller nicht finanzwirtschaftlich orientierten Stellen in Beschaffung, Pro-

duktion, Absatz, Lagerung, Transport, Forschung und Entwicklung und im Personalsektor.

Pensionsgeschäft
Vereinbarung, nach denen Vermögensgegenstände (vornehmlich: Effekten) gegen Zahlung auf einen anderen mit der Maßgabe übertragen werden, daß sie zu einem späteren Zeitpunkt zurückgekauft werden müssen.

Phasen
Abschnitte eines Ablaufs, Grundkonzept: Jeder Handlungsablauf läßt sich in die Phasen „Planung", „Realisation" und „Kontrolle" zerlegen.

Planungshorizont
Zeitraum, den eine Planung in die Zukunft greift.

Planungsultimo
Endtermin eines Planungszeitraums.

Rang
Positionshöhe in einer Hierarchie.

„Reine" Güterbewegungen
In der Praxis seltene Güterbewegungen, die nie zu Zahlungsbewegungen führen. (Beispiele: Schenkungen, Naturaltausch und Sacheinlage des Eigenkapitals.)

Reserven, finanzielle
→ Liquide Mittel und durch Liquidation von Vermögensgegenständen sowie durch Eigen- und Fremdkapitalaufnahme beschaffbare finanzielle Mittel.

Ressort
Fachlich abgegrenzter Teilbereich.

skalare Kollegialität
Gemeinsamer Aufgabenvollzug durch mehrere nicht gleichrangige (einander über- oder untergeordnete) Stelleninhaber.

Spezialität des Budgets
Festlegung von Zahlungen in bezug auf
– Zeitpunkt oder Zeitraum (zeitliche Spezialität)
– Höhe (quantitative Spezialität)
– Zweckwidmung (qualitative Spezialität)
– Verantwortliche organisatorische Stelle (organisatorische Spezialität).

Stabsfunktion
Recht einer Stelle, für einen bestimmten Aufgabenbereich Entscheidungen vorzubereiten.

Stelle
Kleinste Organisationseinheit, d. h. Komplex von Aufgaben, die wenigstens von einer gedachten Person bewältigt werden können.

Tägliche Finanzdispositionsrechnung
Tagesbezogene Aufstellung der verfügbaren finanziellen Reserven sowie der zu leistenden Ausgaben und der zugehenden Einnahmen.

Überliquidität
In der Praxis gebräuchliche – unpräzise – Bezeichnung für das Vorhandensein freier, also nicht zweckgebundener Reserven.

Überschreitung, Überziehung
Kreditbetrag, der über die vereinbarte Kreditlinie hinaus aufgrund der Disposition des Kreditnehmers in Anspruch genommen wird.

Unterliquidität
Bezeichnet in der Praxis die Situation gefährdeter Liquidität.

Verantwortung
Pflicht eines Stelleninhabers, für die zielentsprechende Erfüllung seiner Aufgaben persönlich Rechenschaft abzulegen.

Verweilzeitverteilungen
Verweilzeitverteilungensind für
→ kausale Prognoseverfahren von Bedeutung. Sie zeigen, wieviel Prozent der auslösenden Ereignisse (z. B. Auftragseingang) nach einer bestimmten Anzahl von Tagen ein Folgeereignis (z. B. Umsatzeinnahme) hervorrufen.

Veto
Einspruchsrecht mit der Wirkung, daß der betreffende Beschluß aufgehoben oder aufgeschoben wird.

Vorpläne
Pläne anderer Bereiche im Unternehmen, die dem Finanzplaner bei der Informationsverarbeitung zur Verfügung stehen.

Vorschußzinsen
Zinsdifferenz, die vom Anleger dann zu bezahlen ist, wenn er eine terminlich fixierte Anlage vorzeitig abzieht, i. d. R. Differenz zwischen vereinbartem Zins und Zinssatz für Sichteinlagen.

Wechselobligo
Betrag an Wechseln, den eine Bank einem Kunden diskontiert.

Wertstellung, auch: Valutierung
Angabe eines Zeitpunktes, zu dem eine Buchung auf einem Konto zinswirksam wird.

Zahlungskraft/Zahlungspotential
Summe der flüssigen Mittel zuzüglich der uneingeschränkt verfügbaren Kredite.

Zahlungsstockung
Vorübergehende → Zahlungsunfähigkeit.

Zahlungsunfähigkeit
Unfähigkeit des Unternehmens zur fristgerechten und betragsgenauen Erfüllung von Zahlungsverpflichtungen. Die Ausgaben übersteigen zum Zeitpunkt der Zahlungsunfähigkeit die Einnahmen, finanzielle → Reserven sind nicht rechtzeitig verfügbar. Zahlungsunfähigkeit kann den → Konkurs des Unternehmens zur Folge haben.

Zentralisierung
Zusammenfassung von – unter einem bestimmten Kriterium – gleichartigen Aufgaben in der Zuständigkeit einer Stelle.

Stichwortverzeichnis

Abweichung, Soll-Ist 148 ff.
Aufwand 95 ff.
Ausgabe 96 ff.
Ausgaben- und Einnahmenplan 62
Auszahlung 96 ff.

Betriebsbuchhaltung 97 ff.
Bewegungsbilanz 82 f.
Bilanz
– B.kennzahlen 57 ff.
– B.politik 58 f.
– B.relationen 57 f.
Budget 71 ff.
– Flexibilität des B. 73 ff.
– Kontrolle 158 ff.
– Spezialität des B. 72 f.

Controller
– Arbeitsteilung 26 ff.
– Funktion 23 ff.
– Stellenbeschreibung 50 ff.

Daten
– D.aktualität 148
– D.kompatibilität 146

Einnahme 96 ff.
Einzahlung 96 ff.
Erfolgskontrolle 144 ff.
Ertrag 96 ff.
Extrapolation 115 ff.

Finanzbuchhaltung 95 ff.
Finanzielle Führung 3 ff.
– Arbeitsteilung 19, 26
– Aufgaben 5 ff., 15 f., 45 ff.
– Funktionserweiterung 28
– Funktionenkonzentration 28
– Informationsbedarf 56 ff.
  (s. a. Information)
– Organisation der F. F. 16 ff.
– Positions- und Kompetenzgefüge 18 ff.
– Realisationsverantwortung 24
– Regelkreis der F. F. 132
– Stellenbeschreibung 43 ff.
Finanzielles Gleichgewicht 5 f.
Finanzierung 9, 11, 87 ff.
Finanzkontrolle 131 ff.
– Bedeutung 131 ff.

– F. von Bestandspositionen 138 ff.
– F. der Bewegungsbilanz 136, 156 ff.
– Deliktvermeidung durch F. 135 f.
– F. des Finanzplanes 136, 144 ff.
– Institutionalisierung 136 ff.
– Ist-Kritik 134
– Konsequenzen der F. 161 f.
– Kontrollbereiche 156 ff.
– Kontrollfragen 150 ff.
– Kontrollfragen, Adressaten von 152 ff.
– Kostensenkung durch F. 135
– Liquiditätssicherung durch F. 134 f.
– Reservenkontrolle 139
– F. der Täglichen Finanzdisposition 136, 138 ff.
– F. der Valutierung 141 f.
– F. der Verschuldung 139
– Voraussetzungen 146 f.
– F. der Zahlungsdisposition 141 ff.
– Ziele 134 ff.
Finanzmanagement
  (s. Finanzielle Führung)
Finanzplan 83 ff., 120 ff.
– Alternativf. 77
– Bruttoprinzip 76
– Grundstruktur 86
– Kontrolle 136, 144 ff.
– Präzision 76
Finanzplanung
– Ablehnungsgründe 56 f.
– Alternativen zur F. 57 ff.
– Erträge der F. 64 f.
– Funktionen 60 ff.
– Instrumente 76 ff.
– integrierte F. 106 ff.
– Integration durch F. 69 ff.
– Kosten der F. 63 f.
– s. a. Planungsprozeß
– Zeitschnitt der F. 147 f.
Finanzprognose
– Kausale F. 113, 117 ff.
– Pragmatische F. 114 f.
– Statistische F. 115 ff.
Fristenkongruenz 57 ff.

Geldströme 94
Globaler Ausgaben- und Einnahmenplan 120 ff.
Güterströme 94

Horizontalstrukturregeln 57

Illiquidität 60 ff.
Industriekontenrahmen 97 ff.
Information
- I.analyse 109 ff.
- I.bedarf der Finanziellen Führung 56 ff.
- I.quellen 93 ff.
- I.verarbeitung 109 ff.
- I.verwertung 120 ff.
- Standardisierbarkeit 29 ff.
- Struktur 29
Investition
- Informationsbedarf 38
- I.budget 38
- I.entscheidungen 37 ff.
- I.plan 38, 106

Kameralistik 71 ff.
Kapitalbindungsplan 81 ff.
- Aufgabe 81 f.
- Grundstruktur 84 f.
- Kontrolle 136, 156 ff.
Konkursordnung 61 f.
Kosten 95 ff.

Leistungen 96 ff.
Lenkpreise 66 ff.
Liquide Mittel 59
Liquidierbarkeit 59
Liquidität 5 f., 134 f.
- Sicherung 7 ff., 9 f., 12
- Überl. 62
- Unterl. 62
Liquiditätskrise 13
Liquiditätsreserve 9 f., 88
Liquiditätsstellenrechnung 123 ff.
Liquiditätsträgerrechnung 127 ff.

Organisation (s. Finanzielle Führung)

Phasenkriterium 15 f.
Planung
  (s. Finanzplanung)
Planungsvorgaben 71 ff.
Planungsprozeß
- flexibler P. 105
- integrierter P. 105
- sukzessiver P. 105
Pretiale Lenkung 66 ff.

Realisationsverantwortung 24 f.
Reserven

- Eigenkapitalr. 88
- finanzielle R. 59 f.
- Kontrolle der R. 139
- Liquiditätsr. 9 f., 88
- Vermögensr. 88
Reservenplan 62, 87 ff.
- Aufgabe 87 f.
- Grundstruktur 89
- Kontrolle 139

Spezialität (des Budgets) 71 ff.
- organisatorische S. 72
- qualitative S. 72
- quantitative S. 72
- zeitliche S. 72
Steuerung, finanzwirtschaftliche 66 f.
- s. a. Budget, Finanzielle Führung

Tägliche Finanzdispositionsrechnung 30 ff., 78 ff.
- Aufgabe 32 ff.
- Formular 79, 80, 81
- Grundstruktur 79 f.
- Informationen zur T. F. 31
- Informationswege 33 ff.
- Kontrolle 136, 138 ff.
- Kosten 142 f.
Treasurer
- Arbeitsteilung 26 ff.
- Funktion 23 ff.
- Stellenbeschreibung 48 ff.

Vergleichsordnung 61 f.
Verschuldungskontrolle 139
Vertikalstrukturregeln 57
Vorpläne 104 ff.
- erfolgswirtschaftliche V. 104 ff.
- finanzwirtschaftliche V. 106 ff.

Wertbewegungen 97 ff.
- Transformation von W. 97 ff.

Zahlungskraft 30
Zahlungsstockung 62
Zahlungsströme
- Ableitung 98 ff.
- Kritische Z. 109 ff.
Zahlungsunfähigkeit 60 f.
Zeitreihe 116
- Trendkomponente 116
- Zufallskomponente 116
- zyklische Komponente 116
Zentralisierung 18 ff.